SCHEURBUIK

ANNETTE DE VRIES

Scheurbuik

ROMAN

UITGEVERIJ ATLAS
AMSTERDAM/ANTWERPEN

© 2002 Annette de Vries

Omslagontwerp: Marjo Starink
Omslagillustratie: © Michel Szulck-Krzyzanowski
Foto auteur: Bert Nienhuis

ISBN 90 450 1161 1
D/2002/0108/527
NUGI 300

www.boekenwereld.com

Opgedragen aan mijn *bere* (familie)

Langa lo, tje langa lo
Tje, i baka mu ebi o
Langa lo, tje langa lo
Tje, i baka mu ebi o
Te ju wan njan' a famiriman
Tje langa lo, tje i baka mu ebi o

Lange rij, ach lange rij
Ach, je rug moet sterk zijn
Lange rij, ach lange rij
Ach, je rug moet sterk zijn
Als je met familie wilt eten
Ach lange rij, ach je rug moet sterk zijn

Banja-lied voor de *profen*

PROLOOG

Mijn familie reageert ongemakkelijk op mijn ziekte. Mijn moeder doet mij aan een roofdier denken. Ze sluipt om mij heen en beloert mij, met nauw verholen ongeduld het moment afwachtend waarop ze mij de verantwoordelijkheid voor mijn leven uit handen kan nemen. Onderwijl babbelt en babbelt ze. Als ze zich toch eens bewust zou zijn van de hebberigheid die er onder haar overstelpende moederliefde schuilgaat!

In de ogen van mijn vader ben ik de specialist van het levenseinde geworden. Na een leven lang het bevredigen van zijn lusten op de eerste plaats te hebben gezet, voelt hij zich op zijn oude dag somber en onvervuld. Hij komt dicht bij mij zitten, legt mij zijn angst voor het ouder worden, het verlies van zijn potentie en de sterfelijkheid voor en verwacht diepzinnige antwoorden van mij te zullen krijgen.

Carmen leidt sinds de dood van Nelson een kwijnend bestaan in haar huis aan de rivier. Ze kweekt orchideeën, dwaalt door de tuin en slaapt zoveel als ze kan. Als het om mij gaat, kijkt ze schichtig weg. Het is haar niet mogelijk opnieuw een groot verlies onder ogen te zien.

En over Pedro, mijn grote broer en lijfarts, kan ik kort zijn. Hij aanschouwt mij en mijn ziekte met het koele oog van de medicus.

Ik wil niet zeggen dat het ze geen verdriet doet dat ik ziek ben. Ze zijn alleen bang en gegeneerd. Door hun gedrag weten zij eraan te ontkomen mij echt te zien en hun onbehagen werkelijk te voelen.

Maar misschien ligt het wel aan mij. Misschien ben ik te bitter.

Oom Ferdinand is in elk geval niet bang voor mij, wil niets voor mij regelen en hoeft niets van mij te leren.

Je kunt je geen voorstelling maken van de manier waarop hij zijn boerderij bestiert, Lucia. Met een glimlach en schouderophalen geeft hij toe slechts een kleine rol te willen vervullen in zijn rijk van kippen, varkens, honden, koeienschedels en opdringend bos. Alles gaat waar het gaan wil. Een gistende chaos is het resultaat.

Gisteren zwom ik in de Stille Kreek en deed wat we vroeger deden als we guppy's wilden zien. Weet je nog? Een tijdje roerloos in het water blijven liggen, zoveel mogelijk adem naar binnen zuigen en dan voorzichtig je hoofd onder de waterspiegel laten zakken. Ik zag de maankleurige visjes in de duisternis hangen. Met trillende vinnetjes stonden ze, tegen de stroom in, stil. Eén ervan hing scheef. Na een paar keer te zijn ondergedoken – de andere guppy's waren inmiddels weggeschoten – zag ik hem kantelen en schuin omhoog naar de oppervlakte drijven, meegevoerd door de stroom. Als het voor mij ook zo simpel kon zijn, dacht ik.

Maar nu ik dit opschrijf, realiseer ik mij dat ik nog een ander sterven heb gadegeslagen. In de eerste week dat ik hier woonde, verkende ik het bos bij de Stille Kreek. Op een gegeven moment hoorde ik een zacht gepiep. In het struikgewas vond ik een dode hond, overdekt met vliegen. Haar achterlijf lag in een plasje geronnen bloed, dat op de bladeren was blijven liggen. Uit haar vagina puilden vliezen. Drie jongen lagen tussen haar poten. Twee ervan bewogen niet meer. Het derde kroop piepend in het rond, zwak, blind, op zoek naar wat er had moeten zijn: een warme vacht, een natte tong, een tepel, melk. Het was afschuwelijk om te zien, Lucia, echt afschuwelijk!

Ik ben weggerend om oom Ferdinand te halen. En weet je wat hij zei? Dat hij die ochtend al had gezien wat er was gebeurd. Dat hij wachtte tot de jongen dood waren en dat hij ze dan samen met hun moeder zou begraven. Ik protesteerde. Waarom had hij niet geprobeerd om ze te redden? Dat zou te veel werk zijn, zei hij. Het lukte bijna nooit om ze in leven te houden. Bovendien had hij al genoeg honden. Ik vroeg waarom hij ze dan niet had verdronken. 'Dat kan ik niet meer,' antwoordde hij, 'sinds tante Helen.'

Ik heb nog geprobeerd het beestje te redden. Maar het is die nacht gestorven, in een doos bij mijn bed.

Zoals je je kunt voorstellen denk ik veel na over de dood. Het is het einde. Enkele ogenblikken nadat mijn hart is opgehouden te kloppen, zal mijn geest voorgoed ophouden te bestaan. Mijn lichaam zal maandenlang ontbinden. Wat van mij overblijft zijn moleculen die worden opgenomen door de aarde en op een dag worden gebruikt om een primitief lichaam mee te bouwen. Een regenworm of zo.

Oom Ferdinand lacht als ik dit zeg. 'Je denkt als een witte man,' schampert hij. 'De witte man is zo groot geworden dat hij zijn voeten niet meer kan ruiken.'

Dan begint hij over winti. Het is de religie die je voorouders, de slaven, uit Afrika hebben meegenomen en in het diepste geheim op de plantages in ere hebben gehouden, zegt hij plechtig. Weet je dat hij gelooft dat sommige goden zich in de vorm van een slaaf of slavin aan boord van de schepen lieten brengen, om met de slaven mee te kunnen reizen? Soms gebeurde het echter dat een god zich op het laatste moment bedacht en als een reusachtige krokodil overboord gleed of als een grote vogel van het dek wegvloog. Ik veronderstel dat zij een idee hadden van wat hun te wachten stond en het niet aandurfden.

De hoogste God, een algoede God die de bloemrijke naam Anana Keduaman Keduampon draagt, heeft de wereld geschapen. Omdat de mens Zijn rust verstoorde, heeft Hij zich teruggetrokken van Zijn schepping en deze in handen gegeven van de mindere goden van het bos, het water, de lucht, het vuur en de aarde. Onvoorspelbare, hartstochtelijke wezens die elkaar bevechten en beminnen.

Als er een mens geboren moet worden geeft de hoogste God diens ziel aan een godenpaar, de *djodjo*, dat hem elementen van hun beider karakters meegeeft en menselijke ouders voor hem zoekt. Het godenpaar begeleidt en beschermt het kind zijn hele leven lang.

Na de dood keert een deel van de ziel terug naar zijn goddelijke ouders en een ander deel – de persoonlijkheid – leeft voort in de onderwereld, als een vooroudergeest die zich tot in vele generaties met het leven van het nageslacht zal bemoeien.

Een aanlokkelijk perspectief, vind je ook niet, om na je sterven rond te kunnen zwerven in de bovenwereld van je goddelijke ouders, de onderwereld waarin je voorouders en je overleden tijdgenoten verblijven, en onze wereld waarin je je naar hartenlust met de levenden kunt bemoeien? En, als je het erg graag wilt, kun je op aarde terugkeren in een nieuw lichaam.

Oom Ferdinand dringt erop aan dat ik mij in winti verdiep. Het is het geloof van de mensen waaruit je bent geboren, zegt hij. Het zal je helpen.

Het zijn mooie verhalen, maar hoe zou ik erin kunnen geloven?

Ik ben aan het doodgaan, Lucia, en ik weet niet hoe het moet. De wereld van oom Ferdinand doet mij vergeten wie ik was, ik verlies mijn vorm en dat maakt mij zo angstig. Al heel lang wil ik je iets vragen, maar vannacht pas durf ik het. Zou je in de zomer een paar maanden hierheen willen komen? Ik mis je zo.

Miquel

HOOFDSTUK I

Het schuchtere licht van de dageraad viel door de jaloezieramen. De vogels waren al voor het ochtendgloren begonnen te fluiten. Nu klonk hun gekwetter, doorsneden door de melancholieke roep van de haan in het kippenhok, steeds uitbundiger.

Het schijnsel streek over Miquels klamboe, het mahoniehouten tafeltje dat eens de kaptafel van Helen was geweest en dat nu dienst deed als nachtkastje, de linnenkast en de stoel. Het antieke tafeltje glansde. Er stonden twee flesjes met pillen op en een blad met een roze plastic karaf met water en een glas. Daarnaast lagen een verschoten handdoekje, een doordrukstrip met zetpillen, een boek, briefpapier en een paar ballpoints.

Miquel lag, naakt en bezweet, onder de klamboe te slapen. Een vochtig laken zat om zijn magere onderlichaam en dijen geschroefd. Zijn mond hing open en hij ademde schor.

In de aangrenzende kamer verbrak Ferdinand de stilte in huis met een verbaasd: 'Èh?!'

Miquel draaide zich een slag vaster in het laken, plukte met onrustige vingers aan de vaalwitte stof en sliep door.

Kort voordat het begon te dagen was Ferdinand wakker geworden. In zijn huis, dat ver van de nachtlichten van de bewoonde wereld lag, was het nog aardedonker geweest. Omdat hij geen zin had om de olielamp aan te steken, had hij gewacht op de eerste tekenen van de dag. Toen die kwamen, was hij opgestaan. Hij was naar het venster gesloft, had de jaloezieramen opengeduwd en naar buiten gekeken. De aanwezigheid van een vreemde, op ongeveer tien meter afstand van het raam, ontlokte hem zijn uitroep.

Nauwelijks zichtbaar in het vale ochtendlicht stond een uitgemergelde vrouw het erf aan te vegen, en wierp daarbij wolkjes zand op. Haar voddige jurk sleepte gedeeltelijk over de grond, haar schouders werden bedekt door een oude lap en om haar hoofd was een doek gewikkeld. Haar voeten waren bloot en verweerd als boomwortels. Zij stond half van Ferdinand afgekeerd, zodat hij haar gezicht niet kon zien.

Uit het feit dat de honden, die diep in slaap onder het huis lagen, zich niet verroerden, maakte Ferdinand op dat de vrouw een geest moest zijn. Hij dacht aan Helen, maar die was mollig geweest toen zij stierf.

'Wie is daar?' vroeg hij zacht, bang om gehoord te worden.

De vrouw stopte met vegen en keek om. Ferdinand kreeg de indruk dat ze oeroud was. Ze glimlachte. 'Ik moet vegen,' antwoordde ze met een stem die nauwelijks boven het vogelkoor uitkwam.

'Wat?' vroeg Ferdinand.

'Ik moet de paden vrijhouden.'

'Van wie?'

De vrouw hervatte zonder te antwoorden haar werk. Ze bewoog zich achterwaarts in de richting van de bomen die het erf omzoomden, een monotoon *sjj, sjj, sjj* voortbrengend.

Ferdinand riep: 'Hé, wacht even!'

De vreemdelinge reageerde niet. Na nog één keer naar hem opgekeken te hebben werd ze opgeslokt door de schaduwen onder de grote manjaboom.

Ferdinand zei nogmaals 'Èh?' – ditmaal zacht en verrukt, en bleef een tijd in de richting waarin de vrouw was verdwenen staan staren.

De zon kwam op. Boven de bomen staken grijze en zwarte silhouetten van wolken af tegen een rood, oranje en donkergeel gekleurde hemel. In het bos rondom het erf gonsde het van het leven.

Toen de honden de een na de ander onder het huis vandaan kwamen kruipen en zich uitrekten, verliet Ferdinand het venster en scharrelde de kamer uit. Met zijn hese, vlakke stem begon hij een liedje van Helen te neuriën.

Miquel werd wakker van het geneurie van zijn oom en de wurggreep van het laken. Shit, dacht hij. Koorts! De koorts is weer teruggekomen.

Hij bevrijdde zich van zijn klamme dwangbuis, dekte zich opnieuw toe en probeerde weer in slaap te vallen. Hij wilde de dag nog niet beginnen. Als hij wakker was, was de ziekte voortdurend voelbaar in zijn lichaam en beheerste zij zijn gedachten. De slaap bracht vergetelheid of dromen waarin hij gezond was. Maar de beklemming was al met haar zware lijf boven op hem gekropen en drukte de slaap weg. Hij keerde zich op zijn rug en veegde het natte haar uit zijn gezicht.

Vannacht had hij eindelijk de brief aan Lucia geschreven. Ze zou komen, hij wist het zeker.

Het zonlicht dat door de jaloezieramen naar binnen viel, was zachtoranje gekleurd. Het lichtte de foto's uit die hij aan de wand tegenover zijn bed had opgeprikt. Op een ervan stond hij afgebeeld, dansend in zijn eigen choreografie. Door een mist van klamboestof staarde hij naar zichzelf.

Met gespannen spieren zat hij ineengedoken op de vloer, steunend op zijn vingertoppen, als een dier dat klaarstaat om zijn prooi te bespringen. Hij keek recht in de lens. Achter hem waren de onscherpe omtrekken zichtbaar van de zes dansers van zijn groep, in dezelfde houding.

'Wat ben je toch prachtig!' had Lucia uitgeroepen toen hij haar de foto had laten zien. Zij stonden in zijn lichte, modieuze etagewoning in Amsterdam. Zij had hem omhelsd en gezegd dat zij het fantastisch vond dat haar jeugdvriendje zo succesvol was.

Tweeënhalf jaar later was het tij gekeerd. Hij had een punt gezet achter zijn carrière en ging terug naar zijn geboortegrond om er de laatste jaren van zijn leven door te brengen.

Lucia had hem naar het vliegveld gebracht. Bij het afscheidnemen had ze gehuild en gezegd dat ze meteen zou komen als hij haar nodig had, al zat ze midden in een reeks voorstellingen. Hij had pijn gevoeld, de nieuwe pijn die hij had leren kennen op de dag dat hem werd verteld dat hij leukemie had. Hoe verdrietig of depressief hij daarvoor ook was geweest, op de achtergrond had hij het gevoel gehad dat je niet wist wat voor verrassingen het leven voor je verborgen hield. Er was altijd iets comfortabels geweest in zijn slechte momenten, waardoor hij vurig over zijn gevoelens kon praten en ze kon omzetten in dans. Maar de nieuwe pijn was onverbiddelijk, liet zich niet oplossen in gesprekken, tranen of kunst. Hij kende het einde van zijn verhaal.

Hij was door de douane gegaan en ze hadden naar elkaar gezwaaid. Lucia stond met het licht achter zich in de drukke vertrekhal, stijf rechtop, de spieren in haar pezige benen verkrampt. Ze was van top tot teen gehuld in zwart leer en droeg een veelkleurige lage fez op haar kaalgeschoren hoofd. Verschillende van de mensen die zich langs haar heen haastten keken om.

Sinds de koorts niet meer wilde wijken, dacht hij veel aan haar. De werkelijkheid van zijn dood drong geleidelijk aan tot hem door. Hij wist niet of hij het volle besef ervan zou kunnen verdragen.

Neuriënd zocht Ferdinand naar de voetsporen van de geestverschijning. Tegen beter weten in, hield hij zichzelf voor. Hij had gezien hoe de vrouw haar sporen wegveegde en kon dus weten dat er op de zanderige bodem van het erf geen voetafdruk te bekennen zou zijn, enkel de strepen van haar bezem. Toch was hij teleurgesteld. Waren er in de tegengestelde richting van de route die de vrouw had gelopen afdrukken te zien geweest, dan was het *Busi-Mama* geweest. Haar voetsporen liepen altijd bij haar weg. En *Busi-Mama* bracht geluk, mits je haar goedkeuring kon wegdragen.

Het had ook *Leba* kunnen zijn, de boodschapper van de goden. Als zij kwam, was het vaak om te waarschuwen tegen naderend onheil. Maar de vrouw met de bezem was te gewoon en te vriendelijk geweest om *Leba* te kunnen zijn.

Hoewel hij niet kon vaststellen wie de geest was en welke boodschap zij kwam brengen, voelde hij zich vrolijk gestemd. Hij probeerde zich voor te stellen wat Helen zou hebben gezegd. Waarschijnlijk zou zij hebben opgemerkt dat de oude vrouw het erf kwam vegen, wat betekende dat zij het vuil van de mensen op zich nam en reinheid en orde bracht, en dat zij dus een goede geest moest zijn. Hij plukte een tak van de rode bougainville die tegen het huis aan groeide, legde die onder de manjaboom waar de vrouw uit het zicht was verdwenen en prevelde een kort gebed. Toen slofte hij naar de keuken om thee te gaan zetten.

Ferdinand was op deze plek geboren en had er zijn hele leven gewoond. De halve hectare grond, en alles wat zich daarop bevond, was van hem. Langs de lange zijden werd zijn land omzoomd door bos. De korte zijden werden begrensd door een zandweggetje, dat vol kuilen zat en in de regentijd modderig en moeilijk begaanbaar werd, en de Stille Kreek.

Het kleine houten huis, dat op twintig meter afstand van de weg lag, had een golfplaten dak en stond op stenen palen van ongeveer vijfenzeventig centimeter hoog. In de tijd dat Helen nog leefde was het lichtblauw geschilderd, maar nu was de verf geërodeerd en bood het een haveloze, bruingrijze aanblik. Een stenen trapje leidde naar de voordeur. Aan weerskanten stonden twee verwilderde bougainvillestruiken die de twee ramen aan de voorkant bijna geheel afdekten. Aan een van de zijkanten van het huis, links van de weg af gezien, was een gammel afdak gebouwd waaronder je kon zitten.

Binnen lagen aan weerszijden van een smalle gang drie kleine kamers: de woonkamer en de slaapkamers van Ferdinand en Miquel. Achter het huis was gelijkvloers een keuken aangebouwd met daarin een hokje voor de wc. Als je de keuken vanuit het huis wilde betreden moest je een houten trapje af.

Ferdinand zette de ketel op het gasstel en smeerde vloeibare, ietwat ranzige roomboter uit een blik op een puntbroodje. Hij ging voor het raam staan dat uitkeek over het achtererf, waar het douchehok, de varkensstal en het kippenhok zich bevonden. Voor en achter op het erf stonden fruitbomen. Het achterste gedeelte van het erf was dicht begroeid met bos, zodat de Stille Kreek, in de droge tijd tien meter breed en vier meter diep, vanuit het huis niet te zien was.

Toen zij hem opmerkten, begonnen de bijna twintig honden die het erf bewoonden elkaar onder het raam te verdringen, en piepend, kwispelend en springend om eten te bedelen.

'Ja, ja, eerst de mens en dan het beest,' mompelde Ferdinand, en hij negeerde ze totdat hij zijn ontbijt op had.

Helen had voor de honden gezorgd. Zij waren begonnen met twee teefjes, die als zij loops waren dagenlang verdwenen en uitgeput en gehavend terugkwamen. De jonge hondjes werden meteen nadat zij waren geboren door Ferdinand in de Stille Kreek verdronken. Toen hij na Helens dood niet meer in staat was gebleken om de puppy's te verdrinken, had hij geprobeerd het probleem op te lossen door ze weg te geven. Op een gegeven moment had hij niemand meer kunnen vinden die hem van zijn last wilde verlossen, waardoor hij nu in het bezit was van een troep door inteelt getekende, halfverwilderde honden. Zij sliepen onder het huis en zwierven overdag door het bos en over het erf.

Daarnaast hield Ferdinand kippen en varkens; een uit de kluiten gewassen beer en zes zeugen. Hij ging om de dag naar het slachthuis in de stad om voor een zacht prijsje koeienkoppen te kopen. Deze kookte hij uit in een heuphoog olieblik op een houtvuurtje op het achtererf. Hij deed er granen en groentes bij en voerde er zijn varkens en honden mee. De schoongekookte schedels gooide hij achter de bomen bij de Stille Kreek. Eens in de zoveel tijd, als de berg koeienschedels te hoog werd, bracht hij ze in de laadbak van zijn truck naar de vuilstortplaats.

Ferdinand had zijn truck Leo genoemd omdat het moorddadige gebulder van de motor hem aan een leeuw deed denken. De snelheid waarmee de oude vrachtwagen over de wegen kroop deed zijn naam daarentegen weinig eer aan. Het voertuig had een vaste plek op het voorerf naast een schuurtje waar hij zijn werktuigen en oude onderdelen bewaarde. Geld om Leo naar een garage te brengen was er niet. Hem rijdende houden vergde veel van Ferdinands tijd, maar hij deed het met liefde.

Nadat hij de beesten had gevoerd en zich had gedoucht, boog hij zich over het inwendige van Leo.

Miquel werd voor de tweede keer die dag wakker. Het gebulder van de vrachtwagen, die onder zijn raam geparkeerd stond en stinkende blauwe dampen uitbraakte die zijn kamer binnen kwamen drijven, wekte hem.

Het was bloedheet onder het golfplaten dak. Zijn lichaam gloeide nog steeds. Aan het schitterende licht te beoordelen was het midden op de dag.

Beverig stond hij op, deed zijn kamerjas aan en liep door de gang naar de openstaande voordeur. Daarbij passeerde hij de mooie kamer van tante Helen, waar op kanten kleedjes namaakkristallen vaasjes met plastic tulpen stonden en verzilverde fotolijstjes. In de rotanstoelen ging nooit meer iemand zitten.

Ferdinand merkte de aanwezigheid van zijn neef niet meteen op. Toen hij het loeien met de motor stopzette en uit de auto sprong om nogmaals onder de motorkap te kijken, zag hij hem echter staan, mager en uitgeput in zijn rode kamerjas. Ze begroetten elkaar en bespraken de mankementen aan Leo.

Miquel kwam ook onder de motorkap kijken. Zo dichtbij kon Ferdinand de hitte van hem voelen afslaan. Hij legde een smerige hand op zijn wang. 'Jongen, je staat in brand! We moeten iets doen om de koorts te blussen. Heb je je pillen ingenomen?'

'Ja,' zei Miquel. 'Maar ze hebben geen effect. Er zal wel niet zoveel aan te doen zijn. Overmorgen komt Pedro; hij kan misschien iets sterkers voorschrijven. Ik ga zo wel weer in bed liggen. Wilt u straks even langs het postkantoor rijden? Ik heb een brief aan Lucia geschreven en er moeten nog zegels op. Hij moet vandaag de deur uit, zodat hij met het vliegtuig van morgen mee kan.'

'Lucia,' mompelde Ferdinand vergenoegd. 'Die kleine kat. Toneelspeelster in het land overzee. Ik kan het mij nog steeds niet voorstellen. Herinner je je nog die dag dat Pedro haar van top tot teen met modder had ingesmeerd? Ik zie haar nog over het erf rennen, huilend van kwaadheid, met de naaischaar van tante Helen in de aanslag. En Pedro maar lachen, hij rolde over de grond. Als tante Helen haar niet had gevangen, zou ze die schaar zo in die kwajongen gestoken hebben. Ai, ai, ai!'

Miquel grinnikte en zei: 'Ik heb haar gevraagd of ze me wil komen opzoeken, dus misschien ziet u haar binnenkort weer terug.'

'Echt? Nou, dat zou mij goed doen. Dus je hebt haar geroepen. Ze moet je komen helpen.' En na een korte pauze: 'Ik weet niet of ze je gaat kunnen helpen, jongen. Het is een eenzaam ding wat jij moet doen.' Ferdinand sloeg de motorkap dicht. 'Ik waag het erop. Haal je brief, dan ga ik snel, want anders ben ik niet voor de val van de avond terug. Red je het alleen? Ga douchen, dat zal de koorts blussen. Het is ook zo warm vandaag.'

Even later kroop Leo hotsend het erf af en het zandweggetje op. Miquel zwaaide naar Ferdinand. Hij moest glimlachen bij de gedachte aan het gezicht van Lucia als zij in Leo van het vliegveld zou worden gehaald.

Het douchehok was een bouwsel van houten planken met grote kieren ertussen dat aan één kant open was. Met twee spijkers was voor de opening een verschoten douchegordijn bevestigd. Het hokje stond op vier platte stenen, had een planken vloertje en geen dak. Van bovenaf hing er een lichtgroene tuinslang in die in verbinding stond met de kraan in de keuken. Daaruit stroomde water dat door de reten in de vloer in de modderpoel rond de stenen terechtkwam. Het stonk er overweldigend naar blubber en houtrot.

Opgesloten in de onwezenlijke wereld van de koorts, stond Miquel op plastic slippers onder de douche. Het koele water stroomde over zijn huid. Met trillende handen zeepte hij zich in. Een van zijn vroegste herinneringen kwam in hem op. Het regende. Zijn moeder stond met hem op de arm op de veranda. Samen keken zij naar de stortvloed van water die de bomen en planten in de tuin ranselde. Het was heerlijk koel. Hij drukte zijn neus in de veerkrachtige ronding van haar wang. Met een schok wist hij ineens: ik ben Miquel. Het was een opwindende, maar ook angstaanjagende ontdekking.

Op die middag, terwijl de regen viel, was zijn verhaal begonnen, realiseerde hij zich nu, en niet eerder, bij zijn geboorte. Als een reiziger die in een vreemde stad wakker wordt en weet dat hij op deze plek zal moeten blijven wonen, had hij het verhaal van Miquel op zich genomen en geleefd. Het had hem verrast, soms gefascineerd, en hem in een steeds hoger tempo meegevoerd. Soms, als hij zijn minnaars vasthield, naakt en strak van de opwinding, viel het verhaal uit elkaar. Hijzelf, de maalstroom van zijn leven – alles leek te verdwijnen. Alleen zijn gewaarwordingen waren nog werkelijk. Maar na deze momenten van respijt raasde het verhaal weer verder, de ene gebeurtenis aan de andere rijgend.

Hij zag zijn oude geliefde Tim voor zich, die, met een hand steunend op het bed waarin Miquel lag, voorovergebogen om zijn onderbroek van de vloer te pakken. Ze hadden ruzie. Terwijl Tims andere hand boven het kledingstuk bleef zweven, keek hij Miquel in de ogen en begon aan een opgewonden betoog. Miquel keek naar zijn gezicht, dat een kleur had gekregen van woede, zijn verwarde donkere haar, de curve van zijn rug, zijn stevige dijen. Tims gezicht vertrok. Hij griste het broekje van de vloer, kwam overeind, trok het strak zodat het Miquel aan een dienblaadje deed denken, hief een been om erin te stappen en wankelde. Miquel verlangde naar hem en begon te lachen. Tim schoot in zijn onderbroek en liep beledigd de kamer uit.

Dans en de liefde, daar was zijn verhaal in essentie over gegaan. En nu loopt het ten einde, dacht hij; het eindigt hier op deze plek. Ik hoop dat het weer regent, dat het heel hard en genadeloos regent, als mijn geschiedenis mij laat gaan.

Hij keek hoe het water langs zijn lichaam liep en via de spleten in de vloer wegvloeide. Hij volgde de stroompjes en de straaltjes langs zijn borst, zijn buik, zijn penis, zijn benen, zijn armen, zijn handen, zijn vingers.

Toen voelde hij uit een plek diep in zijn lichaam paniek opkomen. Het was een kille angst die met kracht omhoogdrong. Hij kon hem niet stoppen. Zijn ademhaling werd snel en oppervlakkig en zijn spieren verstijfden. Het schitterde voor zijn ogen. Hij hoorde zichzelf piepen als een in het nauw gedreven dier.

'Rustig blijven!' beval hij zichzelf. Met al zijn kracht onderdrukte hij de impuls om te gaan schreeuwen of het douchehok uit te vluchten. Hij propte een vuist in zijn mond en beet er hard op, onderwijl denkend: rustig blijven, rustig blijven, rustig blijven!

Terwijl Ferdinand Leo de asfaltweg naar de stad op draaide, dacht hij aan Miquel en vroeg zich af of hij niet beter thuis had kunnen blijven. Waarschijnlijk wel, maar hij moest vandaag naar het abattoir om in de namiddag het voer voor de beesten te kunnen klaarmaken. En het werd hoog tijd dat hij naar de markt ging om hun eigen geslonken voedselvoorraad aan te vullen. Miquel zou zich weten te redden.

De komst van de jongen had zijn leven lichter gemaakt. Sinds de dood van Helen was hij dag in dag uit alleen geweest. Vanaf de eerste dag had hij geweten dat Miquel en hij bij elkaar pasten. Ze waren allebei op zichzelf. Miquels ziek-zijn bezorgde hem wat extra werk, maar dankzij zijn bijdrage aan de huishoudpot hoefde hij in Maatdorp geen timmerklusjes meer aan te nemen of vis uit de kreek te verkopen.

En nu leek het erop dat Miquel ook de drie andere kinderen naar de boerderij zou terugbrengen. Sinds hij werd geplaagd door die koppige koorts, kwam Pedro vaak langs. Nu zou Lucia misschien ook komen. Als ze wilde kon ze op de boerderij logeren. En wie weet zou in haar kielzog Carmen volgen. Dan zou het weer zijn zoals vroeger.

Ferdinand glimlachte, sloeg op het stuur en vroeg aan Leo: 'Wat heb je vandaag, jongen?'

Miquel concentreerde zich op diep en langzaam in- en uitademen. De angst, zijn gretige kop intrekkend en weer opstekend, nam geleidelijk in kracht af, alsof hij snel uitgeput raakte.

Toen de paniek eenmaal was gezakt, wikkelde hij zich in een handdoek, ging via de keuken naar binnen, waar hij de kraan uitdraaide, en liep naar zijn kamer. Op de rand van zijn bed zittend begon hij zich af te drogen, bevend van een opluchting zonder vreugde. Hij dacht aan Lucia, en de tranen kwamen.

Toen hij uitgehuild was, deed hij een pyjama aan en ging naar buiten. Een van de puppy's die op het erf rondhingen, een aanhalig beestje dat hij Marsalis had gedoopt, kwam kwispelend op hem af. Hij pakte het hondje op en liep over het achtererf naar de Stille Kreek.

Het donkere water glansde tussen de bomen. Aan de waterkant was een kleine aanlegsteiger gebouwd, waaraan een korjaal was vastgemaakt. Tussen de bomen hingen drie hangmatten, die in weer en wind bleven hangen. Miquel kroop in een ervan, met Marsalis in zijn armen.

Hij schommelde, praatte tegen het hondje, aaide het en liet zich erdoor likken.

Het liedje van tante Helen, dat oom Ferdinand die ochtend had lopen neuriën, schoot hem te binnen. Zijn tante had de gewoonte gehad om liedjes te maken over, zoals zij het zelf noemde, 'de wonderschone natuur'. Kinderen onder elkaar, hadden Pedro, Carmen, Lucia en hij de spot gedreven met haar sentimentele gezangen.

Na even nadenken herinnerde hij zich de woorden weer en begon zachtjes voor zich uit te zingen:

Mamma Aarde lacht en kriebelt onder je voet.
Pappa Hemel gaapt en blaast je in je oor.
Wees niet zonder eerbied
Wees niet zonder vreugde
Mamma Aarde en haar Hemel
houden je in een omhelzing
Pappa Hemel en zijn Aarde
houden je stevig tussen zich in.

HOOFDSTUK 2

De tientallen lampen waardoor het toneel werd verlicht, gingen in één keer uit. Lucia, die midden op de speelvloer stond en haar laatste zinnen met haar gezicht naar de zaal had uitgesproken, liet met een zucht de spanning uit haar lichaam wegstromen. Achter zich hoorde ze Jason overeind krabbelen en Tom, die het derde bedrijf in zijn kleedkamer had doorgebracht, het toneel op komen draven. Zonder om te kijken stak ze haar beide handen uit, zodat haar medespelers ze konden vastgrijpen.

Jason bereikte haar net iets eerder dan Tom. Terwijl in de zaal het applaus opklonk, hijgde hij haar opgetogen in het oor: 'Loesje, fantastisch! Een fantastische voorstelling!'

Het werklicht op het toneel en het zaallicht gingen tegelijkertijd aan.

Gedrieën liepen ze ernstig, in overeenstemming met de sfeer van het einde van het stuk, naar voren om het applaus in ontvangst te nemen. Lucia zag een paar honderd enthousiast klappende mensen. Sommigen waren gaan staan. Zoals altijd tijdens het applaus spoelde er triomf door haar heen, die een schrille tegenstelling vormde met de ondermijnende angst die ze vlak voor de voorstelling voelde.

Na een aantal keren gebogen te hebben liepen Lucia en Jason aan de linkerkant het podium af en Tom ging naar rechts.

Het publiek bleef hardnekkig applaudisseren. De acteurs keken elkaar vanuit de coulissen over het lege speelvlak aan. Nog een keer, of niet? Zij wachtten nog een moment en toen hakte Lucia de knoop door. Jason met zich meetrekkend, snelde ze breed lachend het podium weer op, haar hand uitstekend naar Tom. Opnieuw bogen zij. Het merendeel van de mensen in de zaal was gaan staan. Er werd gefloten en gejoeld.

Terwijl ze achter Jason en Tom door de doolhof van gangen in de oude schouwburg naar haar kleedkamer liep, realiseerde Lucia zich dat Jason gelijk had gehad. Het was een bijzondere avond geweest.

Het toneelstuk *Aurora Borealis* vertelde het verhaal van een ingenieur, een astronoom en zijn Zuid-Afrikaanse vrouw, die gedurende een lange poolnacht tot elkaar zijn veroordeeld in een sterrenkundig observatorium op de noordpool. Na twee maanden repeteren en bijna twintig voorstellingen was het stuk Lucia door en door bekend. Zij kon de tekst en de handeling dromen. Op sommige avonden werkte zij zich plichtsgetrouw door de voorstelling heen, maar op andere kwam het stuk tijdens het spelen tot leven. Dat was vanavond ook weer gebeurd.

Kortgeleden had een journalist haar gevraagd wat het geheim was van haar warmbloedige manier van acteren. Zij had hem uitgelegd hoe zij, door zich tot in de kleinste details in te leven, probeerde te bereiken dat haar personage bezit van haar zou nemen. Als dat gebeurde, hoefde zij niets anders meer te doen dan zich over te geven en de door haar rol ingegeven impulsen te volgen.

De journalist had fijntjes geglimlacht en gevraagd of het misschien iets met haar Surinaamse afkomst te maken had dat ze een verband legde tussen toneelspelen en door geesten in bezit genomen worden. Ze had hem geschokt aangestaard.

Hoeveel talent ze ook had en hoe aangepast ze zich ook gedroeg, het was sommige mensen niet mogelijk heen te kijken door het feit dat ze zwart was.

'Nooit van Stanislavsky gehoord?' had ze de man toegebeten. 'Van *the Method*, de *magic if*, inlevend spel?'

'Nou ja, Stanislavsky! Dat is zó ouderwets...' had hij zich zwakjes verdedigd.

Ook haar leraren en leraressen op de toneelschool hadden

haar manier van spelen met haar afkomst in verband gebracht. Toen zij van het tweede naar het derde jaar overging, stond als eindconclusie in haar evaluatierapport te lezen:

Heeft het met je culturele achtergrond te maken dat je zo hartstochtelijk wilt geloven in wat je speelt? Je houdt je te weinig bezig met het verwerven van technische vaardigheden. Adopteer in het derde jaar een westerse houding en stort je op het verwerven van techniek. Anders loop je het gevaar vroegtijdig in je carrière opgebrand te raken.

Lucia had hard gewerkt aan het aanleren van technische vaardigheden en viel erop terug op de avonden dat het haar niet lukte om haar spel te bezielen. Maar zij realiseerde zich ook dat de intense ervaring van jezelf vergeten en opgaan in een personage de reden vormde dat zij acteerde. Zij was er iedere voorstelling naar op zoek.

In de gang bij de kleedkamers stond de regisseur, die eens in de zoveel tijd naar de voorstelling kwam kijken, de spelers op te wachten. Tom riep hem toe dat hij hem morgen zou bellen en dook zijn kleedkamer in. Hij had een paar weken geleden een dochter gekregen en ging na het spelen het liefst zo snel mogelijk naar huis.
'Ik heb voor jou geen op- of aanmerkingen. Je hebt mooi gespeeld. Ga je maar omkleden,' zei de regisseur tegen Lucia, terwijl hij haar over haar rug wreef.
Hij wendde zich tot Jason. 'Maar met jou heb ik een appeltje te schillen. Tijdens de monoloog aan het begin van het tweede bedrijf ga je compleet uit je dak. Je moet je aan de afspraken houden,' mompelde hij kribbig.
Lucia stak olijk haar tong uit naar haar collega en liep door naar haar kleedkamer. Jason riep haar achterna: 'Loesje, schat, neem je mij straks mee naar het café? Ik moet me bezatten!'
'Ik pik je op als ik klaar ben, oké?'

Lucia's kleedkamer was een vies en ongezellig hok. Vóór de voorstelling transformeerde zij het tot een tempeltje waarin zij zich met kleine rituelen op het spelen voorbereidde, maar daarna vond ze het een deprimerende plek.

Ze plofte in de stoel voor de spiegel neer en begon zich af te schminken. Toen ze aan Jason dacht, zag ze haar spiegelbeeld vertederd glimlachen.

In het begin van de repetities had zij zich vaak aan hem geërgerd. Als er naar zijn idee te lang over het stuk en de personages werd gepraat, ging hij de clown uithangen. Hij voerde aan dat hij dichtsloeg van analyseren. Psychologische theorieën over zijn rol verlamden hem. Hij wilde de speelvloer op, dingen uitproberen. Het klopte of het klopte niet, dat voelde hij aan zijn water, en dat kon en wilde hij niet nader uitleggen. 'Laat mij nou maar gewoon dóén,' was zijn credo. De regisseur had hem de ruimte gegeven om zijn rol naar eigen inzicht vorm te geven en het was een verrassende creatie geworden. Lucia, die gewend was de zielenroerselen van haar personage met een zekere verbetenheid uit te pluizen, werd door Jason voortdurend op het verkeerde been gezet. Maar toen zij merkte hoe spannend het was om met hem te spelen, had zij zijn eigenaardigheden geaccepteerd. In de loop van de tijd waren zij elkaar gaan waarderen en ze waren bevriend geraakt.

Nu leek het erop dat Jason ook op een ander vlak waardering voor haar had gekregen. Als hij met haar praatte dwaalden zijn ogen af naar haar mond, haar hals, haar borsten. Toen zij een paar dagen geleden in haar oude blauwe spijkerbroek wijdbeens op een barkruk tegenover hem had gezeten, had zij zijn blik opgevangen nadat die naar haar kruis was afgegleden. Demonstratief had ze haar benen dichtgeklapt. Hij was knalrood geworden. Zij was in lachen uitgebarsten. Jason was een spannende man, maar ze moest er niet aan denken om iets met hem te beginnen.

Ze moest haar leven op orde houden. Haar vak vergde zoveel van haar aandacht en energie dat zij zich geen emotionele turbulentie kon veroorloven. Ze moest bijna iedere avond spelen. De volgende dag sliep ze uit, en op de late ochtend en in de vroege middag wijdde zij zich aan haar andere bezigheden; zij gaf twee middagen in de week spelles op de regieopleiding, volgde iedere dag bewegingslessen in de studio van een vriendin, kreeg twee keer per week zangles en had haar huishouding draaiende te houden. Als ze vrij was, moest er rust zijn. Dan ging zij in bad liggen, las een boek, deed een dutje, luisterde naar muziek of kookte een maaltijd. Ze had een paar prettige vriendinnen, die het bijna altijd met haar eens waren, en met hen bracht ze zo nu en dan haar vrije avonden door. Alles had zijn plek, er was evenwicht, en zo moest het blijven.

Maar 's nachts in bed kon zij zichzelf soms niet stoppen. Dan fantaseerde ze dat ze de liefde bedreef met Jason. Als de dag aanbrak en haar werk in het theater haar opeiste, schoof zij de passie die zij op die momenten voor hem voelde echter resoluut opzij.

Nadat Lucia zich had afgeschminkt en haar spullen had klaargelegd voor de volgende avond, overwoog ze of ze zou gaan douchen. De regisseur kennende zou het gesprek met Jason wel even duren. Ze had de tijd. Snel kleedde zij zich uit.

Toen het warme water over haar lichaam begon te stromen, kwam de herinnering boven aan de brief van Miquel, die zij die ochtend had ontvangen. De beklemming waarmee zij overdag had rondgelopen keerde in één keer terug.

Ze zou het nooit tegenover iemand toegeven, maar ze was opgelucht geweest toen hij naar Suriname terugging. Hij was op haar gaan leunen nadat de ziekte was ontdekt. Bijna iedere dag had hij haar willen zien of spreken.

Ze wist zich geen raad met hem. Het feit dat hij ongeneeslijk ziek was viel niet weg te redeneren, was niet te omzwachtelen met woorden van redelijkheid en hoop, of te relativeren met een gedurfde grap. Het was pijnlijk om te zien hoe hij in verwarring was, zonder hem te kunnen helpen.

Ook zij was in verwarring geraakt. De onverbiddelijkheid waarmee hem midden in zijn bestaan de pas werd afgesneden was onverteerbaar. Hoe kon zoiets gebeuren met iemand die zijn leven op een zo bewonderenswaardige manier leefde? Zij kon niet accepteren dat hij haar afgenomen zou worden. Hoe moest ze verder leven zonder haar oude buurjongetje, haar vriendje, dat er altijd was geweest, zo lang zij het zich kon herinneren? Hadden zij niet afgesproken elkaar door het leven te loodsen en samen hun oude dag te slijten in het huis van zijn oom Ferdinand en tante Helen, waar zij met Pedro en Carmen al hun schoolvakanties hadden doorgebracht? Ook zij kon de schaduw niet verdragen die over haar leven werd geworpen, of hem van zich af schudden.

Op sommige momenten vond zij dat zij te emotioneel reageerde. In de pas lopend met de opvattingen in haar wereldwijze kringen, had zij de gewoonte ontwikkeld zich cynisch uit te laten over de dingen. Dat haar eerste echte confrontatie met de dood een dergelijke opstandigheid en verbijstering in haar wakker riep, viel haar tegen van zichzelf.

Miquel bleek de chemotherapie die hem werd voorgeschreven zo slecht te verdragen, dat hij na twee kuren te hebben doorstaan de beslissing nam om zich er niet meer aan te onderwerpen. Omdat niets hem meer in de weg stond, was hij een paar maanden na zijn laatste behandeling vertrokken. Ze had hem gemist, maar ze had ook weer vrij kunnen ademhalen.

Een paar keer per maand schreven zij elkaar. In de eerste tijd had hij bevlogen brieven geschreven over zijn weerzien met het land en de mensen. Hij had zich fit gevoeld en weinig aandacht aan de ziekte besteed.

De veranderingen die de Surinaamse samenleving had ondergaan sinds de militaire staatsgreep waarvan hij en zijn familie twintig jaar geleden getuige waren geweest, en die Lucia niet had meegemaakt omdat haar ouders drie jaar daarvoor waren vertrokken, waren ontstellend. Het militaire bewind was dan wel afgelopen, er was meer vrijheid en de sfeer was minder grimmig, maar overal heersten armoede en verval, zowel in materieel als in moreel opzicht. Miquel wond zich daarover op. Lucia had zichzelf voorgehouden dat het een teken was dat het goed met hem ging en dat het met zijn ziekte zo'n vaart niet zou lopen.

Maar toen hij op de boerderij van oom Ferdinand was gaan wonen, was de toon van zijn brieven veranderd. Hij hield op te spreken over de toestand in het land, begon zijn aftakeling te beschrijven en roerde voorzichtig zijn naderende dood aan. En nu stuurde hij haar deze ingehouden smeekbede.

Natuurlijk zou zij gaan, maar de gedachte alleen al joeg haar de stuipen op het lijf. Teruggaan, na drieëntwintig jaar weg te zijn geweest, naar dat hete, vreemde land waar ze was geboren en dat zij waarschijnlijk niet meer zou herkennen. Om Miquel te helpen met zijn naderende dood in het reine te komen...

Het was warm in het overvolle theatercafé Apollo en er heerste een vrolijke, opgewonden sfeer. Bezoekers zaten of stonden in groepjes bijeen en voerden op luide toon gesprekken, ondersteund met grote gebaren. Er werd gekird en bulderend gelachen. Intussen wierpen mannen en vrouwen onrustige blikken om zich heen, uitkijkend naar een kennis, een vriend, een befaamde regisseur, acteur of actrice, of – het meest welkom – een potentiële nieuwe liefde. Werd er een bekend gezicht ontdekt, dan volgde een hartelijke uitroep. Er werd gewenkt, gegroet, gezoend en gegrapt. Al die tijd verflauwde de aandacht voor het mogelijk opdoemen van weer een ander gezicht echter niet.

Ook Lucia en Jason werden hartelijk binnengehaald. Er werd notitie van genomen dat zij alwéér samen waren, en de lovende recensies van een paar weken geleden werden in herinnering geroepen. Terwijl de plagerijtjes en complimenten weerklonken, voegde een oudere acteur zich bij het groepje, sloeg Lucia op haar billen en zei: 'Daar hebben we ons getalenteerde allochtoontje weer. Kind, wat heb jij een lekker reetje!'

Bij het zien van Lucia's verstrakkende gezicht vervolgde hij:

'Hé, je kunt toch wel tegen een onschuldig plagerijtje? Niet zo overgevoelig doen, hoor.'

Jason sloeg zijn arm om Lucia's middel, wuifde ten afscheid en sleepte haar mee voordat zij een vinnig antwoord had kunnen bedenken.

Achter in de kroeg vonden zij een leeg tafeltje. Terwijl Lucia ging zitten, haalde Jason aan de bar een fles rode wijn en twee glazen.

Toen hij terugkwam, lag er een gespannen uitdrukking op zijn gezicht. Hij schonk de glazen vol en hief het zijne. 'Op ons, Loesje!'

Na een grote slok genomen te hebben zei hij, min of meer tegen zichzelf sprekend: 'Pfff... Dit zijn van die vreselijke momenten.'

Hij keek Lucia aan, die geïntrigeerd terugblikte, en grijnsde. Toen haalde hij diep adem en zei: 'Ik moet je iets vertellen. Waarschijnlijk heb je het allang in de gaten, maar ik ben verliefd op je geworden. Ik heb het gevoel dat ik jou ook niet onverschillig laat, dus...'

Lucia voelde zich overrompeld. Dit mocht niet gebeuren! Voordat zij het had kunnen tegenhouden, hoorde zij zichzelf afkeurend mompelen: 'Verliefd? Bedoel je niet gewoon dat je met me naar bed wilt?'

'Doe niet zo nuffig!' reageerde Jason verbluft. 'Het is toch niet verkeerd om te willen vrijen met de vrouw op wie je verliefd bent? Ja, ik wil inderdaad met je naar bed.'

Lucia kreeg het benauwd. 'Jason, het lijkt mij geen goed idee om een relatie te beginnen met iemand met wie je zo nauw samenwerkt.'

'Dat is zo. Maar zou je het willen?'

'Nee, ik geloof het niet,' zei Lucia ontwijkend.

'Je gelooft het niet? Wat bedoel je – weet je het niet zeker?'

'Nee, ik weet het niet zeker. Ik vind jou ook erg aantrekkelijk.' Lucia wilde vastberaden overkomen, maar haar woorden klonken benard. 'Maar zoals ik al zei, ik wil geen verhouding met een collega. En ik wil ook geen verhouding met iemand zoals jij. Je bent veel te impulsief, te hartstochtelijk. Je zou mij uit mijn evenwicht brengen. Dat wil ik niet. Dat kan ik mij niet permitteren. Om te kunnen werken zoals ik wil werken, moet mijn leven rustig en stabiel zijn.'

Jasons ogen vernauwden zich tot spleetjes. 'Om te kunnen werken zoals jij wilt werken kun je het je niet veroorloven om er een leven op na te houden – bedoel je dat? Wij voelen ons tot elkaar aangetrokken en jij bent van plan het daarbij te laten?'

'Ja.'

Jason zei zacht en uitdagend: 'Wil je soms verleid worden? Denk je dat ik niet zie hoe je soms naar mij kijkt?'

'Hallo, zeg! Ik hoef aan jou geen rekenschap en verantwoording af te leggen,' antwoordde Lucia kwaad. 'Dit zijn de keuzes die ik maak. Ik wil een rustig leven leiden. Ik wil geen drama's en gedoe. En daarmee basta. Ik wil er niet meer over praten.'

Jason trok zich terug. 'Sorry, Loes, ik zat te drammen. Maar, nog één ding... Wie zegt dat er drama's zullen zijn? Ik vind je lief. Als ik een relatie met je zou hebben, zou ik je nooit zo opeisen dat je niet meer kon werken. Ik zou rekening met je houden en mijn best voor je doen.'

In de hoop er een punt achter te zetten, zei Lucia beslist: 'Jason, het spijt mij, maar ik ben gewoon niet verliefd op jou.'

Er viel een lange stilte. Jason staarde langs Lucia's hoofd naar de mensenmassa in de kroeg. De teleurstelling was van zijn gezicht af te lezen.

Om hem te troosten en om de band die er even tevoren nog tussen hen was geweest te herstellen, besloot Lucia om over Miquel te beginnen. Hij zou het misschien prettig vinden dat zij hem in vertrouwen nam.

'Ik moet jou ook iets vertellen,' begon ze timide, nadat ze de glazen had bijgevuld. 'Ik ga binnenkort een tijdje naar Suriname. Het gaat slecht met Miquel. Het duurt waarschijnlijk niet zo lang meer. Ik kreeg vandaag een brief van hem, waarin hij schreef: "Ik ben aan het doodgaan en ik weet niet hoe het moet." Hij vraagt of ik naar hem toe wil komen. Eerlijk gezegd jaagt zijn verzoek mij de stuipen op het lijf. Maar aangezien ik onmogelijk kan weigeren, ga ik binnenkort voor een paar maanden naar hem toe.'

Tot haar verbazing reageerde Jason geërgerd: 'Wat zeg je nou, je kunt onmogelijk weigeren? Zou je dan wíllen weigeren?'

'Nee, natuurlijk niet; dat zeg ik toch!' zei Lucia, terwijl het met een schok tot haar doordrong dat ze loog. 'Natuurlijk wil ik niet weigeren, maar ik ben bang dat het niet goed zal gaan. Het is griezelig om na drieëntwintig jaar weg te zijn geweest, terug te gaan naar het landschap van je jeugd. Met de taak om je beste vriend te helpen sterven. Ik weet helemaal niet of ik dat wel aankan.'

'Arme Lucia. Alles wat echt is, jaagt je angst aan. Ga ernaartoe. Je ziet wel. Gewoon dóén. Dat sterven gaat vanzelf, daar hoef jij niets voor te doen. Je moet hem vasthouden en naar hem luisteren en, als het kan, proberen om hem aan het lachen te maken.'

'Gewoon dóén. Een beetje zoals jij toneelspeelt?'

'Je hebt mij vanavond nog verteld hoe goed je mij vindt spelen, Lucia,' antwoordde Jason ernstig. 'Weet je, het heeft geen zin om te proberen te voorkomen dat het leven je omverhaalt. Dat doet het toch wel. Ga jij maar rustig door met alles in de hand te willen houden. Op een dag ontdek je dat het leven aan je voorbij is gegaan. Denk je dat dat geen drama is? Dat is erger dan wat je met Miquel zou kunnen meemaken. Of met mij. Je ontkomt niet aan het drama. Ga er dus op af. Zie je kinderland onder ogen en help Miquel.' Met een treurig lachje besloot hij: 'Het is niet op het toneel, Loesje, dat je je leven moet leven.'

Zijn woorden schokten Lucia. 'Dat zeg je alleen maar omdat ik niet met je wil neuken!' riep ze bits.

'Jezus, nu moet jíj ophouden!'

Er viel weer een stilte, minder gemakkelijk te doorbreken ditmaal.

Lucia vroeg zich ongerust af of Jason gelijk had. Ook maakte ze zich zorgen over de voorstelling van morgenavond. Dit gesprek mocht geen invloed hebben op hun prestaties. Hij kon mooi praten. Haar beslissing om niet op zijn avances in te gaan was verstandig. En het was normaal dat zij opzag tegen de terugkeer naar haar geboortegrond en de confrontatie met Miquel.

'Hebben we ruzie?' vroeg ze stroef.

Jason glimlachte. 'Nee, getalenteerd allochtoontje. Ik zei net toch tegen je dat ik gek op je ben? Waarom geloof je me niet? Het gaat mij echt niet alleen om je lekkere reetje.'

Lucia zuchtte en leunde achterover in haar stoel. Terwijl ze haar glas leegdronk, realiseerde ze zich dat ze zin had om een potje te janken.

HOOFDSTUK 3

Het statige huis dat Nelson Walker had gekocht toen hij met Carmen del Prado trouwde, en dat na zijn dood door haar alleen werd bewoond, stond met de rug naar de straat en het gezicht naar de Suriname-rivier in een grote tuin. Omdat er sinds de staatsgreep veel werd ingebroken in de huizen van de rijken, had Nelson, voordat Carmen en hij hun woning betrokken, een hoog gietijzeren hek langs drie zijden van de tuin laten plaatsen. Alleen aan de rivierzijde ontbrak het traliewerk.

Het houten gebouw, in koloniale stijl opgetrokken, stond op palen. De benedenverdieping was, op de was- en strijkkamer en de bediendenkamer na, een open ruimte waar een pingpongtafel en een sjoelbak stonden die niet meer werden gebruikt. Op de eerste verdieping bevonden zich de keuken, de eetkamer en de ruime woonkamer, die uitkwam op een brede veranda. Op de tweede verdieping waren drie slaapkamers, waarvan de grootste een balkon had, de badkamer en de studeerkamer.

Johanna, de dienstbode, kon vanuit de keuken, die aan drie kanten ramen had, een groot deel van de tuin overzien. Op de dagen dat er niet veel werk te doen was hield ze genoeg tijd over om zo nu en dan in haar schommelstoel voor een van de ramen te gaan zitten. Ze liet zich afkoelen door de bries die van de rivier kwam en genoot van het uitzicht.

Het raam in de achterwand bood haar zicht op de oprijlaan met schelpenzand, die door een draaihek met een hangslot van de straat was afgesloten, en de sprookjesachtige voortuin. Langs de straatzijde stonden voor het hek bomen met daartussen bosschages die het verkeer en de huizen aan de overkant aan het zicht onttrokken. Ook de begrenzing met de tuinen van de buren was begroeid met bomen en struiken, waardoor de voortuin in een schemerig groen licht werd gedompeld.

Een eerdere bewoner, een Nederlandse rechter, had een passie gehad voor beelden uit de Griekse oudheid. Tussen de boompjes en struiken op het grasveld had hij een stuk of tien naakte mannen en vrouwen neergezet, waarvan sommige zonder hoofd en armen. Hier en daar stonden stenen bankjes met bloemenranken en vogeltjes van gips als versiering. Aangezien Carmen de voortuin na de dood van Nelson had laten verwilderen, waren de meeste van de groenig uitgeslagen beelden niet meer zichtbaar vanuit het keukenraam en toonden andere Johanna alleen hun hoofd of een gedeelte van hun lichaam.

Daar waar de oprijlaan afboog naar het huis stond een grote stenen bak met donkergroen water en woekerende waterplanten, waarin goudvissen zwommen. Ook zij hielden zich grotendeels verborgen. Af en toe doemde een dieporanje schim onder de oppervlakte op.

De drie ramen in de zijwand van de keuken keken uit op de bloementuin. Deze werd door Prem, de Hindoestaanse tuinjongen, onderhouden. Hij was ingedeeld in perken, waarin de bloemen stram en gedisciplineerd als soldaten stonden te bloeien. Ze waren met smaak op elkaar afgestemd en vormden in de loop van het jaar steeds andere kleurencombinaties. Sommige geuren zo sterk dat ze in de keuken te ruiken waren.

Midden in de bloementuin stond het orchideeënhuis. Daar hingen zeldzame planten, die Carmen zelf verzorgde. Af en toe bloeide in de schaduwen een kostbare bloem.

Het raam aan de voorkant keek uit over de lichtbruine rivier en de met bos begroeide overkant, waarvan het donkergroen door de afstand mistig blauw werd gekleurd. Daarboven dreven op de meeste dagen majestueuze cumuluswolken. De tuin werd van de rivier afgegrensd door een lage stenen muur. Tussen deze muur en de rivier lag een onbegaanbaar stuk zwamp dat bij eb droogviel en bij vloed onderliep. Het was begroeid met riet en krioelde van het leven. Op hete dagen stonk het naar rotting. Voor de muur lag een strook schelpenzand. Er stond een amandelboom met een breed uitwaaierende kruin en laaghangende takken. Daaronder stond het rustbed waarop Carmen iedere dag over de rivier lag uit te kijken.

Het was twaalf uur in de middag. Johanna was bezig rode-peperkip te bereiden, het lievelingsgerecht van dokter Del Prado, die over een uur met zijn vrouw zou komen eten. Aangezien ze moest wachten totdat de bouillon kookte, sleepte ze haar schommelstoel naar het raam aan de voorzijde, ging zitten en wierp een blik op mevrouw Carmens voeten, het enige deel van haar lichaam dat zichtbaar was. Johanna rekende het tot haar taak om niet alleen voor haar huis, haar wasgoed en haar maaltijden te zorgen, maar ook over haar zielenheil te waken. Mevrouw Carmen zou op een dag weleens zonder gerucht van de wereld kunnen vallen.

Vijfentwintig jaar was Johanna in dienst geweest bij dokter Del Prado en zijn vrouw. Ze had de drie kinderen geboren zien worden – mevrouw Carmen eerst, drie jaar later meneer Pedro en drie jaar daarna meneer Miquel. Toen mevrouw Carmen met meneer Nelson trouwde en in dit mooie huis aan de rivier ging wonen, was ze met haar meegegaan. Ze werkte nu al vijftien jaar voor haar. Mevrouw Carmen was altijd eenzelvig geweest, maar sinds haar was verteld dat haar man bij een auto-ongeluk was omgekomen, had zij de tijd stilgezet. Werken hoefde ze niet, want meneer Nelson had haar veel geld nagelaten. Ze zwierf rond in de tuin, verzorgde de orchideeën, keek uit over de rivier, luierde, droomde, sliep. Slechts zelden verliet ze het huis om uit te gaan of te gaan winkelen.

Johanna had haar hele leven hard moeten werken. Nu zij zeventig was, had zij nog maar weinig nodig. In de keuken van mevrouw Carmen gebruikte ze, op alle dagen behalve op zondag, haar drie maaltijden. Als ze haar huur en wat zakgeld opzij had gelegd, hield ze van haar loon voldoende over om haar kleindochter Ashana, die met drie kleine kinderen bij haar inwoonde en net als zij als dienstmeid werkte, te ondersteunen.

Mevrouw Carmen liet de tijd aan zich voorbijgaan, maar Johanna had wel geweten hoe ze van het leven moest genieten. Ze had haar schaarse vrije momenten gebruikt om met haar kinderen op stap te gaan, naar de kerk te gaan en met overgave te zingen en te bidden, te slapen in de middag, te dansen, te drinken en af en toe een man te nemen.

Op het fornuis begon de bouillon, met daarin kokosmelk, kruiden, uien, knoflook, citroenschil en rode pepers, te borrelen. Johanna stond op en schepte de aangebraden stukken kip in de bouillon, liet de kook weer opkomen, deed het deksel op de pan en draaide het vuur laag.

Terwijl zij de kom afwaste waarin zij de kip had gekruid, en de rijst begon te lezen, dacht zij met ironie en een zekere vertedering aan dokter Del Prado. Als zij 's avonds op de kinderen had gepast, bracht hij haar met de auto naar huis en ging altijd even mee naar binnen. Ook op de momenten dat zij de liefde met hem bedreef, noemde zij hem 'meneer', wat hij vervelend vond. Ze wilde voorkomen dat zij zich zou vergissen en hem Hector zou noemen waar zijn vrouw bij was. Jaren later had zij zichzelf gedwongen om ook aan de drie kinderen, die zij gedeeltelijk had opgevoed, te denken als mevrouw Carmen, meneer Pedro en meneer Miquel. Zij wilde zich niet verspreken en de verhoudingen verstoren.

Slaperig rekte Carmen zich uit op haar rustbed en keek omhoog in de kruin van de amandelboom waaronder zij lag. Af en toe bracht een zachte wind de vele lagen groen ruisend in beweging. Daarachter schitterde de zon.

Ze dacht aan tante Helen. Het was niet moeilijk geweest om van haar te houden. Ze sprak Nederlands met een grappig Caraïbisch-Engels accent. Haar mollige handen pakten de dingen vast alsof zij gemakkelijk konden breken: kinderen, honden, de bloeiende bougainville en de verse uien voor het middageten. Als Pedro, Miquel, Carmen en hun buurmeisje Lucia bij haar logeerden, zorgde zij voor hen als waren zij haar eigen kinderen. Ze maakte liedjes over de kleine wereld van haar erf en zong ze voor hen als zij 's avonds in het logeerkamertje naast elkaar op matrasjes op de grond lagen. Ze vertelde spookverhalen. Of ze bedacht namen voor degenen onder hen die, zoals zij het zei, het nodig hadden. Pedro noemde ze 'het vuurkind Salamander'. Nadat zij hem op haar zachtaardige manier had uitgelegd dat de naam Pedro voor hem niet zwaar genoeg was en dat zij hem daarom zo nu en dan 'Salamander' zou noemen, was het haar steeds opnieuw gelukt om hem, op momenten dat hij het te bont maakte, met deze eretitel in bedwang te houden. Carmen had zij de naam 'kleine dromer' gegeven. Zij herinnerde zich de dag waarop dat gebeurde als was het gisteren.

Omringd door de geluiden van het bos zat zij in het ondiepe water aan de oever van de Stille Kreek, die naar roest en dode bladeren rook. Haar billen zaten vastgezogen in de lauwe modder en de zon verwarmde haar hoofd en schouders. Keer op keer legde zij haar hand in het water en keek hoe hij van kleur veranderde naarmate zij hem langzaam dieper onderdompelde: wit... beige... geel... oranje... rood... bruin... en *floep*, weg was hij!

Ineens stond tante Helen naast haar op de oever, om haar te roepen voor het eten. Carmen hield gegeneerd op met haar spelletje. Tante Helen zei: 'Schaam je niet, kleine dromer. Misschien zijn jullie het wel die de wereld laten ronddraaien.'

Ze moest toen een jaar of acht zijn geweest. In tegenstelling tot haar moeder, die voortdurend bezig was om voor luidruchtig vertier voor haar kinderen te zorgen en die haar teruggetrokken dochter vaak aanzette om zich meer te vermaken, had tante Helen Carmen geaccepteerd en haar met rust gelaten.

Zestien jaar later was Carmen op een zaterdagmiddag in een impuls in haar auto gestapt en naar de boerderij gereden. Oom Ferdinand en tante Helen waren nergens te bekennen en de vrachtwagen stond niet op het erf. Voordat zij terugging, ging ze nog even bij de Stille Kreek kijken.

Halverwege het pad hoorde ze tante Helen zingen. Even verderop kwam de kreek in zicht. Haar tante stond tot aan haar borsten in het water, gekleed in haar nette groene jurk met rode rozen. Haar grijze haar was in een ingewikkeld patroon gevlochten en ze had haar rode dophoedje op, dat ze met twee spelden met namaakdiamanten aan haar haar had vastgestoken. Voor haar ogen hing een strookje rode voile.

Terwijl ze zachtjes en geconcentreerd een liedje zong – Carmen ving flarden tekst op die gingen over schoonwassen en zuiver zijn – smeerde ze haar wangen, hals, armen, handen en de boezem van haar jurk in met een groot stuk zeep. Op de punt van de aanlegsteiger stond haar roze plastic handtas met de hengsels omhoog.

Carmen aarzelde om haar aan te spreken. Ze maakte zich ongerust. Tante Helen kon niet zwemmen, was bang voor water en had altijd geweigerd om ook maar een teen in de kreek te steken. Maar ze vond het beschamend om haar tante met haar vreemde gedrag te confronteren. Dus stelde ze zichzelf gerust met de gedachte dat tante Helen heus wel wist wat zij deed en besloot om haar niet te storen. Stilletjes was ze weggeslopen, in haar auto gestapt en naar huis gereden.

Die avond was oom Ferdinand in het licht op de oprijlaan van haar ouderlijk huis verschenen, met een gezicht als van een hulpeloos kind, en had het bericht gebracht dat tante Helen die middag in de Stille Kreek was gevallen en verdronken.

Carmen had nooit aan iemand durven vertellen wat zij had gezien. Alleen aan Nelson. Die had gezegd dat zij niet schuldig was aan de dood van haar tante. Zij moest er niet meer over nadenken, omdat zulke gedachten een mens gek konden maken. Hij had gelijk gehad.

Ze draaide zich abrupt op haar zij. Haar arm bungelde naar beneden en haar vingertoppen raakten het zand. Een zwarte mier liep in de buurt van haar hand te scharrelen en bleef getroffen staan toen hij bijna tegen de nagel van haar wijsvinger op botste. Eerst maakte hij wat schijnbewegingen naar links en naar rechts, maar besloot toen de roze wand te bestijgen. IJverig kwam hij in beweging en begon vliegensvlug tegen haar nagel op te lopen. Ze vroeg zich af hoe het kwam dat hij geen last had van de zwaartekracht; hij rende net zo snel loodrecht omhoog als hij op de vlakke grond had gelopen. De mier kroop over haar dik beaderde hand en haar pols naar haar elleboog en ging daarna op weg naar haar oksel. Het kriebelde. Ze plaatste de wijsvinger van haar andere hand dwars over zijn pad. Hij aarzelde, keerde zich om en begon terug te lopen. Ze kreeg jeuk, schudde haar arm en de mier viel van vijftig centimeter hoogte op de grond, waar hij, alsof er niets was gebeurd, zijn weg vervolgde.

Hector del Prado bracht zijn auto voor het gietijzeren hek tot stilstand. Zijn vrouw Sophia stapte zuchtend uit, opende het gevaarte met de sleutel die Carmen hun had gegeven en sloot het weer nadat haar man een stukje doorgereden was. Terwijl ze naar de auto liep en weer instapte, liet ze haar blik over de voortuin gaan en zei: 'Moet je die beelden nou weer zien, Hector, het lijkt wel alsof het hier spookt!'

Hector reageerde niet en reed de auto toeterend naar de bak met goudvissen, waar hij hem parkeerde. Johanna kwam de trap aan de achterkant van het huis af lopen en verwelkomde de dokter en zijn vrouw. 'Carmen is aan de waterkant, meneer en mevrouw,' zei ze.

Carmen, die het getoeter van haar vader had gehoord, kwam traag overeind. Met haar tenen haalde ze een voor een haar slippers naar zich toe en wurmde haar voeten erin. Hector bleef met Johanna staan praten, maar Sophia liep kwiek langs de bloementuin naar haar dochter toe en begon van verre al tegen haar te praten. Carmen voelde zich vanbinnen in elkaar schrompelen. Ze liet zich door haar moeder in een omhelzing klemmen. Vervolgens begon Sophia haar tas te legen en, luid kwebbelend, de kleine attenties die zij voor Carmen had meegebracht op het tuintafeltje te leggen. Het had niet veel om het lijf, want de tijden waren duur, verontschuldigde ze zich. Carmen moest de pakjes meteen uitpakken en Sophia legde bij ieder cadeautje uit waarom zij het had gekocht: een douchemuts die niet kon beschimmelen in dit klimaat, een fotolijstje om eindelijk die rondslingerende foto van Eli en Emma – de kinderen van Pedro en Mathilde – in te doen, en een met roosjes versierd pitrieten mandje waarin Johanna de post kon komen brengen.

Sophia del Prado was geboren uit een creoolse vader en een Hindoestaanse moeder. Ze was lang en had een mannelijk aandoend lichaam met brede schouders, smalle heupen, dunne benen en grote voeten. Net als haar broer Ferdinand, had ze een diep donkerbruine huidskleur. Haar grijze haar werd door de kapper ontkroesd en in steeds andere kapsels gebeeldhouwd. Ze droeg een groen linnen mantelpak met korte mouwen en lage schoenen. In haar oren, rond haar nek en polsen en aan haar vingers droeg ze gouden sieraden. Ze liet graag zien dat haar man vóór zijn pensioen een succesvol arts was geweest.

Hector was een hoofd kleiner dan zijn echtgenote. Als jonge man was hij geliefd geweest bij de vrouwen. Hij was toen een zwierige, lichtbruine verschijning met een klein snorretje en gevoel voor humor. Het snorretje en het gevoel voor humor had hij nog, maar voor de rest was alles aan hem gaan hangen: zijn oogleden, zijn wangen, zijn lippen, zijn nekvel en zijn buik. Hij was bijna kaal. De paar haren die hij nog had waren van links naar rechts over zijn schedel gedrapeerd. In zijn vaalbruine ogen lag een melancholieke blik.

Met twee ingeklapte tuinstoelen en een tafeltje in de handen kwamen Johanna en Hector aanlopen. Hector omhelsde Carmen, terwijl Sophia haar vroegere dienstbode complimenteerde met de geuren die uit de keuken kwamen. Carmen ergerde zich aan haar joviale toon en hoorde niet dat haar vader haar vroeg hoe het met haar ging. Johanna vroeg wat iedereen wilde drinken. Carmen en haar vader wilden een whisky, Sophia nam een sherry.

Terwijl Johanna de drankjes haalde, gaf Sophia commentaar op de voortuin. Carmen moest er nodig iets aan laten doen want het werd een wildernis. En ze zou die foeilelijke beelden moeten laten weghalen; die maakten het spookachtig. Waarom liet ze Prem de voortuin niet onder handen nemen? In de twee dagen per week dat hij voor haar werkte kon hij best wat meer doen dan alleen de bloementuin.

Carmen glimlachte. Ze zag Prem voor zich die haar kwam helpen in het orchideeënhuis als Johanna boodschappen deed. Het ging altijd op dezelfde manier. Hij kwam binnenslenteren en vroeg op bescheiden toon of mevrouw hem nog nodig had. Soms zei ze 'Ja', en soms: 'Vandaag niet, Prem, dank je.'

Als ze 'Ja' had gezegd, liepen ze zwijgend naar het schuurgedeelte van het huis. Daar werden de tuingereedschappen, de barbecue en de tuinstoelen bewaard. Op de grond in de hoek lagen de kussens van de stoelen en een paar opgerolde hangmatten.

In het schimmelig ruikende duister gingen ze tegenover elkaar staan. Prem streelde haar hals en, de lichte stof van haar jurk opzij schuivend, haar borsten en tepels. Zij knoopte zijn werkbroek open, duwde zijn onderbroek naar beneden en pakte zijn geslacht. Ze streelde en trok. Ze keek. Het wond haar op zijn penis onder haar handen te zien groeien, totdat hij strak stond als een jonge twijg. Uit de donkerbruine stengel kwam, als een bloemknop, de roze eikel te voorschijn. Iedere keer voelde ze een heftig verlangen om zijn stijve pik in haar mond te nemen, maar daar mocht ze niet aan toegeven. Daar lag de grens. Als ze dat zou doen, zou hij haar niet meer zien als zijn mevrouw. En dat wilde ze niet.

Prem wurmde zijn hand in haar broekje en zijn vingers masseerden. Zonder hun kleren uit te doen gingen ze op de kussens liggen. Hij neukte haar rechttoe, rechtaan. Hard en lang. Als hij was klaargekomen, en zij soms ook, stond hij op en trok zijn broek omhoog. Dan hielp hij haar overeind en kuste haar op haar mond. Eén kus...

Daarna scharrelde hij weer naar buiten. Daarbij droeg hij zo'n nederige uitdrukking op zijn gezicht, dat Johanna, als zij hem had gezien, niet had kunnen vermoeden wat er was voorgevallen.

Sophia was doorgegaan over de voortuin, maar Hector had Carmens onderonsje met zichzelf opgemerkt. Dwars door de tirade van zijn vrouw heen vroeg hij verwonderd: 'Waar zit jij aan te denken, meisje?'

Carmen bloosde en zei: 'Aan de orchideeën, pap. Prem helpt in die twee dagen ook met de orchideeën.'

Johanna had de notenhouten tafel in de eetkamer gedekt met een wit damasten kleed met bijpassende servetten en het antieke servies dat Nelson voor Carmen had gekocht in New York. Het was lichtblauw met een bloemetjesmotief in blauw, roze en paars, en had een gouden randje. Er stonden kristallen glazen bij de borden en Johanna had een goudkleurig porseleinen vaasje met roze rozen uit de tuin neergezet. Sophia streelde het damast en het porselein met een spijtig gezicht, maar zei niets. Johanna bracht de schalen binnen.

Toen zij hadden opgeschept en Hector de wijn had ingeschonken en een toast had uitgebracht op Carmen, vroeg Sophia nadrukkelijk: 'En, hoe gaat het met je, meisje?'

Haar dochter haalde haar schouders op en mompelde: 'Hetzelfde als altijd.'

Sophia zuchtte. Carmen leek wel een paddestoel!

Na een korte stilte besloot ze de komst van Lucia aan te snijden. 'Je vader en ik zijn gisteren op bezoek geweest bij Miquel. Toen we aankwamen lag hij in bed. Gelukkig had hij geen koorts. Maar hij wilde niet buiten komen zitten. Je vader is met hem gaan praten, maar hij verdomde het. Dus zijn wij maar bij hem gaan zitten, midden op de dag in dat donkere, bloedhete hok. Ferdinand wilde per se pindasoep voor ons klaarmaken en ging intussen op het achtererf een kip staan slachten. Wat een gekkenhuis! Miquel deed zo vreemd. Zo schichtig. Ik zei er iets van, maar hij wilde er niet over praten.'

Ze plukte aan haar servet en vervolgde sip: 'Ik kan hem niet bereiken. Voor de zoveelste keer heb ik hem gevraagd of hij niet thuis wil komen wonen. Waarom wil hij dat nou niet? Ik kan voor hem zorgen; ik heb alle tijd. Ons huis is schoon en gezellig. De apotheek, de dokter, het ziekenhuis – alles is vlakbij voor het geval er iets gebeurt. Bij Ferdinand is het zo'n troep. Bovendien steekt Ferdinand geen poot voor Miquel uit, hij gaat gewoon zijn gang en trekt zich niets van hem aan.'

'Dat is niet waar,' zei Hector.

'O, nee? Wat doet hij dan voor hem?'

'Hij kookt en wast en doet de boodschappen.'

'Maar dat is toch niet genoeg?! Hij zou met hem moeten gaan wandelen, hem moeten voorlezen, met hem moeten praten, hem een beetje in de watten moeten leggen. Miquel heeft het moeilijk; die heeft meer nodig dan alleen maar verzorging. Hij heeft liefde nodig, en die kan hij van zijn familie krijgen.'

'Je zult zijn wil moeten respecteren, ma,' zei Carmen.

'Nou, maar als hij erg ziek wordt, zal hij wel van gedachten veranderen!' Sophia schrok van de rancuneuze ondertoon in haar woorden.

Er viel een diepe stilte in de eetkamer. Hector hoorde zichzelf vergenoegd op een kippenpootje kluiven en legde het schuldbewust weg. Hij wilde dat zijn vrouw wat meer begrip voor Miquel zou opbrengen. 'Geef hem toch de ruimte. Het is zo snel gegaan. Hij moet nog verwerken wat er allemaal met hem is gebeurd,' zei hij vaak tegen haar, maar zonder enig effect.

Sophia nam een slok wijn en kwam ter zake: 'Lucia komt volgende maand. Miquel wilde dat zij bij Ferdinand en hem introk, maar dat heb ik weten te voorkomen. Het idee! Je kunt haar toch niet in die zwijnenstal onderbrengen? Er is niet eens een aparte slaapkamer. Het kostte wat moeite, maar uiteindelijk ging hij ermee akkoord dat ze bij een van ons gaat logeren. Op voorwaarde dat ze de beschikking krijgt over een auto, zodat ze hem zo vaak als ze wil kan komen opzoeken. En daarvoor zijn we hier, Carmen. Het lijkt mij voor haar niet leuk om bij twee oude mensen te zitten. Bij Pedro of Mathilde is uitgesloten. Pedro zit in een leeg huis en Mathilde heeft wel wat anders aan haar hoofd nu ze alleen is met twee kinderen. Het zou het beste zijn als ze bij jou kwam. Jij hebt meer dan genoeg ruimte, geld is voor jou geen probleem en het is gezellig; jullie zijn allebei alleenstaande vrouwen. Wat denk je ervan?'

Carmen was met stomheid geslagen. Hoe kwam haar moeder erbij om aan haar te vragen Lucia in huis te nemen? Zij was Miquels vriendin. Hoewel Lucia en zij jarenlang alle vakanties op dezelfde plek hadden doorgebracht, waren ze nooit bevriend geraakt. Het leeftijdsverschil – Carmen was zeven jaar ouder – was te groot geweest. En hoe kon haar moeder voorwenden dat het voor Lucia gezellig zou zijn om bij haar te logeren? Ze dacht weer eens dat ze de werkelijkheid en alles wat daarin leefde naar haar eigen wensen kon omvormen.

'Ma, je weet best hoe slecht ik mij voel. Hoe gedeprimeerd ik ben. Hoe moe. Verzin alsjeblieft iets anders,' sputterde ze klaaglijk tegen.

Sophia probeerde haar ergernis te verbergen. 'Carmen, je hoeft er helemaal niets voor te doen. Johanna vangt het extra werk in huis op. Lucia zal bijna iedere dag bij Miquel zijn. Ze komt speciaal voor hem hiernaartoe. Het enige dat je hoeft te doen is zo nu en dan met haar eten en een praatje maken. Dát kun je toch wel opbrengen?'

Steun zoekend bij haar vader, keek Carmen naar hem. Hij zat haar met een treurig lachje op te nemen en zei: 'Carmen, je moet één ding niet vergeten: je broertje gaat dood. Daar kun je je niet aan onttrekken. Het is goed om een aandeel te hebben in de zorg voor hem. Dat maakt het verdriet straks lichter. Je hebt wat voor hem gedaan.'

Met een schok realiseerde Carmen zich dat het langer dan een maand geleden was dat zij Miquel had gesproken. Niet eens persoonlijk, maar door de telefoon. Haar familieleden moesten denken dat zij een koud hart had. En wat zou Miquel denken? Dat ze niet om hem gaf? Dat was niet zo, dat was écht niet zo.

Ze was alleen steeds zo moe, zo moe dat alleen de stilte haar goed deed.

Maar haar vader had gelijk: Miquel ging dood. Hij ging dood, en zij deed niets voor hem. Aarzelend zei ze: 'Goed. Laat haar maar komen. Ik ga haar alleen wel schrijven hoe kalm het leven hier in huis is. Als ze dan nog zin heeft om hier te komen, kan ze komen.'

'Hoe bedoel je?' vroeg Sophia geïrriteerd.

'Ik bedoel dat ik geen uitstapjes met haar zal gaan maken of verre familieleden zal gaan opzoeken of 's avonds met haar uit zal gaan. Ze zal zich helemaal zelf moeten vermaken.'

Voordat Sophia iets kon terugzeggen, zei Hector beslist: 'Dat zal ze zeker doen, Carmen. Ze is een zelfstandige vrouw, met een bruisend leven en een succesvolle carrière. Ga haar geen onzinnige dingen schrijven.'

De avond viel. Carmen zat voor de spiegel in haar slaapkamer op de tweede verdieping. De dubbele deuren naar het balkon, met horren ervoor om insecten en vleermuizen buiten te sluiten, stonden open. Het was hoogwater en ze hoorde de golfjes tegen het muurtje kabbelen. Vochtige, koele lucht dreef de kamer binnen.

Johanna was ruim een halfuur geleden vertrokken. Het huis was afgesloten en voelde groot en leeg aan. In de tuin patrouilleerde de wachter, een oude man die Immanuel heette en in het gezelschap van zijn herdershond de hele nacht een oogje in het zeil zou houden.

Terwijl ze haar lange haar borstelde keek Carmen met een afstandelijke blik naar haar gezicht, bestudeerde haar gladde voorhoofd, de lijntjes bij haar ogen, de kroezende nesthaartjes bij haar oren, de volle lippen, de kleine neusgaten waar een donker haartje uit piepte. Haar blik zakte via haar mollige nek naar de halsopening van haar nachtpon, die een groot deel van haar zware borsten bloot liet. Ze was veertig, en kon zien dat ze ouder werd.

Haar moeder verkondigde regelmatig dat Miquel en zij 'goed uitgevallen' waren. Ze hadden van hun vader een lichtbruine huidskleur geërfd en van diens indiaanse moeder een fijngetekend gezicht en dik, golvend zwart haar. Dat Pedro zo negerachtig was als zijzelf – zwart en kroes – speet haar moeder. Ook dat zei ze vaak.

Het opgewonden geschreeuw van buurkinderen klonk op. Carmen herinnerde zich hoe spannend het was om gedurende de zich snel verdiepende schemering, de lucht verglijdend van dieprood tot paars tot een met sterren doorschoten donkerblauw, buiten te spelen.

Een dunne meisjesstem gilde:

Blijf zitten waar je zit,
en verroer je niet,
hou je adem in,
maar stik niet.
Ik tel nog tot tien,
wie niet weg is is gezien.
Een, twee, drie, vier, vijf,
zes, zeven, acht, negen, tien!

Carmen dacht terug aan de middagen en avonden waarop Pedro, Miquel en zij met de kinderen uit de buurt hadden gespeeld. Dat was vóór de tijd dat Lucia oud genoeg was om ook op straat te mogen spelen, en Miquel en zij een onafscheidelijk duo gingen vormen.

In groepjes van hetzelfde geslacht en min of meer dezelfde leeftijd zaten of stonden zij zachtjes met elkaar te praten, hun aandacht intussen op de grote jongens gericht, die onrustig om elkaar heen drentelden. Op het moment waarop een van hen luidkeels voorstelde om honkbal of een ander spel te gaan spelen, stroomden de kinderen opgewonden samen.

Carmen had meestal geen zin om mee te doen. Ze ging in het gras zitten en trok Miquel op schoot. Zijn warme, mollige lijfje vormde een schild tegen de schreeuwende jongens en meisjes.

Miquel liet haar dankbaar haar gang gaan. Zonder Carmen in de buurt zou Pedro proberen hem in het spel te betrekken, en hem vervolgens luidkeels bespotten om alles wat hij niet goed deed. Maar als Carmen erbij was, liet zijn broer hem met rust. Carmen had een manier gevonden om hem in toom te houden: zij klikte ongegeneerd bij hun moeder.

Een paar jaar later had Miquel op een avond de deur van haar kamer opengegooid en was naar binnen gestormd en snikkend in haar armen gekropen. Hij had haar verteld dat hij balletlessen wilde nemen en dat Pedro had gezegd dat alleen mietjes en viezeriken op ballet gingen. Hij zou de enige jongen zijn tussen allemaal meisjes. Hij moest een maillot aan waarin zijn piemel te zien zou zijn. De meisjes zouden zich doodlachen.

Carmen was de volgende dag met het verhaal naar hun moeder gegaan. Die had Pedro op zijn donder gegeven en hem voor de rest van de middag naar zijn kamer gestuurd. Toen Pedro haar was tegengekomen in de gang naar hun kamers, had hij haar toegesist: 'Vieze, vuile verrader! Ik neem je nog wel te grazen!'

De volgende dag was hij zogenaamd per ongeluk tegen haar fiets op gelopen toen zij gekleed in haar witte feestjurk op weg ging naar de verjaardag van een vriendinnetje. Ze was gevallen en had een gat in haar hoofd, dat gehecht moest worden. Er zat een scheur in haar jurk.

Ze had altijd het meest van Miquel gehouden. Ze bewonderde hem om zijn moed en zijn uithoudingsvermogen. Hij had in een wereld van machismo volgehouden dat hij balletdanser wilde worden. Later was hij er openlijk voor uitgekomen dat zijn hart uitging naar mannen. Toen hij nog klein was, kon zij hem knuffelen als hij het moeilijk had en – als dat nodig was – klikken. Maar toen hij ouder werd, had hij met haar willen praten, en zij had niet geweten wat zij moest zeggen. Ze merkte dat zij hem teleurstelde. Op den duur had hij haar links laten liggen. Het voelde alsof ze hem in de steek had gelaten.

Toen was hij naar Nederland vertrokken. Ze schreven elkaar zelden. Na een aantal jaren was hij op tournee met zijn dansgroep hierheen gekomen. Ze was met de hele familie naar de voorstelling gaan kijken. Het was niet te geloven dat die vurige, expressieve danser haar broertje was. Ze vond het adembenemend om te zien hoe ongegeneerd hij was geworden.

Die nacht, in de bar van het hotel, had haar moeder gehuild van trots. Pedro had Miquel demonstratief omhelsd, alsof hij hem wilde laten weten dat hij hem, voor het eerst in zijn leven, volledig kon accepteren. Carmen had zich verlegen en onhandig gevoeld, alsof Miquel een vreemde was. Ze had hem gefeliciteerd en hij had grapjes met haar gemaakt.

De volgende dag was hij haar thuis komen opzoeken. Hij wilde weten hoe ze het redde na de dood van Nelson, en vroeg haar op de man af naar haar gevoelens. Weer had zij niet geweten wat zij moest zeggen. Ze had geen verhaal over het leven zonder Nelson. Miquel was weggegaan, haar achterlatend met het gevoel dat zij hem weer teleur had gesteld.

En nu was hij voorgoed terug. Ze spraken elkaar af en toe, maar hun contact verliep stroef. De woorden werden van klei in haar mond, en hij leek het niet meer te kunnen opbrengen om haar aan te moedigen. Ze voelde zich machteloos. Ze wilde dat zij hem op schoot kon nemen en knuffelen, net als vroeger.

HOOFDSTUK 4

Het was uitzonderlijk warm op de zondag dat Lucia Mac Nack naar Suriname terugkeerde. De mensen die wisten dat ze kwam, hadden medelijden met haar. De vochtige hitte zou haar overvallen.

Om elf uur 's ochtends werd haar vliegtuig op Zanderij verwacht. Aanvankelijk was het plan geweest dat Ferdinand en Miquel haar zouden ophalen, maar Miquel was te ziek voor de rit van een uur naar het vliegveld en terug, en het mogelijk lange wachten als het vliegtuig vertraging zou hebben. Dus was er besloten dat Pedro zou gaan.

Intussen zou de rest van de familie zich bij Hector en Sophia verzamelen om Lucia te verwelkomen. Een feestelijke maaltijd zou volgen. Johanna hielp Jet, het dienstmeisje van de Del Prado's, met koken. In de dagen daarvoor had zij bij Carmen thuis alle voorbereidingen getroffen voor de logeerpartij.

Om halfelf gingen Ferdinand en Miquel op weg naar het huis van Sophia. Om Leo langs de bulten en kuilen in de zandweg te kunnen sturen, hing Ferdinand met zijn gezicht tegen de voorruit, ingespannen sabbelend op een handgedraaid sigaretje.

Miquel leunde tegen de harde zitting en probeerde zich over te geven aan het geslinger. De wind woei in zijn gezicht zonder hem te verkoelen. Hij had een plastic fles met water in zijn hand, waaruit hij af en toe een slok nam. Bij iedere hobbel zag hij uit zijn ooghoeken Ferdinand opveren als een duveltje uit een doosje.

Hij voelde zich te moe om Lucia te ontvangen. Zijn lichamelijke conditie verslechterde snel en hij had last van angstaanvallen, die hem plotseling en met kracht overvielen. Het begon met een onwezenlijk gevoel. Hij raakte los van zichzelf en van het verhaal dat hij leefde, en keek als van een grote afstand neer op de pathetische, toekomstloze man die hij was geworden. Zijn verbinding met de realiteit werd steeds ijler, leek ieder moment als een zeepbel uit elkaar te kunnen spatten. Vervolgens welde er vanuit zijn ingewanden paniek op, een dierlijke angst die hij nauwelijks onder controle kon houden. Hij spande zijn spieren, balde zijn vuisten, klampte zich vast aan het bestaan van zijn lichaam. Na een paar minuten ebde het gevoel langzaam weg.

Als kind had hij weleens boven aan de glijbaan vastgezeten. De stroefheid van zijn broek hield hem tegen, totdat ineens de zwaartekracht overwon en hij naar beneden roetsjte. Iets dergelijks was er gebeurd op de dag dat hij voor het eerst een angstaanval had gehad: zijn weerstand was gebroken en hij was aan het glijden geslagen.

Met een brandend gevoel van spijt dacht hij aan de dingen die Lucia en hij hadden kunnen doen als hij gezond was geweest. Ze hadden door het land kunnen zwerven, op zoek naar verloren herinneringen en nieuwe ervaringen. Waarom hadden zij er, toen alles nog goed ging, nooit aan gedacht om samen op vakantie hierheen te komen?

Onzin, dacht hij. Geen zelfmedelijden! Hij commandeerde zichzelf vaak dezer dagen. 'Rustig blijven!' als hij een angstaanval had. 'Doorzetten!' als hij te moe was om uit bed te komen. 'Kiezen op elkaar!' als hij pijn had. 'Niet huilen!' als hij plukken haar in zijn kam vond. En: 'Stel je niet aan!' als hij dacht dat hij uit elkaar zou klappen van woede.

Met een uitroep stuurde Ferdinand Leo naar rechts om een diepe kuil te vermijden. Miquel verloor zijn evenwicht en viel, waarbij hij zijn hoofd aan het stuur stootte. Het water spoot uit de fles in Ferdinands gezicht en over Miquels hoofd. Ferdinand schudde het proestend uit zijn ogen en draaide heftig aan het stuur om zijn voertuig weer recht op de weg te krijgen. Hij begon schaterend te lachen en riep: 'Ai, ai, ai, m'n jongen! Ai, ai, ai! Heb je je pijn gedaan?'

Miquel kwam overeind, schudde zijn hoofd en veegde de druppels die over zijn gezicht liepen weg. Ook hij moest lachen.

De gezagvoerder riep om dat ze het vasteland naderden en op de geplande tijd zouden landen. Terwijl hij verder ging met de weersomstandigheden op de luchthaven te beschrijven, drukte Lucia, verwachtingsvol als een kind, haar voorhoofd tegen het raampje. Diep onder haar waren het fonkelende wateroppervlak van de Atlantische Oceaan en een eenzaam schip te zien.

Vorige week zondag was de laatste voorstelling van *Aurora Borealis* geweest. Miquels brief was voor het begin van de repetities van haar volgende productie gearriveerd en zij had haar rol zonder veel problemen kunnen teruggeven. Jason had haar lessen op de regieopleiding willen overnemen. Met zes weken zomerreces erbij geteld had zij zich voor vier maanden kunnen vrijmaken, waarvan zij er drie in Suriname zou doorbrengen.

Vannacht had ze geen oog dichtgedaan. Jason had haar voor dag en dauw opgehaald en naar Schiphol gebracht. Speciaal voor de reis had ze een wijdvallende broek en blouse van dunne beige katoen laten maken en een grote strooien hoed gekocht met een bijpassende tas. Volgens Jason zag ze eruit alsof ze op safari ging. Om haar nervositeit te bedwingen had hij een zakflesje cognac meegenomen en haar op weg naar het vliegveld overgehaald om er flink wat van te drinken. Bij het afscheidnemen had hij haar omhelsd, op de mond gezoend en oprecht veel geluk toegewenst.

Hij geeft echt om mij, had ze gedacht. Ze had beloofd hem te zullen schrijven.

Ze had ingecheckt en was door de paspoortcontrole gegaan. Aangeschoten stond ze in de grote, lichte hal met taxfree-winkeltjes. Om de cognac te neutraliseren dronk ze een kopje koffie. Daarna kocht ze twee flessen whisky om met Carmen op te drinken.

Toen ze bij de kassa stond af te rekenen, voelde ze in haar onderlichaam een bekende pijn. O, nee, alsjeblieft niet, dacht ze, en ze zocht zo snel ze kon een toilet op. Daar ontdekte ze dat ze twee weken te vroeg ongesteld was geworden. Ze had maandverband en een schone onderbroek nodig, en haar bagage was al weg.

Een tijdje zat ze versuft te piekeren. Toen improviseerde ze met toiletpapier een verbandje, kocht tampons in de taxfreedrogisterij en ging op zoek naar een slipje.

In de chique kledingboetieks keken ijzige verkoopsters haar met opgetrokken wenkbrauwen aan. 'Een onderbroek?! Nee mevrouw, ónderbroeken verkopen we niet.' Terwijl zij de winkeltjes uit liep, had Lucia het gevoel dat zij haar achter haar rug uitlachten.

Nadat ze drie keer nul op het rekest had gekregen, maakte de situatie haar onweerstaanbaar vrolijk. In een winkeltje dat gespecialiseerd was in zuiver zijden kleding vond ze voor een astronomische prijs een niemendalletje. Ze kocht het en herstelde de schade.

Toen het tijd werd om aan boord te gaan, betrapte Lucia zichzelf erop dat ze zin had in haar reis.

In zee werd de verkleuring zichtbaar van de brede modderbanken die voor de Surinaamse kust liggen. Ze zag een smalle reep donkergekleurd strand. En daarna het diepgroene tapijt dat het land bedekte waar zij was geboren en waar zij de gloeiende dagen van haar jeugd had doorgebracht, even uitgestrekt als daarvoor de oceaan was geweest.

Ze begon te huilen. Om haar heen begonnen de mensen opgewonden te praten en te lachen.

Pedro reed met een vaart van honderddertig kilometer per uur over de tweebaansweg die Paramaribo en Zanderij, vijftig kilometer verderop, in een rechte lijn met elkaar verbond. Het was een slaapverwekkend traject. Aan weerszijden van de min of meer verlaten weg verrees het oerwoud, zo nu en dan onderbroken door groepjes huizen.

Op deze weg was Nelson verongelukt toen hij 's nachts, net terug van een zakenreis naar de Verenigde Staten, naar huis reed. Nog even en Pedro zou het uitgebrande wrak van zijn Mercedes omgekeerd op een betonnen zuiltje zien liggen. In dit achterlijke land meende de overheid de mensen op een dergelijke manier tot voorzichtigheid te moeten manen. Pedro kende alle wrakken vanaf de stad tot het vliegveld, plus de namen van de mensen die erin waren omgekomen.

Hij duwde een cassette met oude soulnummers in zijn stereo-installatie, draaide het volume hoog, nestelde zich dieper in zijn stoel en drukte het gaspedaal in.

> *When a man loves a woman,*
> *can't keep his mind on nothin' else.*
> *He changes the world for the good thing he has found.*

Zijn gedachten dwaalden af naar Mathilde, van wie hij een paar maanden geleden was gescheiden. Op de nacht dat zij hem het huis uit had gezet, was zij door toedoen van haar dikke vriendin Roosje achter zijn meest recente escapade gekomen. Toen hij thuiskwam, trof hij haar zittend in de woonkamer aan. Ze was een en al 'Tot hier en niet verder!' Haar dunne lichaam met de priemende borstjes zwom in een te grote witte nachtpon, haar korte blonde haar stond overeind, en ze had haar vuisten gebald.

Met een zachte stem siste ze bittere woorden. Hij had zich moeten inhouden om haar niet aan te vliegen. En tegelijkertijd had hij haar willen omhelzen. Het was juist haar onwrikbaarheid die hem zo aantrok.

Ze had hem gesommeerd om zijn biezen te pakken en weg te gaan, het liefst meteen. Hij verdomde het. Toen had ze gezegd: 'Je kunt weggaan en de zaken met mij op een fatsoenlijke manier afhandelen. Je kunt ook blijven, tegen mijn zin, en het mij moeilijk maken. Maar dan ga ík weg. En ik bedoel niet dat ik twee straten verderop ga wonen. Nee, ik pak de kinderen op en ga terug naar Holland. En zie jij mij dan maar eens tegen te houden!'

Hij had gecapituleerd, omdat hij wist dat ze haar dreigement zou uitvoeren. Niemand zou haar in dat geval een strobreed in de weg kunnen leggen. Dat mocht niet gebeuren. Hij hield meer van Elias en Emma dan hij ooit van een vrouw zou houden. Zo vaak hij kon zag hij zijn kinderen. Mathilde was gelukkig zo verstandig dat ze de band die hij met hen had niet probeerde te verbreken. Op voorwaarde dat hij naar haar pijpen danste!

Let me wrap you in my warm and tender love, yeah.
Let me wrap you in my warm and tender love.

Pedro glimlachte weemoedig. Zachtjes begon hij mee te zingen. Percy Sledge had met zijn langzame nummers de essentie van het liefkozen in muziek weten te vertalen.

Hij zag ernaar uit om Lucia te ontmoeten. Op de foto's die in Miquels slaapkamer hingen had ze een kaal hoofd en was ze niet bepaald mooi. Maar aan de andere kant: een vrouw die in Nederland een bekende actrice was, moest wel iets bijzonders hebben.

Van vroeger herinnerde hij zich een mager meisje met grote tanden dat altijd van hem probeerde te winnen. Pedro zorgde dat hij haar de baas bleef. Die enkele keer dat het haar lukte om hem te verslaan, liep ze de hele dag te stralen.

Als een van de laatsten verliet Lucia het vliegtuig. Ze moest haar hoofd buigen voor de lage deur en hield haar strooien hoed vast. Behoedzaam stapte ze op de trap, strekte zich uit en keek om zich heen.

Het vliegveld lag midden in het bos en was klein en sjofel. De lucht boven de landingsbaan trilde in het blakerende zonlicht. Bij de gebouwen stonden struikjes met hallucinerend rode bloemen, die ze herkende, maar waarvan ze de naam niet meer wist. Ze rook asfalt, vuilnis en de geur van planten.

Boven op het hoofdgebouw was een terras, waarop een drom

mensen met gekleurde sjaaltjes stond te zwaaien naar de passagiers, die over de landingsbaan naar het gebouwtje met het opschrift ARRIVALS liepen. Gistermiddag had Sophia Lucia gebeld om te zeggen dat Pedro haar zou komen ophalen. Terwijl ze de trap af liep, keek ze of ze hem zag staan. De laatste keer dat ze elkaar hadden gezien was zij tien jaar oud en hij veertien. Ze kon hem niet uit de meute halen.

Toen ze het gebouw in liep had ze het gevoel een hete oven binnen te wandelen. Uit al haar poriën begon zweet te stromen en ze voelde zich duizelig worden. Gelukkig had ze, vlak voor het landen, een nieuwe tampon in gedaan.

Bij de paspoortcontrole stond een lange rij. Het duurde eindeloos voordat zij aan de beurt was.

Een jonge man in uniform, een vuurwapen op zijn heup, keek in haar paspoort. Minachtend zei hij: 'Alweer een Nederlandse! Jullie zijn hier geboren, jullie zijn landskinderen, maar wij zijn niet goed genoeg voor jullie.'

Vervolgens liet hij zijn ogen over haar uitmonstering glijden. 'Heb je iets aan te geven?'

'Nee,' antwoordde Lucia koel, en overwoog toen, met een niet te onderdrukken glimlach, om haar nieuwe zijden slipje aan te geven.

De man keek haar doordringend aan. Lucia weigerde haar ogen neer te slaan en keek zo hooghartig als ze kon opbrengen terug. Er flitste woede over zijn gezicht. Hij gaf een van de beambten die in de buurt rondhingen nonchalant een seintje. 'Doorlopen,' zei hij bevelend.

Bij de bagageband werd Lucia opgewacht door twee mannen. Ze moest haar koffers aanwijzen, waarna de mannen ze gewichtig van de band tilden en naar de balie met het bordje DOUANE brachten. Daar werden ze ruw doorzocht.

Lucia haalde een paar keer diep adem en hield zichzelf voor dat ze hiertegen moest kunnen. Toen de mannen klaar waren, schoven ze haar de open koffers zonder een woord te zeggen toe. Met enige moeite duwde ze haar door elkaar gehaalde kleren plat en sloot de koffers. Ze kreeg daarbij zin om als een viswijf te gaan schelden. Doodmoe en doorweekt van het zweet liep ze met haar bagage naar buiten.

Pedro had Lucia herkend op het moment dat ze uit het vliegtuig stapte. Als de heldin in een tragische film had ze, met één hand op haar hoed, boven aan de vliegtuigtrap stilgestaan en om zich heen gekeken. Hij had om haar moeten lachen. Maar nu zag ze er een stuk minder zelfverzekerd uit. Hij liep op haar af.

'Lucia?' vroeg hij.

'Ja, in eigen persoon,' zei ze. 'En jij bent Pedro, ik herken je!'

Pedro deed een stap terug en nam haar nogal demonstratief van hoofd tot voeten op. Met een glimlach zei hij: 'Meisje, meisje, wat ben jij mooi geworden!' Vervolgens spreidde hij zijn armen en wikkelde haar met een 'Hartelijk welkom!' in een warme omhelzing.

Te warm naar haar smaak. Ze maakte zich los. 'Jij bent ook zó mooi geworden!' zei ze spottend.

Bescheiden, alsof hij werkelijk geloofde wat ze zei, antwoordde hij met een lichte buiging: 'Dank je, dank je. Maar, hé, waar hebben we het over? Hoe is het met je? Heb je het niet warm? En heb je een goeie reis gehad? Waren ze vervelend bij de douane? Laat me je koffers voor je dragen.'

Even later stoven ze, R. Kelly luidkeels op de achtergrond, over de weg naar Paramaribo. Lucia keek naar de muren van bos en ergerde zich aan de muziek, de snelheid waarmee Pedro reed en aan het feit dat zelfs de wind die door de open ramen naar binnen woei heet was.

Pedro begon haar opgewekt allerlei vragen te stellen. Ze moest schreeuwen om zich verstaanbaar te kunnen maken. 'Zullen we óf praten, óf naar de muziek luisteren?'

'O sorry,' zei hij, en hij zette de muziek af. 'Ik wist niet dat je niet van R. Kelly hield. Heb je liever iets anders?'

'Ik hou wél van R. Kelly,' zei ze kregelig. 'Maar nu even niet.

Ik heb het warm, ik ben moe, ik ben ongesteld en ik voel me alsof ik aan de verkeerde kant van de wereldbol terechtgekomen ben.'

Pedro zweeg. Door en door westers, dacht hij.

Ze reden langs haveloze huizen en tuinen vol troep en voortwoekerende planten. Kinderen speelden langs de kant van de weg, gekleed in tot grijzige en bruinige tinten verbleekte kleren. Hun voetjes waren bloot en vuil. Hier en daar scharrelden kippen en uitgemergelde honden. De orde en netheid die het West-Europese landschap een overzichtelijkheid gaven waaraan Lucia gewend was en die zij als veilig ervoer, ontbraken volkomen.

'Wat een rotzooi!' verzuchtte ze. 'Ik krijg zin om te wassen, te kammen, te harken, te vegen en op te ruimen.'

Pedro keek haar verbaasd aan, zag haar ontredderde gezicht en kreeg medelijden. 'Rustig maar. Het is ook een grote stap om in een paar uur tijd van jouw wereld in de onze terecht te komen.'

Hij minderde vaart en draaide een zijweg in. Lucia keek hem bevreemd aan. 'Moeten we niet almaar rechtdoor?' vroeg ze. 'Zo herinner ik het mij.'

'Nee,' zei Pedro.

Toen hij even later een zandweg insloeg die het bos in liep, raakte Lucia gealarmeerd. 'Pedro, waar ga je heen?'

'Maak je niet druk! Ik breng je naar een mooi plekje. Het is er rustig en koel. Je kunt er even bijkomen. Zwemmen, als je wilt. Je weet wat de mensen hier zeggen, hè? Soms kan de ziel niet zo hard vliegen als het vliegtuig, en dan blijft hij ergens boven de Atlantische Oceaan hangen en komt pas later aan. Soms komt hij nooit aan. Dan kan hij je niet terugvinden. Vandaar dat sommige mensen gek worden als ze hier wegtrekken of terugkomen. Je moet even de tijd nemen om het land rustig te begroeten, Lucia. Neem wat aarde in je hand, wat water in je mond. Dat zal je helpen om je ziel terug te vinden.'

Hij lachte haar bemoedigend toe.

Lucia was hem dankbaar. Ze vond hem ineens aardig.

'Maar wordt er niet op ons gewacht?' vroeg ze ongerust. Sophia had haar door de telefoon verteld van de familiebijeenkomst die zij ter ere van haar komst had georganiseerd.

Pedro haalde zijn schouders op en zei: 'De meeste vliegtuigen die hier landen hebben vertraging. Daar houdt iedereen rekening mee. Wind je niet op, ze wachten wel.'

Hij draaide een smal zandweggetje op, niet meer dan een pad. Takken sliertten langs de auto. Langzaam hobbelden ze verder, totdat het pad zo smal was geworden dat ze moesten uitstappen.

De hitte was overweldigend. Van alle kanten kwam het monotone getjirp van insecten. Verder was het doodstil.

Lucia sjokte achter Pedro aan het pad af en vroeg zich af of ze bang moest zijn voor slangen. Ineens rook ze water. De geur deed haar denken aan de Stille Kreek.

De tijd leek op zijn schreden terug te keren. Voor een moment werden de dagen van haar jeugd werkelijk. Ze schrok. Het verleden was nog springlevend. Angstig vroeg ze zich af of ze in de komende weken zou weten te overleven.

Ze kwamen bij een open plek. Bomen vormden een koepeldak boven een kreek die zich over een afstand van ongeveer vijftien meter verbreedde en een ronde poel vormde. Het was er koel als in een kerk.

Pedro spreidde zijn armen en zei: 'Kijk eens, mevrouw, de Koropina!'

'Je hebt me naar Republiek gebracht!'

'Niet helemaal. Maar we zijn in de buurt. Weinig mensen kennen dit plekje. Zie je dat geglinster op de bodem? Dat is mica, een soort natuurlijk glas. Lekker koel is het hier, hè? Vind je het prettig om hier even bij te komen?'

'Ja. Heerlijk!'

'Oké, dan lopen we terug naar de auto,' zei Pedro vrolijk. 'Dan kun je je zwempak en een handdoek pakken. En misschien heb je nog andere dingen nodig.'

Lucia realiseerde zich dat hij op maandverband doelde. In dit deel van de wereld spraken mannen niet openlijk over menstruatie. Ze begon te lachen. 'Ja, een tampon heb ik wel nodig,' zei ze. 'Goed dat je het zegt. Een mens loopt leeg met deze hitte.'

Pedro keek haar geïrriteerd aan. 'Je doet het met opzet, hè? Nou, ik ben met een witte vrouw getrouwd geweest; ik ben shockproof.'

Even later waadde Lucia voorzichtig tot aan haar middel het koele water in. Ze keek naar het glinsterende mica op de bodem. Het voelde ruw aan onder haar voeten en gaf de Koropina het aanzien van een vijver uit een sprookjesboek, zo een waarin de kikker die een prins werd zich verschool.

Genietend van de prikkelende kou zakte ze door haar knieën en zwom naar het midden van de kreek. Keer op keer dompelde ze daarbij haar verhitte hoofd onder. Toen haar lichaam gewend was aan de temperatuur van het water, ging ze op haar rug liggen dobberen en keek omhoog naar de boomkruinen en het zonlicht daarachter.

Pedro had gelijk: ze zou wennen. Haar ziel zou zich bij haar voegen en ze zou zich weer sterk voelen. Ze liet zich opnieuw onder de oppervlakte zakken en nam in de bruinrode schemering een grote slok van het water, zoals Pedro had voorgesteld, en slikte het door. Het smaakte naar ijzer. Vrolijk zette ze zich af tegen de ruwe bodem en sprong naar het licht, terwijl ze met haar armen water deed opspatten. Ze hopte een tijdje in het rond en veroorzaakte waterhozen. Daarna ging ze weer op haar rug liggen.

Er kwam een gevoel in haar boven dat zij sinds zij uit Suriname was weggegaan niet meer had gehad. De dempende sfeer van het oerwoud met zijn voortwoekerende vegetatie, donkere waterpartijen, dansende lichtvlekjes en monotone geluiden die doen denken aan de geluiden die je in diepe stilte waarneemt binnen in je lichaam, maakte de behoefte in haar wakker om zichzelf te vergeten. Om maar wat te drijven en de uren ongemerkt voorbij te laten gaan.

Voor de tweede maal schrok ze van de kracht waarmee haar

kindertijd zich aan haar opdrong en ze kwam abrupt overeind. Actief, zich een beetje belachelijk voelend, begon ze in de kleine poel rondjes schoolslag te zwemmen.

Pedro lag op zijn zij naar haar te kijken, een glimlach rond zijn lippen. Ze had hem herkend aan zijn opvallende, mongoloïde ogen. De huid boven zijn oogplooi hing op zijn oogbol zodat het leek alsof hij eronder vandaan moest kijken. Dat gaf zijn blik iets doordringends. Hij had een donkere huidskleur en kort kroeshaar dat grijsde aan de slapen. Net als toen hij een jongetje was, was hij lang en pezig – aantrekkelijk in een zwarte spijkerbroek en een mouwloos wit T-shirt.

Hij had haar aanbod om mee te gaan zwemmen afgeslagen met het argument dat hij geen zwembroek bij zich had. Toen ze hem had voorgesteld om een van haar onderbroekjes aan te doen of naakt te gaan zwemmen, had hij haar aangekeken alsof ze hem een oneerbaar voorstel deed. Schijnheilig, had ze gedacht.

'Pedro, kan ik dit water eigenlijk wel drinken?' vroeg ze.

'Nou, drinken... Het is niet vervuild, zoals bij jullie, maar er sterft weleens een kaaiman in.'

Lucia verstrakte. 'Zijn hier kaaimans?'

'Ja,' zei hij. 'Een kleine soort, die geen mensen aanvalt. Ongevaarlijk.'

En toen, lachend en met stemverheffing: 'Blijf er alsjeblieft in, Lucia. Je moet hier niet als een toerist gaan rondlopen, hoor. Je bent hier geboren!'

'Ik moet je iets vertellen, Car,' zei Mathilde amicaal tegen Carmen, die op de rotanbank op het balkon van haar moeder zat te piekeren over de komst van Lucia, en onderwijl een stuk chocoladetaart naar binnen werkte. 'Schuif eens op, dan kom ik naast je zitten.'

Mathilde plofte naast Carmen neer en morste met haar koffie. 'Ik ben zó verliefd!' zei ze, en ze keek Carmen triomfantelijk aan.

'Zo gauw al?' vroeg Carmen geschokt.

'Ja,' zei Mathilde, en ze ging samenzweerderig verder: 'En als ik je vertel wie het is, val je van deze bank.'

Carmen bedacht dat ze zo weinig van Mathildes vrienden en kennissen kende dat zij niet van haar kon verwachten dat ze zou gaan zitten raden. Dus zweeg ze en keek Mathilde vragend aan.

'Op Roosje!'

'Op Roosje?' vroeg Carmen verbijsterd. Ze had Roosje, een goede vriendin van Mathilde, een paar keer ontmoet bij Pedro en Mathilde thuis.

'Ja. Op Roosje,' zei Mathilde. 'Je bent toch niet bevooroordeeld, hè Car? Dat kan niet met een broer als Miquel, hoor!'

'O, nee,' haastte Carmen zich haar te verzekeren. 'Nee, van mij mag alles.'

'Het is zo heerlijk om iets met een vrouw te hebben. Zo anders... Veel liefdevoller! En de kinderen zullen haar hoogstwaarschijnlijk snel accepteren; ze kennen haar immers al hun hele leven. Ik ben zo gelukkig!'

'Weet Pedro het al?' vroeg Carmen, terwijl ze met enige ongerustheid dacht aan de reactie van haar broer.

'Nee, jij bent binnen de familie de eerste aan wie ik het vertel.'

Sophia kwam puffend de trap naar de tuin op lopen. 'Mathilde, ik waarschuw je maar even. Ferdinand is aan het voetballen met je kinderen. In deze hitte! En ze worden vreselijk smerig. Ik heb al gezegd dat ik dacht dat jij het niet goed zou vinden, maar Ferdinand zegt glashard, waar de kinderen bij zijn, dat hij denkt dat jij het wél goed zult vinden. Je moet ingrijpen!'

'Ach, ik vind het niet zo erg. Laat ze zich maar vermaken. Het duurt misschien nog uren voordat Lucia komt.'

'Je moet het zelf weten. Maar straks zitten we met bloedende knieën of een zonnesteek,' verzuchtte Sophia. 'Ik ga even kijken hoe ver Johanna en Jet zijn.'

Toen haar moeder buiten gehoorsafstand was, zei Carmen: 'Pedro zal het niet leuk vinden.'

'Dat kan me niets schelen,' zei Mathilde. 'Weet je, die broer van jou is een heerlijke man om een affaire mee te hebben – ik ben duidelijk niet de enige die dat vind – maar hij is onmogelijk om mee getrouwd te zijn. Ik ben blij dat ik van hem af ben. Roosje is lief, vind je niet?'

Carmen kon daar niet mee instemmen. Roosje was groot, dik en luidruchtig. Ze had overal iets op aan te merken en schrok er niet voor terug om mensen op hun fouten te wijzen, ook als het haar zaak niet was. De benaming 'lief' paste net zo slecht bij haar als de naam Roosje. Ze zweeg.

Mathilde keek haar verwachtingsvol aan. Toen er niets kwam, sprong ze op en zei: 'Ik ga het ook even aan Miquel vertellen. Hou je het nog even voor je? Totdat ik het Pedro heb verteld?'

Miquel lag in de woonkamer op de bank en keek glimlachend op toen Mathilde binnenkwam. Die zag tot haar teleurstelling dat Hector op een stoel naast hem de krant zat te lezen. Miquel zei: 'Zo, ex-schoonzusje, kom je even bij me zitten? Vertel eens hoe het met Eli en Emma gaat. Zijn ze al een beetje gewend aan het leven zonder vader?'

Hector keek op van zijn krant en zei: 'Dat wil ik ook horen.'

In de keuken wenste Johanna Sophia naar het andere einde van de wereld. Volgens Sophia was de rode-peperkip, die beslist op het menu had moeten staan, veel te heet geworden voor iemand die net uit Nederland kwam. Ze vroeg zich af of Johanna er niet een scheutje melk in kon doen. Melk in de rode-peperkip! Johanna had haar hele leven aan deze familie gewijd. Een beetje respect verdiende ze wel. Ze zei: 'Nee, mevrouw, ik doe geen melk in mijn rode-peperkip! Als mevrouw Lucia niet tegen de smaak kan, dan eet ze het maar niet!'

Om kwart over twee reed Pedro toeterend de straat van Sophia en Hector binnen, zodat de buren, die apathisch van de hitte op hun balkons of in hun tuinen rondhingen, opstonden om te kijken wat er aan de hand was bij de Del Prado's.

Eli en Emma hielden op met voetballen en renden naar de auto, die voor het huis stilhield. Zesjarige Emma riep: 'Pappa, pappa!' en ze wierp zich met haar volle gewicht tegen het portier aan Pedro's zijde. Eli, die twee jaar ouder was en meer oog had voor de portee van de situatie, liep naar Lucia's portier.

Lucia stapte uit, zonder haar hoed vanwege de warmte. Eli stak zijn hand uit en zei plechtig: 'Welkom in ons land, tante Lucia. Ik hoop dat u een prettige tijd zult hebben bij ons.'

Lucia lachte, schudde zijn hand en bedankte hem met twee zoenen op zijn wangen. Met Emma op de arm voegde Pedro zich bij hen en zei trots: 'Lucia, mag ik je aan mijn kinderen voorstellen? Elias, alias Eli, en Emma del Prado. Geef eens een kusje, Emma.'

Toen Sophia het getoeter had gehoord, was zij naar Miquel toe gesneld. Voorzichtig had ze hem overeind geholpen en hem haar arm gegeven. Er lag een zo weerloze uitdrukking op zijn gezicht dat haar ogen zich vulden met tranen. Met Hector, Mathilde en Carmen in hun kielzog liepen zij naar het balkon.

Lucia zag Miquel aan de arm van zijn moeder naar buiten komen. Haar hart stond stil. Zij was er niet op voorbereid dat hij zo veranderd zou zijn. Hij was broodmager, zijn weelderige zwarte haar was dun en grijs geworden, en zijn gezicht zag er ingevallen en oud uit. Hij lachte haar bemoedigend toe, alsof hij wilde zeggen: 'Rustig maar, zo erg is het niet, je went er wel aan!'

Met twee treden tegelijk rende ze de trap naar het balkon op. Ze wilde Miquel omhelzen, om hem niet te hoeven zien en om te voorkomen dat hij de ontzetting van haar gezicht zou aflezen.

'O Miquel, Miquel!' riep ze, ongegeneerd snikkend, terwijl ze haar armen om hem heen sloeg.

Hij klemde haar tegen zich aan en stamelde: 'Lieve, lieve Lucia, wat ben ik blij dat je bent gekomen! Ik ben zo blij dat je gekomen bent!'

Sophia, die Miquels arm had losgelaten, liet met een piepgeluidje haar tranen de vrije loop.

Toen Lucia haar hoorde, maakte zij zich los van Miquel. Ze omhelsde Sophia en Hector, die ze 'tante' en 'oom' noemde.

Daarna omhelsde ze Carmen. Ook Mathilde, die zij nooit eerder had gezien en die haar koeltjes de hand toestak, nam zij in de armen. Ze had alle buren ook wel willen omhelzen, om maar niet stil te hoeven staan bij Miquels onttakelde verschijning.

Door de waterval van woorden om haar heen hoorde ze de hese stem van oom Ferdinand, die onder aan de trap stond en zei: 'Vergeet je mij niet, kleine Lucia van weleer?'

'Oom Ferdinand!' riep ze, en ze rende de trap net zo snel weer af als ze hem daarnet had beklommen.

'Meisje, meisje,' glimlachte oom Ferdinand, en hij knuffelde haar. Hij rook naar zweet, aarde en motorolie.

'Laat me eens naar je kijken.' Haar op een armlengte afstand houdend, bekeek hij haar aandachtig. 'Nog net zo'n wilde kleine kat als vroeger, zie ik,' zei hij hoofdschuddend.

Zijn kalme ogen brachten haar bij zichzelf terug. Ze draaide zich om en keek dapper op naar Miquel, die haar met een droevige glimlach stond op te nemen, en beklom de trap, ditmaal rustig, om hem nogmaals te omhelzen.

'Zo,' zei Hector. 'Laten we naar binnen gaan en een stevige borrel nemen!' Instemmende geluiden klonken op.

'Alsjeblieft, Johanna,' zei Lucia. 'Ik wil echt niet dat je "u" tegen mij zegt en mij "mevrouw" noemt! Je zou mijn moeder kunnen zijn! Zeg nou maar gewoon "je" en "jij" en "Lucia"!'

Johanna fronste haar wenkbrauwen. Het was goed bedoeld, maar het zou een hoop verwarring geven als zij tegen de een 'Lucia' moest zeggen en tegen de ander 'mevrouw Carmen'. Dit moest in de kiem gesmoord worden.

Streng zei ze tegen Lucia: 'Ik noem u wél "mevrouw", mevrouw Lucia; zo gaat het hier nu eenmaal! U komt net aan en u wilt al meteen dingen gaan veranderen. Zo gaat het altijd met landgenoten die uit dat paradijs overzee komen: zij zullen wel even zeggen hoe het hier moet. Dit is een andere wereld, met eigen wetten, waaraan wij gewend zijn!'

Lucia keek haar verbijsterd aan. 'O... Sorry, Johanna, zo was het niet bedoeld. Goed, maar dan moet jij mij ook toestaan dat ik mijn wetten eerbiedig. Dan noem ik u ook "mevrouw", mevrouw Johanna!'

Jet begon te giechelen.

Johanna zuchtte en zei ten einde raad: 'U bent lastig, hoor! Ik hoop niet dat u met alles zo bent.'

Lucia gaf Jet een hand en zei plechtig: 'Hallo, mevrouw Jet, aangenaam u te ontmoeten. Hoe maakt u het?'

Jet en Johanna proestten het uit, en ook Lucia moest lachen. Ze nam zich voor om het vol te houden.

Nadat zij een borrel hadden gedronken en Lucia haar cadeautjes had uitgedeeld, gingen zij aan tafel. Het was halfvier – veel te laat voor het middageten – en iedereen had honger.

Lucia en Miquel zaten naast elkaar en praatten met een tederheid die niet bij het onderwerp paste over de laatste nieuwtjes uit de Nederlandse theaterwereld.

Pedro en Mathilde waren zo ver mogelijk uit elkaar gaan zitten en wisselden zo nu en dan een koele blik. Aan weerskanten van Pedro zaten Emma en Eli, de cadeautjes die zij van Lucia hadden gekregen onder handbereik. Zij babbelden honderduit met hun vader. Af en toe keek Pedro op naar Lucia en zag met voldoening dat zij ontspannen was en zat te genieten van haar geroddel met Miquel.

Sophia constateerde dat er in goede sfeer van de maaltijd werd gesmuld. Haar etentje was weer eens geslaagd! Met enige ergernis zag ze dat Hector en Ferdinand, die naast elkaar zaten en te veel gedronken hadden, als schoolmeisjes achter hun hand zaten te fluisteren en te giechelen. Het zou wel weer gaan over de vrouwen die zij hadden versierd. Ze probeerde Hectors blik te vangen om hem met bestraffende ogen tot de orde te roepen, maar Hector wist wel beter dan haar kant op te kijken.

Carmen zat tussen Hector en Emma in. Ze zat zwijgend te eten en bestudeerde intussen haar logee, die ze nogal aanstellerig vond. Lucia had haar een lap bloedrood fluweel cadeau gedaan, en dat had haar blij verrast. Te zijner tijd zou ze er een prachtige jurk van laten maken.

Sophia onderbrak de zoemende gesprekjes aan tafel door met luide stem te vragen: 'En, heb je een goede reis gehad, Lucia?'

Lucia glimlachte en begon, terwijl zij Emma en Eli strak aankeek, met de donkere stem van een sprookjesverteller te spreken. 'Rampzalig! Ik ben onderweg vijf uren kwijtgeraakt.' Tot hilariteit van de kinderen diste ze een kleurrijk reisverhaal op.

Aan het einde van haar relaas vroeg Mathilde droog: 'En, had je vertraging?'

Lucia schudde haar hoofd. 'Nee, we zijn precies op tijd geland.'

'Wat hebben jullie dan al die tijd gedaan?' vroeg Mathilde achterdochtig, terwijl ze Pedro aankeek.

'Dat gaat je geen bal aan!' antwoordde Pedro kwaad.

'Nou,' repliceerde Mathilde. 'Daar vergis je je in. Wij hebben hier uren op jullie zitten wachten!'

'Pedro heeft mij de tijd gegeven om even bij te komen,' zei Lucia verzoenend. 'Ik was doodmoe en een beetje van de kaart van de hitte en de emoties. En van de onhoffelijke behandeling die ik van de autoriteiten kreeg. We zijn naar de Koropina gegaan en ik heb heerlijk kunnen zwemmen. Ik ben hem er heel dankbaar voor. En we zijn er maar een klein uurtje geweest.'

'Nou, wees maar niet té dankbaar,' mompelde Mathilde. 'Pedro neemt wel vaker vrouwen mee naar de Koropina. Om even bij te komen.'

Pedro schoot uit. 'Jij denkt dat ik iedere vrouw die ik zie wil pakken! Dat komt doordat je een gemene manier van denken hebt!'

'Ik maak geen gedachten meer vuil aan wat jij allemaal doet!' snauwde Mathilde. 'Ik erger mij er alleen aan dat je het de gewoonste zaak van de wereld vindt om ons uren te laten wachten.'

Nu werd Lucia kwaad. 'Ik voelde mij niet lekker. Het spijt mij dat jullie hebben moeten wachten. Maar eerlijk gezegd vind ik het nogal idioot om je zo op te winden.'

'Bemoei je er niet mee!' beet Mathilde haar toe.
'Pappa, mamma...' piepte Eli, en hij begon te huilen.
Miquel greep in. Hij sloeg met zijn vlakke hand op tafel en zei schor: 'Hou op, hou alsjeblieft op!'
Er viel een diepe stilte.
'Sorry,' zei Mathilde beschaamd tegen Miquel. Pedro trok Eli tegen zich aan en aaide hem over zijn hoofd.
'Zo zie je waar een dodelijke ziekte nog eens goed voor is,' zei Miquel tegen Lucia. 'Ze luisteren ineens allemaal naar je!'

Tegen het vallen van de avond gingen zij van tafel. Mathilde nam afscheid en haastte zich naar huis met Emma en Eli, die de volgende dag naar school moesten. Hector, Ferdinand en Pedro liepen mee om hen uit te zwaaien en bleven bij het tuinhek in de schemering staan roken en praten, terwijl Sophia, Carmen, Jet en Johanna de tafel afruimden en de afwas deden. Lucia en Miquel zaten op het bankje op het balkon en keken naar de zonsondergang.
'En, hoe is het om terug te zijn?' vroeg Miquel.
'Fantastisch!' zei Lucia enthousiast.
Miquel keek haar vermoeid aan. Toen hij haar die middag in de tuin van zijn moeder had zien staan, was het haar vitaliteit die hem het meest had getroffen. Met grote ogen had ze hem aangestaard. In kapitalen stond haar gevoel op haar gezicht geschreven. Zou ze zich bewust zijn van het feit dat ze, net als de actrices om wie zij een paar jaar geleden nog samen hadden moeten lachen, de gewoonte had aangenomen om alles wat ze voelde uit te vergroten en de hele ruimte te vullen met haar gepraat en gelach? Of gedroeg ze zich zo omdat ze – net aangekomen – onzeker was? Of was hij zo afgetakeld dat hij niet meer tegen haar levendigheid kon?
'Zeg nu eens hoe je je écht voelt,' zei hij kregelig.
Lucia schrok. 'Ik vind het werkelijk fantastisch om hier te zijn,' zei ze. 'Maar natuurlijk ben ik ook moe en voel ik mij overweldigd. En met wennen moet nog ik begínnen.'

'Je schrok toen je me zag, hè?'

'Dat valt wel mee, hoor,' zei Lucia benard, en ze veranderde van onderwerp. 'Vertel eens hoe het op de boerderij is.'

'Niet liegen, Lucia! Je moet niet tegen me liegen, want anders komen we de komende tijd niet door samen.' Miquel klonk uitgeput.

Lucia zweeg. Het irriteerde en beklemde haar dat hij zo onverbloemd was. 'Ik ben moe, Miquel. Heb een beetje geduld met me, alsjeblieft.'

Ze zwegen allebei.

'Laten we elkaar gauw in alle rust treffen en de tijd nemen om te praten,' zei Lucia sussend.

'Ja, gauw,' zei Miquel. En na een korte stilte: 'Sorry dat ik zo chagrijnig ben, Lucia. Het is ook voor mij een zware dag geweest.'

'Helemaal niet erg. Echt niet.'

HOOFDSTUK 5

Ook op de avond en de nacht die volgden op Lucia's aankomst was het uitzonderlijk warm. In het huis aan de rivier, waar het 's avonds gewoonlijk koel was, hing een drukkende hitte. Om een uur of negen was het licht op de eerste verdieping uit en brandden er nog slechts een paar lampen op de tweede verdieping, waar de slaapkamers waren.

Carmen liep op blote voeten over de gang naar de badkamer, gekleed in een roze, met kant afgezette peignoir, toen zij Lucia hoorde scharrelen in de logeerkamer. Tot haar verbazing maakte haar hart een sprongetje. Vannacht zou zij niet alleen in huis zijn. Lucia zou rustig liggen te ademhalen in de kamer naast de hare.

Terwijl zij onder de douche stond en zich liet afkoelen door de watervloed die over haar hoofd en haar lichaam stroomde, realiseerde zij zich hoe goed het haar had gedaan dat Lucia, vlak voordat zij zich in haar kamer had teruggetrokken, een klamme hand op haar arm had gelegd en ernstig had verklaard: 'Hoor eens, Carmen, ik hoop dat je je dagelijkse gang zult blijven gaan en precies zult doen waar je zin in hebt. Als er iets is dat je dwarszit, moet je het mij zeggen. Ik wil je op geen enkele manier tot last zijn.'

Carmen had tegengeworpen dat Lucia hartelijk welkom was. Hoe kwam zij erbij dat zij een last voor haar zou zijn? Meteen daarna had zij zich afgevraagd waarom zij zo laf reageerde. Lucia wilde haar kamer binnengaan. Met blozende wangen had Carmen haar tegengehouden: 'Wacht even. Eigenlijk ben ik heel blij dat je dit zegt. Ik ben erg op mijn rust gesteld. Ik zal mijn eigen gang gaan en je waarschuwen als er iets is dat mij niet bevalt. Maar jij moet dat ook doen. Zul je het doen?'

Lucia had opgelucht geglimlacht en olijk geroepen: 'Zeker zal ik dat doen! Slaap lekker.'

En dat was precies wat Carmen die nacht deed, na haar natte haar te hebben geborsteld en geolied, zich naakt op haar bed te hebben uitgestrekt en een liefdevolle blik te hebben geworpen op de portretten van Nelson en tante Helen, die aan weerszijden van het bed op een nachtkastje stonden.

De wachter liep met knerpende voetstappen over het schelpenzand langs de rivier. Hij deed, zacht voor zich uit mompelend, zijn ronde van elf uur. Tot zes uur in de ochtend zou hij, vergezeld door zijn hond, ieder uur een vaste route door de tuin lopen. Daartussendoor zat hij op een van de stoelen in het orchideeënhuis, op een van de stenen bankjes in de voortuin of op het muurtje bij de rivier, en nam met regelmaat een slok uit de fles rum die hij van thuis had meegebracht.

Lucia lag diep in slaap in het bed dat Johanna voor haar had opgemaakt. Op de vloer lagen haar koffers. Zij was te moe geweest om ze uit te pakken en haar kleren in de geurige houten kast die Johanna voor haar had ontruimd te leggen. De ramen, met horren ervoor, stonden open. De rivier was bewegingloos en stil.

Zij droomde dat zij diep in de nacht aan de reling stond op het dek van een passagiersschip, vijftien meter boven de schaars verlichte, uitgestorven kade waaraan het was afgemeerd. Zij was alleen. Ook op de andere dekken was, voor zover zij kon zien, geen levende ziel te bekennen.

Het schip stond op het punt om te vertrekken. De motor draaide op volle toeren en er werd water gespuid. De stoomfluit liet drie keer een somber geloei klinken.

Lucia dacht aan de mensen in de stad die voor een moment uit hun slaap ontwaakten en het schip, dat eens in de paar weken vertrok naar een wereld die groter en schitterender was dan de hunne, in gedachten groetten. Ook zij had dat vaak gedaan. Nu zou zij ermee wegvaren en nooit meer terugkomen. Ze voelde zich gelukkig.

Over de kade kroop een luxueuze, zwarte auto naderbij en hield halt bij de achtersteven van het schip. De koplampen doofden. Een moment gebeurde er niets. Toen gingen drie van de vier portieren open. Twee lange, bijna identieke mannen in avondkleding en een zwaar opgemaakte vrouw in een zilverkleurige avondjurk en met weelderig donker haar stapten uit. De mannen leunden tegen de motorkap en staken een sigaret op.

Terwijl het vaartuig traag in beweging kwam en van de kade schoof, liep de vrouw langs de buik van het schip en zocht met haar ogen de dekken af. Toen zij Lucia zag staan, hief zij een slanke arm en begon te zwaaien. 'Addio!' riep ze met een hese, smartelijke stem. 'Addio!'

Zonder te reageren keek Lucia op haar neer. Ze vroeg zich af wie de vrouw kon zijn.

Het schip begon vaart te maken. De vrouw in de avondjurk volgde het, steeds sneller lopend op haar hoge hakken, totdat ze rende. Ze bleef haar pathetische groet herhalen: 'Addio, addio!' Toen struikelde zij en viel met een kreetje languit op het asfalt. Een pruik schoot van haar hoofd en bleef als een dood dier op de kade liggen. Daaronder had zij een kaal hoofd.

De twee mannen, die haar al die tijd met hun ogen hadden gevolgd, gooiden hun sigaret weg en liepen langzaam op haar toe. Terwijl het schip zich steeds sneller verwijderde, zag Lucia hoe zij haar overeind hielpen. Verbijsterd herkende zij zichzelf in de vrouw.

Op dat moment werd zij de vrouw in de avondjurk. Met een wee gevoel van verlatenheid staarde zij naar het meisje van tien, aan weerskanten van haar hoofd een vlechtje met een strik, dat weigerde afscheid van haar te nemen.

Met een bonzend hart werd Lucia wakker. Door het horrengaas staarde ze naar de lichtpuntjes in de verte, en realiseerde zich dat zij in haar kamer in het huis van Carmen was.

Met tegenzin duwde zij het laken van zich af en deed haar nachtgoed, dat aan haar lichaam plakte, uit. Thuis, waar het 's nachts bijna altijd koud was, was de cocon van haar bed, dekbed en kussens een plek om zich terug te trekken uit een veeleisende wereld en alles te vergeten. Nu verlangde ze meer dan ooit naar een paar uur van vergetelheid. Maar de veiligheid van lagen warme stof was haar niet gegund; ze moest zich naakt en ongemakkelijk overleveren aan de koortsig hete nacht.

De droom liet een mistroostig gevoel achter. Ze vroeg zich af wat ze aan moest met het beeld van haarzelf als een tienjarig meisje met strikken en een pathetische vrouw in een avondjurk, die elkaar over het water niet-begrijpend aanstaarden.

Drieëntwintig jaar geleden, toen zij uit Suriname vertrokken, had de sonore scheepstoeter eerst één enkele stoot gegeven – het teken dat de passagiers afscheid moesten nemen van de familieleden die waren toegelaten op het schip. In hun kleine hut waren klemmende omhelzingen, ademloze zinnetjes en tranen gevolgd.

Toen er twintig minuten later twee stoten weerklonken, stonden de dekken aan de kant van de kade vol met passagiers. De laatste paren voeten holden dreunend over de loopplank naar beneden. Scheepsmotoren, die vol draaiden, deden het dek onder haar voeten sidderen.

Met drie stoten begon het schip zich los te maken van de wal. Sommige passagiers lieten rollen closetpapier, waarvan zij het begin vasthielden, in de handen van mensen op de kade vallen. Terwijl het schip traag van wal schoof, rolde het papier af, het spande, brak, de losse einden krulden op in de wind.

Lucia leunde tegen haar ouders, de handen van haar vader op haar schouders, een hand van haar moeder op haar hoofd. Ze hoorde haar moeder huilen.

Langzaam draaide het schip naar het midden van de Suriname-rivier. Daar maakte het vaart. Mensen vielen weg tegen havengebouwen; havengebouwen vielen weg tegen de stad. Toen familie en vrienden poppetjes waren geworden, die al enige tijd niet meer zwaaiden, maakten zij in groepjes aanstalten om te vertrekken. Auto's werden gestart en reden weg.

Haar moeder kondigde aan dat ze de koffers ging uitpakken. 'Ik geef de voorkeur aan een snelle dood,' zei ze hees.

Toen ze weg was, legde haar vader een arm om Lucia's schouders en fluisterde in haar oor dat zij tweeën meer moed hadden. Hij ging op een dekstoel zitten en trok haar op schoot. Lucia keek naar fort Zeelandia en de kanonnen die ervoor stonden en naar de Suriname-rivier, die een tedere, vruchtbare kleur beige had.

Het had lang geduurd voordat zij de monding van de rivier hadden bereikt, en nog langer voordat van de kustlijn niets meer te zien was, er een koude wind opstak en de eerste tekenen van zeeziekte zich lieten voelen.

Diep weggekropen in de armen van haar vader, doodstil vanbinnen, had zij de stad zien plaatsmaken voor oerwoud, de randen van het oerwoud steeds verder zien wijken, stukjes losgeslagen land met bomen en gras erop voorbij zien drijven, de zee zich zien openen, het beige water zich zien vermengen met het blauwe water, en het blauwe water het beige water zien uitwassen.

In de eerste tien dagen had het schip een aantal eilanden in de Caraïbische Zee aangedaan om passagiers op te halen. Ze waren er steeds een dag gebleven en hadden toestemming gekregen om van boord te gaan. Het zich herhalende aankomen en vertrekken had haar gefascineerd. Ze had het gevoel dat ze een wereldburger was.

Toen waren zij de Atlantische Oceaan overgestoken. Gedurende zeven dagen was er niets anders geweest dan de hemel en de zee. De scheepsmotoren en de stemmen van de mensen aan boord klonken nietig in een uit water en lucht gecomponeerde verlatenheid. Langzaam maar zeker drong deze zich tussen haar en alles wat haar bekend en vertrouwd was in. Dat had haar angstig gemaakt. Ze had zichzelf voorgehouden dat haar vader en moeder haar enige echte thuis waren. Zolang zij bij hen was bestond er geen aankomen en geen vertrekken, geen afscheid nemen en geen gapend lege zee.

Maar in de eerste tijd in Nederland had zij gemerkt dat haar ouders net zo verweesd waren als zijzelf. Zij hadden zich aan elkaar vastgeklampt. Het gezin was zo hecht geworden als het in de tropen nooit was geweest, waar ieder op zijn of haar eigen manier meer buiten dan binnen had geleefd. Vrolijk zijn, aanpassen en overleven was het motto. Over het land waar zij vandaan kwamen werd weinig meer gesproken. Dat had geen zin.

In de kwart eeuw dat zij weg was, had zij een comfortabele afstand gekregen tot het land van haar kindertijd. De trekkracht ervan was geleidelijk aan afgenomen en uiteindelijk was wat overbleef een groot aantal zorgvuldig gekoesterde, maar onschadelijk gemaakte herinneringen.

Maar vandaag was, alsof er geen tijd voorbij was gegaan, de deur naar haar kinderjaren opengevlogen. In de deuropening stond het meisje van tien van wie zij had gedroomd. Een meisje met vlechten en strikken, dat hier was opgegroeid en dat zich hier thuis voelde. Een meisje dat vol verwachting op reis was gegaan, maar ergens onderweg verloren was geraakt. Het was springlevend en duwde haar hardhandig uit de weg, alsof het de volwassene die zij was geworden niet herkende en zich eraan stoorde. Op het pad naar de Koropina had zij haar voor het eerst voelen duwen, toen zij op haar rug in de kreek dreef en toen zij in de auto van Pedro, die Carmen en haar na het etentje naar huis had gebracht, naar de verlichte huizen van de stad had gekeken.

Dat kind is gevaarlijk! Zij en ik zijn vreemden, dacht Lucia opstandig. Ze draaide zich op haar zij, rolde zich op en wenste dat ze nooit hierheen was gekomen.

In de grote, lege kamers van het huis waar Pedro sinds een paar maanden woonde, klonk een monotoon gesteun. Op het matras, dat in een hoek van de slaapkamer op de grond lag en werd beschenen door het felle licht van een gloeilamp aan het plafond, omklemde Pedro het middel van een tengere Hindoestaanse vrouw, die hij van achteren nam. Zij had zich met gesloten ogen in zichzelf teruggetrokken en genoot zonder geluid te maken van zijn stoten. Zijn ogen waren wijd open. In contrast met zijn mechanische bewegingen klonk zijn gekreun weerloos. Zijn klaarkomen klonk als een weeklacht.

'Je was een beetje te snel,' mompelde de vrouw, die Chandra heette, spijtig en ze liet zich, nadat hij zich uit haar had teruggetrokken, op haar buik zakken. Pedro ging met zijn volle gewicht boven op haar liggen. Hij hoorde dat het ademen haar moeite kostte, maar verroerde zich niet. Een tijdje bleven zij zo liggen.

'Pedro, wij zijn toch vrienden?' vroeg Chandra terwijl zij zijn hand streelde, die in de buurt van haar gezicht lag. 'Je klonk zo treurig. Wil je niet praten?'

Haar vraag, en de lievige toon waarop hij werd gesteld, bezorgden Pedro een onaangenaam gevoel. Hij moest aan zijn moeder denken, die sinds Mathilde en hij uit elkaar waren te pas en te onpas aan hem vroeg of hij zijn hart niet wilde luchten. Ze keek hem daarbij met gulzige ogen aan. Vrouwen hadden de onweerstaanbare drang om zich over andermans wonden te buigen en er met hun tere vingertjes in te peuteren. En dat terwijl hij niet kon wachten totdat de korsten zo dik waren geworden dat hij niets meer zou voelen.

Hij liet zich van Chandra af rollen en zei, terwijl hij zich over het condoom ontfermde: 'Het spijt me dat je niet bent klaargekomen. Als ik gedronken heb, kan ik mezelf niet zo goed in de hand houden. Laat me even uitrusten, dan zal ik je klaarvingeren.'

Het klonk vijandig. Na een korte pauze liet hij erop volgen: 'En dan nog iets: mijn verdriet is van mij en van mij alleen.'

Chandra keek hem gekwetst aan en glimlachte. 'Ik wens je er

véél plezier mee,' zei ze spottend. Ze rolde zich op haar rug en keerde haar gezicht van hem af.

Pedro strekte zich uit op het matras en wreef met één hand over zijn bezwete borst. Nadat hij Lucia en Carmen thuis had afgezet, had geholpen de bagage naar boven te dragen, en Lucia samen met Carmen een rondleiding had gegeven door het huis en de nachtelijke tuin, was hij naar de Passion Fruit gegaan.

Chandra werkte achter de bar. Hij kende haar al jaren en ging af en toe met haar naar bed. Toen zij om een uur of een klaar was met haar dienst, had hij haar aangeschoten. Ze waren aan de praat geraakt en hij had haar gevraagd of ze zin had om zijn nieuwe huis te komen bezichtigen en nog wat te drinken. Ze had geglimlacht en gezegd dat ze daar wel zin in had. Ieder in hun eigen auto waren zij naar zijn huis gereden. Hij had haar de lege witte kamers laten zien en zij had hem, toen de slaapkamer aan de beurt was, zonder veel plichtplegingen op het matras getrokken.

Hij keek naar het silhouet van de struiken voor het raam en nam zich voor om, in ieder geval voor de slaapkamer, zo snel mogelijk gordijnen aan te schaffen. Zijn verwaarloosde tuin zat vol insecten, die de nacht vulden met hun geluiden. In de verte hoorde hij een hond blaffen. Vrij snel daarna gaven een tweede en een derde hond, dichter in de buurt, antwoord en binnen de kortste keren leken alle honden in de omtrek mee te doen aan het koor. Rotbeesten... Poortwachters van de hel, dacht Pedro.

Om de troosteloosheid die het geluid van de honden in zijn hart deed binnensijpelen niet te hoeven voelen, kwam hij bruusk overeind, boog zich over Chandra heen en schoof haar benen uit elkaar. Ze keek hem gepikeerd aan en rolde onder zijn handen vandaan het bed af.

'Laat maar zitten!' zei ze, 'Ik ga ervandoor.' Beslist reikte ze naar haar kleren, die naast het matras op de vloer lagen.

'Ben je boos?' vroeg Pedro onthutst.

'Niet boos, maar verdrietig,' antwoordde Chandra luchtig.

Om vier uur die nacht schuifelde Ferdinand, gekleed in een afgedragen pyjama, op blote voeten over het pad naar de Stille Kreek. Het was aardedonker en hij had geen olielamp bij zich. De vochtige kleigrond was koel onder zijn voetzolen. Een paar van zijn honden liepen, opgewonden snuffelend en tegen zijn benen op springend, met hem mee. Hij maande ze tot kalmte.

Bij de Stille Kreek, waar het water het licht van de sterren weerkaatste, was het minder donker. Ferdinand ging op de aanlegsteiger zitten en liet zijn voeten in de kreek bungelen. De honden gingen om hem heen liggen. Een ervan jankte zachtjes en legde toen zijn kop in Ferdinands schoot. Een tijdlang zat hij te kijken naar de vuurvliegjes, die in het bos aan de overkant van de kreek opdoken en weer verdwenen. Af en toe gaf hij zichzelf een harde klap, in een futiele poging om een van de vele muskieten die hem belaagden dood te slaan.

Toen begon hij aarzelend en met grote tussenpozen te spreken: 'Helen, mijn schat, hier ben ik weer. Ik heb je lang niet opgezocht, maar het is hier op het erf een drukte van belang met die zieke jongen. Vandaag is Lucia aan komen vliegen. Dat wilde ik je vertellen. Ze is een echte vrouw geworden. Je zou lachen als je haar zag. Ze heeft haar haar heel erg kort geknipt. Een vrouw met een mannenhoofd. Ja, ja... Ze is veranderd en ze is niet veranderd. Ze is van volksaard veranderd, maar ze is niet van karakter veranderd. Zo kun je dat zeggen... Miquel was in de war. Ineens zag hij het leven dat hij heeft achtergelaten en waar hij niet meer naar kan terugkeren voor zich staan. Hij gaat het nog moeilijk krijgen, Helen. Pedro, je vuurkind, loopt als een kip zonder kop rond te zwieren sinds Mathilde hem heeft laten staan. Als Lucia niet oppast zwiert hij ook over haar heen. Carmen, je kleine dromer, eet nog steeds met lange tanden van de wereld. Zo... Nu weet je hoe het met je vier kinderen gaat.'

Ferdinand pakte zijn shag uit de zak van zijn pyjamasje en draaide op zijn gemak een sigaretje. Hij stak het aan, nam een diepe teug en vervolgde zijn relaas.

'Met mij gaat het wel goed, Helen. Leo geeft mij kopzorgen. Ik heb de vrouw die hier in de vroege ochtend kwam vegen niet meer gezien. Er is niet veel veranderd, dus misschien heb ik mij vergist door te denken dat zij kwam om ons een handje te helpen.

Ik mis je, Helen. Ik wil je weer de vraag voorleggen of je wílde verdrinken of dat het een ongeluk was. Zeg me niet dat je bent vermoord. Na al die jaren weet ik nog steeds niet wat er is gebeurd. Dat weegt zwaar op mijn hart, Helen, dat ik het niet weet... Toen de wereld over de kop sloeg, heb ik niet goed genoeg voor je gezorgd; dat weet ik wél.

Je gaat me geen antwoord geven. Deze kreek heet met recht stil, omdat hij jou heeft opgedronken en sinds die tijd zwijgt.'

Ferdinand, die niets meer te zeggen had, rookte zijn shagje op en gooide de peuk in het water. Hij bleef naar de vuurvliegjes zitten kijken totdat de slaap hem dwong om zijn bed op te zoeken.

Tegen de ochtend droomde Miquel dat hij op een kaal toneel stond, gekleed in een zwarte maillot en een wit T-shirt. Uit de kap stroomde een onwerkelijk wit licht. Met gespannen spieren stond hij te wachten op de muziek, klaar om te beginnen. Het bleef stil. Hij begon te dansen. Met de lichtheid van een vogel buitelde hij over het toneel en maakte grote sprongen in de stilte, hoger en hoger. Het enige dat hij hoorde was het zachte bonzen en schuifelen van zijn voeten op de houten vloer.

Hij werd wakker van Ferdinand, die over het erf liep en tegen de honden sprak. Verwonderd lag hij te luisteren naar zijn oom die op dit late uur het huisje binnenkwam en naar bed ging. Hij stak een hand onder de klamboe door en pakte zijn horloge van het tafeltje. Het was bijna vijf uur. Over een uur zou de dag aanbreken.

Hij ging verliggen en dacht aan Lucia, aan het verontwaardigde gezicht dat zij had getrokken toen hij haar die middag had verweten dat zij de waarheid niet sprak. Hij glimlachte. Met een licht en vrolijk gevoel bedacht hij dat ze tegen zijn zwaarte bestand zou zijn. Juist omdat zij zo pontificaal was. Ze zou een anker voor hem zijn.

Hij nestelde zich op zijn buik. Het leek wat koeler te zijn geworden. Hij had in tijden niet zo goed geslapen en het zag ernaar uit dat hij koortsvrij was. Terwijl buiten de eerste vogels begonnen te zingen, sukkelde hij weer in slaap. Het laatste dat hij hoorde was Ferdinand, die in de aangrenzende kamer begon te snurken.

HOOFDSTUK 6

Tijdens de ochtendspits was het verkeer in het centrum van Paramaribo een uitbundige chaos. Aangezien meer dan de helft van de weggebruikers op een fiets of een bromfiets zat, bewoog zich over de smalle wegen een dichte stroom tweewielers voort, waaruit regelmatig iemand met een zekere doodsverachting dwars over de weg schoot om zich om een auto of bus heen te slingeren of om rechtsaf te slaan. Als hun weer eens de weg werd versperd, claxonneerden bestuurders van auto's en busjes langdurig. De fietsers antwoordden met gebel en gescheld, boze bromfietsers toeterden. Voetgangers wierpen zich met de moed der wanhoop in de verkeersstroom, daar niemand het zebrapad respecteerde en bijna geen verkeerslicht het deed.

De busjes, waaruit dansmuziek schalde, vervoerden grote hoeveelheden passagiers en bagage. Zij waren in felle kleuren beschilderd met naakte vrouwen, bloemen en dieren. De chauffeurs reden een vaste route, maar stopten te pas en te onpas langs de trottoirband om mensen in of uit te laden.

Op sommige punten kwam de boel muurvast te zitten. Bestuurders van bromfietsen, busjes en auto's claxonneerden onafgebroken. Zij weigeren ook maar een meter achteruit te gaan en poogden het probleem op te lossen door de ander uit de weg te toeteren en te schelden.

In de auto van Hector en Sophia was Lucia op weg naar de boerderij van oom Ferdinand. De gedetailleerde routebeschrijving van Hector lag onder handbereik. Het verkeer, en de opgave om aan de linkerkant van de weg te rijden, dwongen haar om haar hoofd erbij te houden. Voorzichtig manoeuvreerde ze de auto door de chaos en ze trok zich weinig aan van de mensen die zich ergerden aan haar trage tempo en daarin een reden vonden om voor de zoveelste keer op hun claxon te drukken. Als ze haar passeerden, schonk ze hun een engelachtige glimlach, die de boze gezichten van vooral de mannen ogenblikkelijk deed ontdooien.

Ze genoot. Voor het eerst sinds haar aankomst was ze in staat zichzelf te vergeten. De tweede en de derde dag dat ze hier was, had ze doorgebracht achter de begroeide hekken van het huis van Carmen, om uit te rusten en te wennen. Ze was minder moe en de hitte viel haar minder zwaar, maar pas hier, in deze levendige drukte, viel het gespannen zelfbewustzijn waarmee ze in de afgelopen dagen de verwarring op een afstand had proberen te houden van haar af.

Ze stopte voor een politieagent die midden op een kruispunt stond, op een ronde, metalen eenpersoonsverhoging met reling. Hij stak keurig in zijn uniform, droeg hagelwitte handschoenen en regelde het verkeer met hoog geheven hoofd en sierlijke gebaren. Toen hij aangaf dat zij konden doorrijden, wees een man op een bromfiets op zijn voorhoofd terwijl hij de agent passeerde en voegde daar luidkeels een verwensing aan toe. De agent keerde koket zijn achterwerk in de richting van de man en maakte met zijn lippen het geluid van een daverende wind. Lucia schaterde het uit.

Toen de drukte wat afnam, kon zij haar aandacht op de stad richten. Miquels brieven hadden haar enigszins voorbereid op de veranderingen die de periode van het militaire bewind had gebracht. Toen zij hier woonde, in de nadagen van het koloniale tijdperk, was de stad rustig en proper geweest. Er heerste een brave, kleinburgerlijke sfeer. De merendeels houten huizen waren wit geverfd, met donkergroene deuren en raamkozijnen, en ze hadden rode daken. Op de balkons stonden kleurige schommelstoelen en potten met bloeiende planten.

Maar nu bood de stad een verwaarloosde, armoedige aanblik.

De verf was van de huizen gebladderd, voor de meeste ramen waren tralies geplaatst om de dieven buiten te houden, de bomen langs de weg waren verwilderd en de straten waren vervuild, met gaten in het wegdek en overvolle goten.

Ook waren er aanzienlijk meer arme mensen. Op het trottoir zaten oudjes en kinderen zielige hoopjes koopwaar te venten. Fruit of groenten, ritsen en knopen, loten, schoolschriften en ballpoints, limonade...

Gistermiddag had oom Hector de auto gebracht en haar aangeboden om samen een proefritje te maken. Omdat ze zich zorgen maakte over het feit dat ze links zou moeten rijden, was ze grif op zijn aanbod ingegaan. Toen zij de weg waaraan Carmen woonde een eind waren afgereden, kondigde oom Hector aan dat zij nu de buurt binnenreden die hij 'Geld Dat Stinkt' noemde.

Langs de Suriname-rivier stonden de villa's te pralen van de mensen die rijk waren geworden onder het militaire regime. De huizen zagen eruit of ze door een krankzinnige ontworpen waren; het ene was in nog meer bizarre vormen en kleuren opgetrokken dan het andere. De parken waarin de villa's lagen te pralen waren zonder uitzondering omheind met ijzeren hekken met camera's en schijnwerpers erop. Bij de poorten stonden hokjes met in uniform gestoken veiligheidsbeambten, een pistool op de heup, die argwanend naar de auto keken terwijl Lucia langzaam voorbijreed.

Achter de hekken hing een lome, wezenloze sfeer, als in een aquarium. Vrouwen in dure bikini's bewogen zich traag als siervissen door de weelderige tuinen of lagen stil te wachten aan de rand van een zachtblauw zwembad.

Lucia had aan Carmen gedacht. Evenals deze vrouwen had zij iets weg van een kleurige vis die met glazige ogen in een schemerig aquarium hing, waar niets anders gebeurde dan het monotoon omhoogborrelen van luchtbelletjes. Haar huis was weliswaar niet wanstaltig als deze villa's – integendeel – maar het was zonder enige twijfel ook een kapitaal waard. Kosten noch moeite waren gespaard om het zo luxueus mogelijk in te richten. De tuin was een sprookje. Ze had zich afgevraagd hoe Nelson aan zijn geld was gekomen en hoe hij tegenover het regime had gestaan.

Toen Lucia een uitgezakte vrouw van middelbare leeftijd op haar hurken de rode banaantjes hoorde aanprijzen die *pikin mis' finga* heten, en ze zich herinnerde dat dat 'vingertjes van een jongedame' betekende, laveerde zij de auto door de drukte naar de stoeprand en stopte.

De ventster verwelkomde haar met een onderdanige glimlach. Ze vroeg welke kam bacoven mevrouw wilde hebben, wees er een aantal aan en noemde de prijs. Lucia koos en gaf de vrouw een bankbiljet, dat zij geroutineerd onder haar kleren verborg. Terwijl zij de bananen in een krant verpakte, merkte de verkoopster lijzig op: 'U bent niet van hier.'

Lucia schrok. 'Waar ziet u dat aan?' vroeg ze.

'Ik zie het,' antwoordde de vrouw.

'Ja, maar waaráán ziet u het?' drong Lucia aan.

'Onder uw zwarte huid straalt een witte ziel. Mooi hoor!' De vrouw begon kakelend te lachen.

Verbijsterd staarde Lucia haar in het gezicht. Hoe kwam ze erbij? Toen realiseerde ze zich dat de vrouw aan haar accent had kunnen horen dat ze uit Nederland kwam. 'Ik krijg nog geld van u,' zei ze kortaf.

Met een jengelig stemgeluid, goed hoorbaar voor de omstanders, riep de ventster: 'Nee, mevrouw, u hebt mij precies gepast gegeven! Mevrouw is rijk, ze is met vakantie, en nog probeert ze een arme vrouw voor de gek te houden!'

Lucia was geschokt. Een moment overwoog ze de strijd aan te gaan, maar toen haalde ze haar schouders op en zei: 'U en ik weten dat u liegt dat u barst!'

Ze stak de banaantjes in haar tas en liep driftig naar haar auto.

Aan weerskanten van de verweerde asfaltweg lag een weids, glooiend landschap van wit zand, dor gras, lage struiken en een enkele kromgegroeide boom. Het geronk van de motor deed dicht bij de weg een vlucht vogels opfladderen. Tussen de duinen schemerde hier en daar een blauwe waterplas.

De savanne, dacht Lucia. Niets, maar dan ook niets veranderd...

Ze herinnerde zich hoe zij als kind over deze weg hadden gereden. Haar vader bracht hen meestal op de eerste dag van de vakantie naar de boerderij, vier grote tassen met kleren, cadeautjes en persoonlijke schatten in de kofferbak. Carmen mocht voorin zitten, want zij was de oudste. Lucia zat achterin, tussen Pedro en Miquel in.

Pedro, mager en beweeglijk als een slang, nam de helft van de achterbank in beslag en drukte haar en Miquel naar de andere helft. Hij draaide het raam wijd open, zodat de wind hun om de oren bulderde, en stak er zijn hoofd, bovenlijf en armen of zijn onderbenen en voeten uit. Hij probeerde zichzelf op de hoedenplank te wurmen. Hij zong luidkeels: 'In de Sahara, tussen twee kamelen, zat Ali Baba met zijn piemeltje te spelen!' Hij pakte hun het rolletje snoep voor onderweg, dat ieder kind van tante Sophia had gehad, af. Hij verzon iedere keer iets nieuws waarmee hij hen kon dwarszitten.

Op een keer had Lucia hem, nadat zij een paar minuten lang van woede stokstijf rechtop had gezeten en al haar moed had verzameld, zo hard als zij kon op zijn oor geslagen. Hij had haar een moment verbijsterd aangekeken, terwijl de tranen hem in de ogen sprongen, en toen met een enorme wilsinspanning een lachbui gefingeerd. Lucia zag haar vader in het achteruitkijkspiegeltje grinniken om het wolfachtige geluid dat Pedro voortbracht. Daarna was het een tijdlang onheilspellend stil op de achterbank.

Meestal werd er voor een uurtje gestopt in de savanne, om te plassen, limonade te drinken en te zwemmen. Zo ook die keer. Toen ze uit de auto rolden, zei Pedro onverwacht goedkeurend tegen Lucia: 'Jij bent méér dan een meisje. Je bent sterk!'

Ze gloeide van trots. Hij was vier jaar ouder, een grote jongen. Ze had hem durven slaan en hij gaf haar een compliment!

Nadat haar vader hen op de vaste plek – een duin die uitkeek over drie plassen – te drinken had gegeven, ging hij een sigaret liggen roken. Ondertussen vermaakten zij zich in het water. Lucia en Miquel hurkten met de hoofden dicht bij elkaar aan de rand van de meest nabije plas. Carmen zwom in het diepe gedeelte van diezelfde plas en Pedro rende heen en weer tussen alle drie de plassen.

Op een gegeven moment kwam hij naar Lucia en Miquel geslenterd en vroeg op poeslieve toon of Lucia even met hem mee wilde lopen, hij wilde haar een geheim laten zien.

Haar vader hoorde het en riep: 'Pas op, hè Pedro, geen grapjes! Ik hou je in de gaten!'

'Nee, natuurlijk niet, oom August!' riep Pedro verontwaardigd. 'Ga je mee, Lucia?'

Lucia liep achter hem aan. Ze had vlinders in haar buik. Hij was twee hoofden groter dan zij. Waterdruppels glinsterden op zijn diepbruine rug en benen.

Zwijgend liepen ze naar de oever van de verste plas. Pedro ging met zijn rug naar haar vader op zijn hurken zitten en boog zich over een halfvergaan stuk pakpapier dat hij ergens gevonden moest hebben. Hij wenkte haar om dichterbij te komen. Toen zij naast hem hurkte sloeg hij een arm om haar heen en trok met een ruk het papier weg.

Op een graspol lag de grootste drol die Lucia ooit had gezien: een lange, gebogen staaf poep met een puntje aan het uiteinde. Ze slaakte een gil van afschuw en wilde wegrennen.

Maar Pedro klemde haar tegen zich aan en siste in haar oor: 'Die heb ik speciaal voor jou gelegd! Kijk maar goed hoe vies en lelijk hij is. Dacht je dat ik je niet zou straffen? Sla me nooit meer, want dan doe ik nog veel ergere dingen!' Hij liet haar los.

Lucia rende zo hard als ze kon terug naar de anderen. Haar vader keek haar onderzoekend aan. 'Was het een leuk geheim, Lucia? Zo te zien niet. Wat heeft die jongen je laten zien?' Hij tuurde naar Pedro, die in de verte bij zijn drol was blijven hangen, voor het geval zij hem zou verklikken.

Buiten adem had Lucia geantwoord: 'Het is een geheim, pappa, ik mag het niet verklappen!' Ze schaamde zich, maar diep in haar hart was ze ook opgetogen, alsof Pedro haar iets belangrijks had laten zien.

Lucia stopte de auto en stapte uit. Het was heet en stil in de savanne. Ze was van plan geweest om hier, net als toen, te pauzeren en de banaantjes te proeven. Maar ze wist niet zeker meer of ze dat wel wilde doen.

Voorzichtig liep zij een eindje over het witte zand. Haar ogen vulden zich met tranen. Ze was doodsbang. Terwijl ze om zich heen keek, voelde ze de tijd in zichzelf keren: wat vroeger was werd nu, wat nu is werd vroeger. Op de zandduin voor haar stond een klein, vurig meisje, dat haar aankeek en vroeg hoe het mogelijk was dat zij al die jaren had gedaan alsof dit alles niet bestond. Snel keerde ze zich om en liep terug naar de auto.

Even later hobbelde Lucia door een schemerige tunnel van bomen de zandweg naar de boerderij af. Miquel en oom Ferdinand stonden haar op te wachten. Zij moesten de auto hebben horen aankomen. Allebei lang, mager, licht gebogen en met een grijns op hun gezicht, leken zij even oud.

Naast Miquel stond een jong hondje te kwispelen, zo hard dat het bijna omviel. Op de achtergrond drentelden een stuk of tien sjofele straathonden, hijgend, met de tong uit de bek. Lucia toeterde. De honden schoten op de naderende auto af en begonnen als dolzinnig te blaffen. Oom Ferdinand kwam in beweging, rende achter ze aan, zwaaide als een vogelverschrikker met zijn armen en schreeuwde. Onwillig stopten de honden met blaffen.

Stapvoets rijdend om geen beest onder haar wielen te krijgen, bereikte Lucia oom Ferdinand. Zij stopte de auto en groette hem en Miquel, die langzaam aan kwam lopen, het gefilterde zonlicht op zijn gezicht. Oom Ferdinand zei dat ze de auto naast Leo kon parkeren. Terwijl zij het erf op reed, liepen de twee mannen met de honden achter haar aan.

Lucia stapte uit de auto, omklemde met trillende handen de bovenkant van het portier en keek om zich heen. Ze overzag het kleine huis, de bougainville, het rommelige erf, de manjaboom en de hoge bomen op het achtererf, die de Stille Kreek verborgen, en ze begon te grienen als een kind. 'O god, o god,' stamelde ze. 'Het is er allemaal nog, het bestaat nog allemaal!'

Miquel nam voorzichtig haar handen van het portier en sloeg zijn armen om haar heen. Ferdinand legde een hand op haar achterhoofd en zei: 'Ik ga een kopje koffie maken voor mijn kleine kat.'

Hij pakte haar strooien tas uit de auto, draaide de raampjes dicht, haalde de sleutels uit het contact en sloeg het portier dicht. Daarna liep hij over het erf naar de keuken aan de achterkant van het huis.

Terwijl de puppy zijn scherpe nageltjes in haar kuiten zette en kriebelig haar knieholte likte, snikte Lucia: 'Miquel, ik word gek! Het is net alsof ik uit elkaar aan het vallen ben. Twee Lucia's! De ene groot, de andere klein... De kleine Lucia loopt al een paar dagen om mij heen. Met twee grote strikken in haar haar. Ze blaast! En bijt! Ze verwijt mij van alles. Dat ik ben weggegaan, dat ik haar ben vergeten, dat ik zo weinig heb onthouden van dit land en de mensen, van de namen en de betekenissen. Dat ik zo ben veranderd en dat ik mij hier helemaal niet meer thuis voel! Ik word er gek van!'

Miquel streelde haar rug en zei na een korte stilte: 'Blaas en bijt eens terug! Dat kun je best. Vertel haar dat je er niets aan kon doen dat je bent weggegaan. Dat je wel móést vergeten en veranderen om te kunnen overleven. Dat je veel hebt geleerd. Dat je een volwassen vrouw en een verdomd knappe actrice bent geworden. Wat een brutaal kind! Wat denkt ze wel? Ze zou een pak slaag moeten hebben!'

Miquels woorden maakten Lucia aan het lachen. Ze maakte zich los uit zijn armen en keek hem met betraande ogen aan. 'Wel ja, gewoon van je af bijten en om je heen meppen... Zo ken ik mijn oude vriendje weer!'

Ze keek om zich heen. 'Zo te zien heeft oom Ferdinand in geen jaren schoongemaakt,' constateerde ze met een beverige zucht.

'Nee, hè?' Miquel klonk trots. 'Ik zal je zo rondleiden. We gaan alles langzaam en rustig bekijken en herinneringen ophalen.'

'Alsjeblieft niet!' riep Lucia quasi-wanhopig.

'Maar eerst ga ik je aan Marsalis voorstellen. Hij houdt nu al van je.'

Lucia en Miquel stonden naast elkaar in het halfduister van de voorzaal, zoals tante Helen haar mooie kamer placht te noemen. In de bedompte hitte voelde Lucia de zweetdruppels uit haar oksels langs haar flanken lopen.

Ze pakte de vergeelde trouwfoto van oom Ferdinand en tante Helen van een tafeltje, waarop nog twee fotoportretjes in lijstjes van namaakzilver stonden, en een vaasje met witte plastic tulpen, en veegde het stof eraf. Zij kende de foto nog van vroeger. Een jonge oom Ferdinand en een dikke, poezelige tante Helen in een te krappe trouwjurk stonden statig naast elkaar.

Met haar andere hand pakte ze het portret van Carmen, Pedro, Miquel en zijzelf als kleine kinderen. Ook deze foto herkende zij. Zij stonden op een rijtje, in aflopende volgorde van leeftijd en lengte, Carmen voorop. Ze had een katoenen jurk aan, duwde haar buik naar voren, liet haar armen slungelig langs haar lijf hangen en glimlachte verlegen. Pedro had een zwembroekje aan en hield trots zijn rechterhand op, waarin een kikkertje zat. Hij keek ernstig in de lens. Miquel en Lucia stonden hand in hand, naar elkaar toe gewend, te ginnegappen. Ze hadden allebei een kort broekje aan met daaronder spillebenen met knokelknieën.

Lucia glimlachte ontroerd, zette de foto's voorzichtig terug en pakte het derde lijstje. Deze foto, die was genomen in de keuken van Johanna, was nieuw voor haar.

Tante Helen was van opzij gekiekt terwijl zij in de schommelstoel zat, de handen in de schoot, en uitdrukkingsloos voor zich uit staarde.

'Wat is ze oud geworden, ze lijkt wel zestig!' riep ze uit. 'Ik herken haar bijna niet meer terug. Toen wij weggingen moet ze een jaar of veertig zijn geweest. Zeven jaar na ons vertrek is ze verdronken. Dus toen was ze zevenenveertig, achtenveertig? Ze moet heel snel oud geworden zijn... Of ligt het aan de foto?'

'Nee,' zei Miquel. 'Die foto geeft een goed beeld. In de laatste anderhalf jaar van haar leven is ze snel afgetakeld. In de periode dat de militairen aan het moorden sloegen, zijn er hier dingen gebeurd die zij zich erg heeft aangetrokken. Wát weet ik niet precies. Ik heb er oom Ferdinand vaak naar gevraagd, maar hij wil het er niet over hebben.'

'Mysterieus... Ik vind het jammer dat ze er niet meer is. Ze was zo bijzonder. Ik had haar graag gesproken. Luguber dat ze juist in de Stille Kreek is verdronken, vind je niet?'

'Nee,' zei Miquel. 'Waar had zij anders moeten sterven dan ergens hier op haar geliefde erf?'

Lucia zat in haar bikini op de steiger bij de Stille Kreek en Miquel lag in een van de hangmatten. Ferdinand was in de keuken bezig cassavesoep klaar te maken voor het middageten. Ondertussen luisterde hij naar zijn draagbare radio. Zo nu en dan bereikten flarden van de muziek en het pittige aroma van de soep Lucia en Miquel.

'Miquel,' vroeg Lucia zwaarmoedig, 'hoe was het voor jou om hier terug te komen?'

Miquel glimlachte. 'Stond er op mij ook een verongelijkt kind te wachten? Nee, hoor. Voor mij was het niet zozeer moeilijk om hier terug te komen; het was eerder moeilijk om uit Nederland weg te gaan. Ik liet alles achter: mijn carrière, mijn dansgroep, mijn vrienden, mijn minnaars, mijn huis en de stad waar ik van hield. Toch wist ik zeker dat ik terug wilde. Toen ik niet meer in staat was om te werken, wilde ik naar huis. Ik wilde mijn leven hier, waar het is begonnen, beëindigen. Dus, om in jouw beeldspraak te blijven: het kind dat ik ben geweest stond mij op Zanderij op te wachten en sloot mij in zijn magere armen. Maar dat het voor mij anders was, is niet zo vreemd. Onze geschiedenis is heel verschillend.'

Lucia liet haar voeten in het water glijden. 'Hoe bedoel je precies?'

'Ik was achttien toen ik vertrok en wilde niets liever dan mijn hielen lichten. Jij bent hier op je tiende weggeplukt, zonder dat je iets gevraagd werd.'

'Dat is waar. En ik had werkelijk geen idee van wat mij te wachten stond. Ik vond het erg opwindend om een zeereis van drie weken te maken en in het land van melk en honing te gaan wonen. Maar toen ik er eenmaal was, voelde ik mij zo intens verloren! Het ergste was dat ik aan mijn vader en moeder kon merken dat zij er net zo aan toe waren. Dat verdiepte mijn gevoel van onveiligheid. Ik kon moeilijk geloven dat mijn ouders mij konden beschermen als zij zich zo voelden als ik. Mijn moeder ontwikkelde in die dagen een bruut soort vrolijkheid, waarin zij de rest van het gezin probeerde mee te trekken. Wij moesten onze schouders eronder zetten! Het verleden vergeten! Ons aanpassen! Vastbesloten werd er gewerkt aan een baan, een huis, een school, kleding, een sociaal leven. Snelle, slechte oplossingen werden gevonden.

En toen kwam het nieuws over de staatsgreep. Mijn vader zat voor de televisie te huilen. Mij werd duidelijk dat het een uitgemaakte zaak was: wij zouden nooit meer teruggaan. Ik heb de aanwijzingen van mijn moeder opgevolgd. Ik was altijd al een doorzetter, maar nu overtrof ik mijzelf. Steeds was er iets om te bevechten, te bewijzen, te overwinnen. Over mijn jeugd dacht of sprak ik intussen weinig meer.'

Lucia begon te lachen. 'Nou ja, totdat ik op de toneelschool werd aangenomen dan! Iedere docent die ik kreeg, ondernam wel een goed bedoelde poging om mij uit "mijn bronnen" te laten putten. In het tweede jaar vroeg een docent mij tijdens het werken aan een voorstelling om een liedje in het Sranan te zingen. Ik koos dat slaapliedje dat begint met de woorden: *Mama, na sribi krossi*. De rest van de tekst wist ik niet meer, dus zong ik de melodie op Surinaams klinkende jabbertalk. De regisseur had niets in de gaten. Hij vond het prachtig! Hij stond erop dat ik het liedje ook tijdens de voorstelling zou zingen. Ik zal nooit meer vergeten hoe bang ik was dat er tijdens die paar keer dat we het stuk speelden Surinamers in de zaal zouden zitten en dat ik door de mand zou vallen! Vreselijk gênant.

Uit mijn bronnen moest en zou ik putten, maar tegelijkertijd werd alles wat ik niet goed deed aan mijn culturele achtergrond geweten. Mijn exotische kindertijd werd een wapen in de strijd om te overleven. Een wapen dat even hard tegen mij gebruikt kon worden.

En de laatste jaren... Er is veel veranderd sinds jij weg bent, Miquel. Witte mensen hebben hun politieke correctheid afgeschaft. Zij worden steeds botter en vijandiger. Alsof het samenleven van wit en zwart over zoiets nuffigs zou gaan als het al dan niet politiek correct zijn van witte mensen. Ik vind het heel moeilijk om mij daar niets van aan te trekken, niet te verkrampen...'

Driftig veroorzaakte Lucia met haar voeten deining in het water. De druppels die op haar onderbenen, buik en dijen spatten, waren verrassend koel.

'Jaar in jaar uit is de kloof tussen mij en het meisje met de strikken gegroeid en een afgrond geworden. Dat heb ik mij de afgelopen dagen gerealiseerd. Weet je, op een gegeven moment wilde ik zelfs niet eens meer met vakantie terug. Waarom zou ik? Ik kon mijn geld beter besteden aan reizen naar verre landen die ik nog niet kende. Intussen was ik doodsbang bij het idee dat ik hiernaartoe zou moeten gaan.'

'Het is moedig van je dat je toch bent gekomen,' zei Miquel zacht.

Verlegen glimlachten ze naar elkaar. Toen keken ze weg en viel er een diepe stilte.

Miquel nam de draad van het gesprek weer op en zei sussend: 'Weet je, Lucia, het is niet helemaal waar wat je daarnet zei. In iedere brief die je schreef, vertelde je dat je heimwee had. En toen wij elkaar na jaren weer tegenkwamen, wilde je niets liever dan over vroeger praten.'

'Weet ik wel!' antwoordde Lucia ongeduldig. 'Maar wat ik met jou deelde stond buiten de realiteit. Wij hadden een geheim verbond. Met jou kon ik toegeven aan iets vertrouwds, iets instinctiefs, iets van vroeger.'

Ze trok haar voeten uit het water en ging bruusk verzitten. 'Nu ik hier ben, wil ik er weer bij horen, net als toen! Ik voel mij schuldig! Ik schaam mij als ik die klootzak van de douane, maar ook Jet, Johanna, jouw ouders en Pedro, naar mij zie kijken alsof ik een vreemde ben. Ik zie hen zich verbazen over wie ik ben geworden. Daarnet zei een vrouw bij wie ik bananen kocht dat ze zag dat ik onder mijn bruine vel een witte ziel had. Ze zette me af en ze lachte me uit!'

'Weet je, ik heb nooit geloofd in het romantische idee dat een mens zou thuishoren in het land waar hij is geboren. Een land is van de mensen die er wonen, en mensen horen thuis in het land waar zij wonen. Punt uit. Ik heb ook nooit het gevoel gehad dat ik dit land iets verschuldigd was. Ik hou ervan, heel veel zelfs, maar ik ben het niets verschuldigd! Het is ook nooit loyaal geweest tegenover mij. Toen ik ontdekte dat ik homo was, wist ik dat ik eruit lag. Toen ik besloot om danser te worden, werd het alleen maar erger. Als ik trouw was gebleven aan deze gemeenschap, was ik doodongelukkig geworden, want in hun termen mag ik niet bestaan of word ik uitgelachen om wat ik ben. Alleen door weg te gaan heb ik het leven kunnen leven dat ik wilde leven.'

Hij streek met een knokige hand door zijn haar. Hartstochtelijk ging hij verder: 'Het is zo gemakkelijk om te oordelen! Maar wat weten we nou van elkaar? Wat weten we van de lange, kronkelige wegen die ieder van ons achter zich heeft liggen? Wegen waarop zich een miljoen kleine en grote gebeurtenissen hebben afgespeeld... Wegen waarop wij beloftes hebben gedaan, bezweringen hebben uitgesproken, oplossingen hebben gezocht, daden hebben gesteld... Wegen waarop we in slaap zijn gevallen, zijn bestolen, dingen over het hoofd hebben gezien, veel zijn vergeten en van alles hebben verdraaid. We komen elkaar tegen, bekijken elkaar vluchtig, constateren dat de ander niet is wie wij zouden willen dat hij is en vellen een oordeel. Lach er toch om! Vraag je af wat het over die mensen zegt dat zij je zo behandelen!'

Lucia was even stil. 'Het zou heerlijk zijn als ik mij zo zou kunnen opstellen. Zowel hier als in Nederland. "Dames en heren, dit is wie ik ben! *Take it or leave it.*" Maar dat is nu juist wat ik niet kan,' zei zij mismoedig.

'En is het niet een beetje te simpel om te stellen dat de mensen die mij zo behandelen kortzichtig en bevooroordeeld zouden zijn?' ging zij verder. 'Ik denk dat ze boos zijn. Op hun hoede... En jaloers. Toen mijn ouders de bui zagen hangen, konden zij het zich veroorloven om weg te gaan voordat hij losbrak. Ook jij kon vertrekken omdat je ouders het konden betalen. Maar de mensen die hier zijn gebleven omdat zij niet weg kónden gaan, die hebben geleden en alles alleen maar minder hebben zien worden, hebben zij echt ongelijk als zij zich zo voelen? Hebben ze geen recht op onze loyaliteit? Zijn wij niet medeverantwoordelijk voor dit arme, gemangelde land waarin wij zijn geboren?'

Miquel keek Lucia aan en zei peinzend: 'Weet je, ik voel ontzag voor de ellende die de mensen hier de afgelopen vijfentwintig jaar hebben meegemaakt. En trouwens... hoe lang is het geleden dat de slavernij werd afgeschaft, dat de koloniale uitbuiting werd stopgezet? Wie denkt dat die wonden geheeld zijn, is naïef of kwaadwillend. Maar ik heb de staatsgreep meegemaakt en ik wist dat ik niets kon doen. Dat wist ik zeker! Ik ben geen politicus, ik ben geen soldaat, ik ben geen held. Zoals Roosje.'

'Wie?' Lucia schoot in de lach.

'Roosje is een vriendin van Mathilde. Je zult haar zeker ontmoeten. Zij doet politiek en sociaal werk. Dat doet ze heel erg goed. Ze is ervoor geschapen. Nee, het beste dat ík met mijn leven kon doen is wat ik heb gedaan: weggaan en mijn talent tot bloei brengen door danser en choreograaf te worden. Of dat ook het beste was dat ik voor Suriname kon doen? Wie weet? Misschien wel... Misschien niet... En jij? Hou jij jezelf niet een beetje voor de gek door te denken dat het anders had moeten of kunnen gaan? Je kiest niet voor wie je bent; je wordt geconfronteerd met wie je bent. Je kiest ook niet voor wat je overkomt; je wordt geconfronteerd met wat je overkomt. Jij, ik, iedereen. Daarom, lieverd, neem toch geen genoegen met gemakkelijke oplossingen. Je bent niet schuldig. Je hoeft je nergens voor te schamen!'

Hij ademde diep uit. Toen besloot hij glimlachend: 'Sluit vrede met die tienjarige kattenkop! Praat met haar, leer haar kennen en vertel haar over jezelf. Destilleer samen met haar een mooi en betekenisvol verhaal uit de dingen die jullie hebben meegemaakt.'

'Dat zal niet eenvoudig zijn, vrees ik,' somberde Lucia.

Er viel opnieuw een lange stilte. Lucia luisterde naar het geluid van de golfjes die tegen de palen van de aanlegsteiger kabbelden. Het klonk alsof ze op fluistertoon een eigen gesprek voerden.

'Hoe is het om op de boerderij te wonen, ver weg van alles en iedereen?' vroeg ze voorzichtig.

'O, Lucia, daar vraag je me wat. Hoe het is... Ik ben ziek, moe, de koortsaanvallen zijn uitputtend.' Zijn stem beefde: 'Mijn leven is voorbijgevlogen. In een ademloos tempo heb ik gedaan, gemaakt, gepakt wat ik kon. En nu... Het is hier stil. Er gebeurt niets. Dat is wat ik zocht: stilte om te kunnen genieten van de plek die voor mij altijd het meest thuis was. Stilte om mij mijn leven te kunnen herinneren, en om te kunnen wennen aan de dood. Mij er geleidelijk aan over te geven. Hier gaan wonen was een daad, een poging om mijn doodgaan te organiseren, het zin en schoonheid te geven. Maar de werkelijkheid is anders. Dat had ik kunnen weten. De stilte is geen plek meer waar het comfortabel is. Het is een wezenloze wereld waarin ik verdwaal. Mijn herinneringen verliezen hun glans, raken vervormd, drijven buiten mijn bereik. Ik kan niet genieten omdat ik bang ben. De dood maakt mij zo bang als ik nooit eerder ben geweest. Ik heb geen greep meer op mijn leven. Soms vraag ik mij af of ik ooit greep heb gehad. Of er iemand is die greep heeft, of dat wij allemaal dapper doen alsof, terwijl intussen de stormen met ons scheepje spelen, spelen... Leven is wakker worden in een snelstromende rivier, meegesleurd worden over watervallen en stroomversnellingen, en uiteindelijk in diezelfde rivier verdrinken. Wees toch oneindig teder voor jezelf, Lucia!'

Hij begon te huilen. Lucia krabbelde overeind en liep naar de hangmat.

'Ik ben zo moe,' snikte hij. Ze pakte zijn hoofd, drukte het tegen haar buik en streelde zijn dunne, grijze haar.

'Lieverd, ik zal je helpen. Helpen te genieten en helpen te herinneren hoe mooi het allemaal was,' zei ze ferm.

Miquel sliep. Lucia liet zich van de aanlegsteiger in de kreek glijden. Het water was koud en diep, en er stond een stevige stroom. Ze dook onder, zette zich met haar voeten af tegen de steigerpalen en zwom met een paar flinke slagen weg.

Ze voelde zich kalm. Zij was teruggekomen. Zij zou het werk moeten doen. Zichzelf onder ogen moeten komen. Miquel moeten helpen, zo goed als zij kon. Daar hielp geen lievemoederen aan.

Op ongeveer driehonderd meter van het huis van oom Ferdinand en tante Helen had een ander huis gestaan, herinnerde zij zich. Daar woonde een Hindoestaans echtpaar met een kind, waarvan de vrouw net als tante Helen van Trinidad afkomstig was. Zij verbouwden suikerriet en hadden een moestuin. Tante Helen kocht vaak groenten bij hen. Het jongetje heette Satish en moest een jaar of vier zijn geweest toen Lucia vertrok.

Ze zocht naar de aanlegsteiger van het huis. Toen ze meer dan een halve kilometer had gezwommen, had zij echter nog steeds niets gezien. Ze werd moe en keerde terug, ondertussen goed kijkend of ze een glimp van het huis kon opvangen tussen de wirwar van bomen en struiken langs de kreek.

Op een gegeven moment zag zij de punt van het dak boven het groen uitsteken. Ze zwom naar de oever. Een bijna geheel overwoekerd pad liep het bos in. Haar angst voor slangen en ander ongedierte en haar weerzin tegen vette modder overwinnend, klom ze aan land en liep, zich tussen het gebladerte door wringend, het pad af.

Het huis was verlaten en in verregaande staat van verval. Door de kieren tussen de kromgetrokken planken en de openstaande deuren en ramen groeiden planten naar binnen. Lucia liep naar een van de ramen.

Toen ze haar hoofd naar binnen stak, rook ze een geur van rotting. Ritselend maakten zich een paar hagedissen uit de voeten. In een hoek van de kamer zag zij een smerig oud matras op de grond liggen, wat lappen en oude kleren, een kom en een fles. Naast het matras stond een gammele stoel. Door een deuropening gaapte een onheilspellende duisternis haar aan.

Ze kreeg kippenvel bij het idee dat hier iemand zou wonen. Zowel Pedro als Miquel had haar verteld over mensen die dakloos rondzwierven, meest bejaarden en kinderen. De spookachtige bouwval boezemde haar ineens angst in. Ze keerde zich om en rende, zo goed en zo kwaad als het ging, het pad weer af.

Toen Lucia terugkwam, lag Miquel nog steeds te slapen. Ze klom op de aanlegsteiger en strekte zich uit op het warme, door verwering glad en zacht geworden hout. Oom Ferdinand zou haar kunnen vertellen wat er met Satish en zijn ouders was gebeurd. Terwijl zij zich probeerde te ontspannen bescheen de zon, door het bladerdak gefilterd, haar lichaam en droogde het langzaam.

HOOFDSTUK 7

Monotoon plensde de regen op het dak van het koloniale huis, tegen de muren, tegen de ruiten van de door Johanna haastig gesloten ramen, tegen de pilaren en op de vloer van de veranda, op de takken en de bladeren van de bomen en op het water van de rivier. In de verte rommelde de donder. De zon ging onder, verborgen achter een loodgrijs wolkendek. In het huis, dat de hitte van die dag achter vensters en deuren gegijzeld hield, groeiden en verdiepten zich de schaduwen.

Carmen zat op de wc, haar benen voor zich uit gestrekt, en staarde naar het kanten onderbroekje dat om haar enkels hing. Haar borsten rustten op haar buik en haar handen, met daarin de verfrommelde zoom van haar jurk, lagen in haar schoot. Ze was minuten geleden uitgeplast, maar kon zichzelf er niet toe brengen om op te staan, haar broekje op te hijsen en de wc door te trekken. Het was prettig om in de groeiende duisternis te zitten en, omvat door de geruststellende geuren van haar lichaam en urine, naar de regen te luisteren.

Na de dood van Nelson had ze de banden met haar omgeving laten rafelen, totdat er een rag van fragiele draden was overgebleven waarin zij stil kon wonen.

Lucia was nu vijf dagen bij haar in huis. Haar aanwezigheid had een beving door het rag doen gaan; het was opgewaaid, draden waren gescheurd, en zij, de bewegingloze bewoonster ervan, was langzaam maar zeker in paniek geraakt. Het enige dat zij deed was toekijken.

Op de ochtend na Lucia's aankomst was ze wakker geworden van de geluiden in de kamer naast de hare. In plaats van geruime tijd in het land van de sluimer rond te zwerven, zoals ze iedere ochtend na het eerste ontwaken deed; een tocht te maken die reikte van kortstondige pieken van wakker zijn tot in diepe dalen van droomloze slaap, bleef ze luisteren naar het gescharrel in de logeerkamer, op de gang en in de badkamer. Lucia roffelde de trap af. Johanna ving haar beneden op met een dringend gefluisterd: 'Ssst, mevrouw Lucia, mevrouw Carmen slaapt nog!', en sloot zachtjes de deur naar het trappenhuis.

Carmen was opgestaan. Ze trof Lucia in de keuken aan, gekleed in een glanzend zwart wielrennersbroekje dat om haar ronde billen en dijen spande, en een even nauwsluitend wit hemdje. Om haar hoofd een rode zweetband en aan haar voeten sportschoenen die deden denken aan de witte jachten die in het weekeinde langs kwamen varen op de rivier. Ze stond bij het aanrecht een banaan te eten, terwijl ze opgewekt aan Johanna de voordelen van ontbijten met fruit uiteenzette.

Toen Lucia Carmen zag staan, riep ze uit: 'O Carmen, dat heb ik je nog niet verteld... Goedemorgen, *by the way*... Maar voor mijn beroep moet ik in vorm blijven, dus heb ik besloten om iedere ochtend zowel mijn lichamelijke training als mijn stemtraining te doen. De fysieke training in het schelpenzand bij de rivier. En ik hoop dat je het goedvindt dat ik de stemtraining in het tuinhuis doe, zodat jullie niet kierewiet hoeven te worden van mijn gegalm. Enne... eerlijk gezegd ben ik hartstikke in de war! *Jetlag, culture shock, the works!* Ik hoop dat het mij goed zal doen om in beweging te blijven.'

Ze keek Carmen afwachtend aan.

'Je kunt gebruik maken van het orchideeënhuis wanneer je maar wilt, Lucia,' had Carmen geantwoord, niet wetend of Lucia een reactie op haar eerste of haar laatste opmerking verwachtte.

Even later hadden Johanna en zij vanaf de veranda toegekeken hoe hun logee haar gespierde lichaam in allerlei bochten wrong. In minder dan geen tijd glom ze van het zweet. Johanna had een ongelovig gezicht getrokken, was in lachen uitgebarsten en had gezegd: 'Mevrouw Lucia is gebeten door een slingeraap!' Hoofdschuddend was ze weggelopen. Carmen was, met een hol gevoel in haar maagstreek, blijven kijken naar Lucia's verbeten vertoon van levenslust.

Toen was Prem met zijn fiets aan de hand op het pad bij de bloementuin verschenen. Hij stond abrupt stil toen hij Lucia zag. Zijn mond viel open. Lucia stopte met haar oefeningen, droogde haar handen af aan haar hemdje en liep met uitgestoken hand op hem af om zich voor te stellen. Van pure verwarring maakte Prem een buiging terwijl hij haar de hand schudde, wat Lucia ertoe bracht lachend haar hoofd in de nek te werpen en hem een ferme, vriendschappelijke klap op zijn rug te geven. Carmen had zich van het tafereeltje afgekeerd en was naar binnen gegaan om te ontbijten.

Een klein uur later had zij van haar krant opgekeken om te luisteren naar de geluiden die uit het orchideeënhuis kwamen. Het ongemak dat zij had gevoeld toen zij Lucia als een derwisj had zien wervelen bij de rivier viel in het niet bij wat zij voelde nu zij de spelletjes hoorde die de ander speelde met haar volle, melodieuze stem: omhoog, omlaag en weer omhoog, lang aangehouden en dan uitbarstend in snelle ritmes en abrupte wendingen.

Na een halfuur werd het stil. Lucia kwam met blozende wangen de eetkamer binnenlopen en plofte aan de ontbijttafel neer, schonk zichzelf een glas melk in en verzuchtte: 'Wat een mooie jongen is die tuinman van jou, Carmen! Wat een schoonheid!' Carmen had geglimlacht.

In de dagen die volgden dook Lucia voortdurend daar op waar Carmen haar niet verwachtte. Ze kwam met onderwerpen voor gesprekken aandragen of plannetjes om samen iets te ondernemen, en smeekte met haar ogen om aandacht. Carmen had hoofdpijn voorgewend en zich teruggetrokken op haar slaapkamer. Vanuit haar raam had zij Lucia door de tuin zien zwerven als een hond, snuffelend, plots verstild voor zich uit starend en dan weer verder, op zoek naar ze wist niet wat.

Eergisteren was Lucia eindelijk naar Miquel toe gegaan. Toen ook Johanna die ochtend het huis had verlaten om boodschappen te doen, was Carmen het orchideeënhuis binnengeglipt. Meteen daarop was Prem verschenen. Hij had niet bescheiden gevraagd of hij haar kon helpen, zoals het ritueel voorschreef. In plaats daarvan had hij haar vastgegrepen en gezegd: 'Carmen, hoe gaan we het doen nu zij hier is?'

Met een onverwacht plezier had Carmen opgemerkt dat hij haar bij haar voornaam noemde. 'Ik weet het niet,' had ze geantwoord.

Prem had haar de schaduwen van het huis in getrokken, waar zij elkaar hadden bemind met een hartstocht die alle grenzen overschreed die zij zichzelf en hem had opgelegd. Terwijl hij tussen haar gespreide benen heen en weer schoof, had hij haar steeds opnieuw gekust. Zij had keer op keer zijn naam gefluisterd.

Carmen balde haar vuisten. Tegen de achtergrond van het gekletter van het hemelwater klonken de eerste, fondantzoete tonen op van de ouverture van *La Traviata*. Ze kwamen uit de kamer van Lucia, die vanavond uit eten zou gaan met Pedro en zich aan het kleden was.

Vanochtend was Lucia in de studeerkamer van Nelson geweest. Ze had zijn draagbare cd-speler gevonden, en een aantal van de cd's die hij uit de Verenigde Staten had laten overkomen. Met een luchtig 'Mag wel, hè Carmen?' had zij ze uit zijn kamer verhuisd naar de hare. Carmen had willen uitschreeuwen dat ze niet wilde dat er iets veranderd werd in de kamer van Nelson, maar ze had het niet gedaan. Ze wilde met Lucia niet over Nelson praten. Nu werd ze al de hele dag geconfronteerd met de opera's waarnaar hij placht te luisteren – muziek die ze na zijn dood niet meer had willen horen.

Het was inmiddels aardedonker in de wc. Carmen zuchtte,

stond op en viste naar haar broekje. Ik kan het niet: doen wat ik wil en zeggen wat mij niet bevalt, dacht ze mistroostig. De wc-bril had een diepe moet in haar billen achtergelaten. Pijn schoot door haar vlees toen het bloed weer ging stromen.

Een paar minuten nadat Pedro drie keer kort op de claxon had gedrukt, minuten waarin hij zonder iets te denken had gekeken naar het water dat op de voorruit spetterde, door de ruitenwissers opzij werd geveegd en in stroompjes wegliep, doemde de lange, magere gestalte van de wachter op in het licht van de koplampen. Hij hield een stuk plastic boven zijn hoofd en zwabberde over de oprijlaan. Dronken! dacht Pedro. De eerste de beste schurk hoeft maar te blazen en hij gaat tegen de vlakte.

De wachter, verblind door het licht, duwde zijn gezicht tegen de spijlen van het hek en tuurde ingespannen naar het silhouet op de bestuurdersplaats van de auto. Toen hij Pedro herkend had, grijnsde hij een praktisch tandeloze lach, klemde het druipende plastic tussen zijn benen en begon omslachtig het hek te openen.

Pedro stak een hand op terwijl hij hem voorbijstoof en zag in zijn achteruitkijkspiegel dat de oude man hem verbluft nakeek, alsof hij verwacht had dat Pedro hem een lift terug naar het orchideeënhuis zou geven, waar hij met zijn hond schuilde voor de regen.

Oude gek!

Hij parkeerde dicht bij de keukentrap. Johanna stond boven en hield de deur voor hem open, een massieve gestalte in een jurk tegen een rechthoek van geeloranje licht. Hij snelde de trap met twee treden tegelijk op om niet nat te worden, sloeg zijn armen om haar heen en kuste haar op beide wangen. Johanna kirde van plezier en hield hem op een afstand om hem te kunnen bekijken. Gekleed in een zwart pak, een wit zijden overhemd, een lichtblauwe das, glimmend gepoetste schoenen en gehuld in een broeierig geurtje, was hij de verleidelijkheid zelve. 'Hmm, meneer Pedro is wat van plan vanavond,' suggereerde ze schalks.

'Johanna, waar zie je me voor aan? Mevrouw Lucia is als een zusje voor me,' antwoordde hij quasi-verontwaardigd.

'Mij hoeft u niet voor de gek te houden, meneer Pedro. Poe-poe... een zusje!'

Pedro maakte zich van haar los en vroeg, terwijl hij de druppels uit zijn haar veegde: 'Ben je nog niet naar huis?'

'Nee, meneer. Ik ga toch niet in deze regen naar de bushalte lopen en wachten tot de bus eindelijk komt?'

'Nee, natuurlijk niet,' zei hij. 'Ik breng je wel even thuis. Is mevrouw Lucia al klaar?'

'Ik weet het niet, ze is nog boven en luistert naar opera. Sinds meneer Nelson dood is, hebben we in dit huis gelukkig niet meer hoeven te luisteren naar die muziek. Witte vrouwen die zo gepijnigd worden dat ze het uitgillen. Mijn oren gaan ervan jeuken. En mijn handen ook! Maar ja, mevrouw Lucia houdt ervan, dus...' Johanna hief in een theatraal gebaar haar handen ten hemel.

Pedro luisterde en hoorde het geluid van de muziek boven het getrommel van de regen uitkomen. 'Hoe is het leven met mevrouw Lucia in huis?' vroeg hij nieuwsgierig. 'Ze zal wel voor opschudding zorgen.'

'Zegt u dat wel,' zei Johanna lachend. 'Ze is de hele dag aan het bewegen en aan het praten. Als ik aan het koken ben, komt ze bij me zitten, helpt een beetje mee en vertelt me alles over haar leven. Ze heeft zelfs een keer toneel voor me gespeeld. Mmm... Ze doet het goed! Net alsof ze iemand anders wordt. Ze is echt een lief mens. Ze helpt me ook met de afwas en de was ophangen, en ze houdt van stofzuigen.'

'En mevrouw Carmen? Bevalt het haar om zo'n levendige gast te hebben?' vroeg Pedro, met een spottende ondertoon in zijn stem.

'Dat moet u aan haar vragen, meneer Pedro, niet aan mij,' zei Johanna beslist. Ze leende zich niet voor praatjes over Carmen.

Lucia opende de keukendeur. 'Hallo,' mompelde ze verlegen toen ze Pedro zag staan.

Net als hij had zij zich met zorg gekleed. Ze droeg een witte jurk met een diep decolleté, grote goudkleurige oorbellen en armbanden, en witte sandalen met hoge hakken. Ze had haar ogen zorgvuldig opgemaakt en haar lippen kersrood gestift.

Pedro keek naar haar borsten en zei: 'Je ziet er prachtig uit, dame.'

Lucia kreeg een kleur. 'Dank je,' zei ze koel. Ze gaf hem afgemeten twee zoenen op zijn wangen. Toen wendde zij zich tot Johanna en vroeg verbaasd: 'Bent u nog hier, mevrouw Johanna?'

Johanna wierp een snelle, verontschuldigende blik op Pedro, die Lucia ongelovig aanstaarde. 'Wat zeg je nou?' viel hij uit. "Mevrouw" Johanna?'

Lucia antwoordde vinnig: 'Ik vind het belachelijk dat mevrouw Johanna, die ons als kinderen nog de billen heeft geveegd, nu "u" tegen ons zou moeten zeggen en ons met "mevrouw" en "meneer" zou moeten aanspreken! Ik heb gezegd dat ik dat niet wilde, maar ze staat erop. Zolang zij mij "mevrouw Lucia" noemt, noem ik haar "mevrouw Johanna"!' Resoluut voegde ze eraan toe: 'En het regent veel te hard om haar met de bus naar huis te laten gaan. Wij geven haar een lift.'

'Dat was al lang en breed geregeld voordat jij hier binnenstapte, spinnenkop!' zei Pedro kwaad.

Lucia keek hem gekwetst aan en mompelde: 'Sorry.'

Er viel een diepe stilte.

'Waar is Carmen?' vroeg Pedro.

'Weet ik veel,' antwoordde Lucia chagrijnig. 'Waar ze meestal is, denk ik. Op haar slaapkamer.'

Omdat ze geen van beiden meer iets te zeggen wisten, keken ze naar Johanna, die een pannetje met de overblijfselen van het middageten, haar schort en de schoenen die ze tijdens het werken droeg in een tas pakte en met een lachje zei: 'Kom kinderen, laten we gaan.'

De wachter, wiens versleten plunje op verschillende plekken nat was geworden van de regen, schuifelde dicht langs de auto, zodat het stuk plastic dat hij boven zijn hoofd hield demonstratief langs de ramen slierde. Johanna zat voorin naast Pedro, haar tas op schoot, en Lucia zat op de achterbank. Toen de oude man het hek geopend had en Pedro hem voor de tweede keer die avond voorbijscheurde, sprong hij in de houding, zijn regenscherm in één hand, en salueerde.

Johanna snoof. 'Een wachter zonder tanden, met een hond die bang is voor de regen. Wat denkt hij wel!'

Ze sloegen de weg naar de stad in. 'Hoe gaat het thuis, Johanna?' vroeg Pedro.

'Het gaat wel,' zei Johanna. 'De kinderen maken het goed. Maar hun moeder heeft weer een man. Een politieagent. U moet hem zien paraderen in zijn uniform. Negers! Hij komt een paar keer in de week langs, 's avonds als de kinderen naar bed zijn. Dan blijft hij een uurtje. Ik pak een stoel en ga voor het huis zitten. Ik hoef echt niets te zien of te horen! Meneer is getrouwd, dus er zit geen toekomst in. Wel, we zullen zien hoe lang het dit keer duurt. Iedere dag zeg ik tegen haar: "Ashana, zorg dat je niet zwanger wordt!" Zij zegt: "Oma, ik hou van hem." Wat een antwoord!'

Ze keek uit het raam en verzuchtte: 'Ik dank de goede God dat ik zo oud ben dat ik geen verlangen meer heb naar een man. Het is die honger tussen hun benen die de ondergang is van de meeste vrouwen in dit land, ik zeg het u!'

Lucia dacht aan de zoetzure verhalen die creoolse vrouwen uit haar geboorteland uitwisselen over het gedrag van menigeen van hun mannen. Onbetrouwbare en onverantwoordelijke flierefluiters zijn het, die er meerdere vrouwen op na houden en trots zijn op de kinderen die zij her en der verwekken, zonder zich verplicht te voelen voor hen te zorgen. Ook moest ze aan Pedro denken, die haar vanaf het eerste moment dat zij elkaar hadden teruggezien had uitgenodigd met zijn ogen, een even zoete als loze belofte in zijn blik.

'Het kan toch niet verkeerd zijn om naar liefde te verlangen, mevrouw Johanna?' zei ze. 'Niet het verlangen naar liefde is de ondergang van vrouwen als Ashana, maar de mannen die misbruik van hen maken.'

'Mevrouw Lucia heeft gelijk. Alleen, wie gaat die kerels veranderen? Niet die vrouwen zelf. De meesten van hen zijn arm. Ze vinden geen werk dat genoeg betaalt om ervan te kunnen leven met een paar kinderen.' Johanna gniffelde. 'Met honger in je buik én tussen je benen, is het moeilijk om een man te veranderen. Hij brengt je z'n lekker ding, een hoop mooie woorden en wat extra geld. Je zou wel gek zijn om hem lastig te vallen. Maar op een dag raakt hij op je uitgekeken, ontmoet hij een andere schoonheid of hij maakt je zwanger. Dan neemt hij de benen. Alle drie de vaders van Ashana's kinderen waren plotseling niet meer verliefd op haar toen ze hoorden dat ze zwanger was. Maar ja, mevrouw Lucia, mijn kleindochter is net een kip: ze wil niets liever dan zich verliezen in haar nieuwste haan en geloven dat hij haar gaat redden. Rédden! Poepoe! Dat is wel het laatste dat die haantjes aan hun hoofd hebben. Nee, wat zij voor Ashana voelen, zit een stuk lager.' Ze lachte breeduit.

Lucia wilde niet generaliseren. Dat juist mensen die aan den lijve hadden ondervonden wat onderdrukking was zo solden met hun vrouwen en kinderen, die hun toch dierbaar zouden moeten zijn, had een diepere grond. Hartstochtelijk zei ze: 'Weet u, mevrouw Johanna, het komt door de slavernij! Je kunt mensen niet tweehonderdvijftig jaar lang hun zelfbeschikkingsrecht ontnemen en ze dag in dag uit als beesten behandelen, zonder dat er blijvend iets kapotgaat vanbinnen. Weet u dat mannen en vrouwen geen banden mochten aangaan, omdat je ze altijd moest kunnen doorverkopen? Slavenhouders verkrachtten slavinnen bij het leven. Moeders en kleine kinderen werden gescheiden. Ze waren koopwaar! En denk maar niet dat er in de periode na de slavernij veel is veranderd; de onderdrukking en de uitbuiting gingen, zij het in een beschaafder jasje, gewoon door. Is het zelfrespect van de kinderen van de kinderen van de slaven niet zodanig vernietigd dat ze gewoon niet op kúnnen komen voor hun vrouwen en hun kinderen?'

'Het zal wel waar zijn wat u zegt, mevrouw Lucia,' antwoordde Johanna met een verwonderd lachje. 'De slaventijd was verschrikkelijk. Mijn overgrootmoeder is nog slavin geweest, en ze heeft mij verhalen verteld... Maar u geeft die haantjes van Ashana echt te veel eer, hoor. Het komt ze ook wel goed uit om zich zo te gedragen. De lusten en de lasten, weet u wel. Als het ze niet goed uitkwam, was het tegen deze tijd heus wel veranderd.'

'Heb je verhalen uit de eerste hand over de slavernij, Johanna?' vroeg Lucia ongelovig. 'Wat fantastisch! Wil je ze mij een keer vertellen?'

Pedro greep zijn kans. 'Ah!' riep hij. 'Je vergiste je! Je zei "Johanna".'

'Jezus!' zei Lucia geïrriteerd. 'Je bent nog net zo kinderachtig als vroeger.'

'Jezus? Ik heet Pedro, hoor.'

'Lucia!' Johanna kwam met stemverheffing tussenbeide. 'Ik zal je de verhalen van mijn overgrootmoeder vertellen. En ik zal je de hoofddoek laten zien die ze droeg toen de slavernij werd afgeschaft. Met een speldje van bladgoud. Het is zo bros; als je het aanraakt, verbuigt het. En weet je wat: ik zal je vanaf nu Lucia noemen. Dan hoeft niemand je meer te plagen.'

'Dank je, Johanna, je bent een schat.'

'En ze noemden elkaar bij de naam en ze leefden nog lang en gelukkig,' zei Pedro, zalvend als een dominee.

'Waarom zeg jij eigenlijk niets over dit onderwerp?' vroeg Lucia snibbig, zijn laatste opmerking negerend.

Pedro was even stil, en zei toen luchtig: 'Om te beginnen is het niet mijn stijl om over "de mannen" en "de vrouwen" te praten. Zeker niet met feministes. Maar als het per se moet, dames, dan zal ik gehoorzamen. Natuurlijk is het niet goed te praten dat die mannen zich zo onverantwoordelijk gedragen. Maar die vrouwen zijn ook niet voor de poes, hoor. In de eerste plaats doen ze alsof het alleen de mannen zijn die ontrouw zijn. Maar met wie gaan die mannen eigenlijk vreemd? Heel vaak met vrouwen die zelf getrouwd zijn. En als ze niet getrouwd zijn, zoals Ashana, weten ze verdomd goed dat ze met de man van een andere vrouw in bed liggen. Zijn alleen de mannen in dit land verantwoordelijk voor hun daden?'

'Ja, maar...' begon Lucia.

'Nee, laat me even uitpraten! In de tweede plaats zijn ze verschrikkelijk bezitterig. Vanaf het moment dat ze denken dat ze je gevangen hebben, dat je hun bezit bent, zitten ze je voortdurend op de huid met hun achterdocht. Om gek van te worden! En ten derde maken zij de dienst uit in huis. Je zal en je moet leven volgens hun regels. Mannen hebben een beetje vrijheid nodig. Het zijn jagers en avonturiers.'

'Wat een flauwekul! Geloof je dat echt?'

'Ja, dat geloof ik echt.'

'En de kinderen dan? Kinderen hebben de liefde van beide ouders nodig om te kunnen opgroeien. Ze hebben hun vader nodig.'

Pedro had zich gedurende het hele gesprek goed proberen te houden, maar nu werd hij woedend. Wilde Lucia beweren dat hij niet van Emma en Eli hield? Dat het gemakkelijk was geweest om ze achter te laten bij Mathilde? Dat hij van plan was om ze in de steek te laten?

'De vrouwen die ík ken hebben het altijd over hún kinderen! Ze eigenen zich de kinderen toe en sluiten een verbond met hen. Ze hebben de vader helemaal niet nodig; ze zijn hem liever kwijt dan rijk. Ik heb goed voor Mathilde en de kinderen gezorgd, totdat ze mij de deur uit zette, omdat ik niet voortdurend naar haar pijpen wilde dansen. Laat niemand beweren dat ik niet van mijn kinderen hou. Ze zijn mij afgenomen en worden momenteel gebruikt om mij te straffen.'

Lucia zweeg en realiseerde zich dat Pedro alles wat Johanna en zij hadden gezegd over de flierefluiters van dit land op zichzelf had betrokken.

'Verlangen naar liefde! Ik hoef voorlopig geen liefde meer,' zei Pedro hartstochtelijk.

'Meneer Pedro, een slechte afloop is geen reden om de liefde op te geven. De liefde is van God gegeven. Wij mensen verfrommelen haar omdat wij klein en dom zijn.'

'Je hebt gelijk, Johanna. We zijn klein en dom. Mannen én vrouwen!' Na een korte stilte liet hij er kribbig op volgen: 'En zeg tegen mij ook maar gewoon Pedro. "Meneer Pedro" klinkt mij, dankzij onze Lucia, ineens heel verkeerd in de oren.'

Johanna reageerde niet op zijn gebaar; het was niet van harte gemaakt, vond ze. Bovendien had mijnheer Pedro makkelijk praten. Wat hij had gezegd gold voor de vrouwen uit zijn eigen kringen. Mevrouw Mathilde had hem het huis uit kunnen gooien omdat ze een goede baan had en voor zichzelf kon zorgen.

Zijn vader had ook zo gepraat. Hij had Johanna medeplichtig gemaakt. Trots had hij gezegd: 'Je kunt mij niet weerstaan, hè, Johanna? Maar je weet dat ik getrouwd ben en dat je niets van mij moet verwachten.' Moedwillig had hij zijn ogen gesloten voor het feit dat ze de ritjes met hem niet onprettig had gevonden, maar dat het geld dat hij haar had toegestopt voor haar het belangrijkste was geweest.

Ook haar Ashana zat in armoede gevangen. Een nieuwe man bracht hoop op een beter leven. Dat die mannen deden alsof ze dat niet wisten en schaamteloos misbruik van haar maakten, was onvergeeflijk.

'Heb jij eigenlijk een man, Lucia?' vroeg Pedro na een korte stilte.

Lucia dacht aan Jason en overwoog om te doen alsof hij haar minnaar was. Ze had de behoefte om zich tegen Pedro te beschermen. Maar het was vernederend om te liegen over iets belangrijks als haar liefdesleven, of de afwezigheid daarvan, vond ze. Kleintjes zei ze: 'Nee, ik heb in geen jaren een man gehad.'

Ze ving zijn verbaasde blik in het achteruitkijkspiegeltje.

'Omdat je niet bedrogen wilt worden? Is dat niet wat ze noemen "het kind met het badwater weggooien"?'

'Omdat ik het mij niet kan permitteren om in de war gebracht te worden.'

Hij keek haar nogmaals aan, niet-begrijpend, aarzelde en besloot toen het erbij te laten.

Er viel een lange, ongemakkelijke stilte.

Lucia keek naar de verdronken wereld buiten. Het deed haar opnieuw pijn om op een en hetzelfde moment vertrouwdheid te voelen met de mensen en de dingen hier en er een verlammende afstand toe te ervaren. Pedro nemen zoals hij was, met hem te lachen, te bekvechten en zich door hem te laten inpalmen, zou haar makkelijk vallen en tegelijkertijd onmogelijk zijn.

Ze dacht aan het meisje met de strikken. Sinds haar gesprek met Miquel gisteren, had zij zich niet meer laten zien. De angst bekroop Lucia dat het wicht met een treurig gezichtje naast haar op de achterbank zat. Ze verbood zichzelf om opzij te kijken.

Johanna verbrak de stilte. 'Lieve kind, ik ben blij dat je ons bent komen opzoeken.'

Pedro was intussen tot de conclusie gekomen dat Lucia bang moest zijn voor mannen. Hij haastte zich te zeggen: 'Nu kan ik voor mijn goed fatsoen natuurlijk niet achterblijven. Ik ben ook blij dat je er bent, spinnenkopje.' Het klonk zo teder dat zij er alle drie om moesten lachen.

Hierna was de stilte makkelijker te dragen.

Pedro zette Johanna af voor een klein houten huis in een achterbuurt. Het stond, net als het huis van Ferdinand, op vier lage betonnen palen. De regen stroomde nog steeds met bakken uit de hemel en er lagen diepe plassen rond en onder het huis. Iemand had een paar planken neergelegd, waarover Johanna haar woning met redelijk droge voeten bereikte.

Lucia ging snel op de plek naast Pedro zitten. In de deuropening van het huisje zag ze twee jongetjes van ongeveer vier en zes jaar staan, die de dikke gestalte van hun overgrootmoeder van twee kanten omarmden. Zij aaide hen over het hoofd. Achter haar verscheen een lange, slanke vrouw met een meisjesgezicht. Ze droeg een peuter op de arm. Haar versleten katoenen jurk accentueerde de prachtige vormen van haar lichaam.

Lucia zwaaide en het gezinnetje in de deuropening zwaaide terug. Ze deed het portier dicht en Pedro trok op, twee keer toeterend en een fontein van water opwerpend.

'Dus jij houdt van opera?' vroeg hij, in een poging om een veilig onderwerp aan te snijden. Lucia ging gretig in op zijn vraag en zei, haar bijdrage aan de verzoening leverend: 'Ja, heel erg. En als je verhalen wilt horen over wat witte mannen hun vrouwen allemaal aandoen, moet je naar opera luisteren!'

Toen Pedro, Lucia en Johanna waren vertrokken, liep Carmen de trap af om het licht dat in de keuken en de woonkamer was blijven branden uit te doen. Ze wilde in bed kruipen. In de woonkamer veranderde ze echter van gedachten. Op een schemerlamp na deed ze alle lampen uit. Ze sleepte een schommelstoel naar een van de ramen die uitkeken over de veranda en zette het open.

De lucht die naar binnen stroomde was koel en rook naar nat hout en planten. Achter de gietijzeren pilaren en het krullerige hekwerk van de veranda onttrok een gordijn van water de rivier aan het gezicht. Ze liet zich in de schommelstoel zakken. De regen kwam met zo'n kracht op de verandavloer neer dat de druppels hoog opspatten en zo nu en dan door het open raam op haar benen, armen en gezicht vielen.

Ze sloot haar ogen. Het beeld van Lucia's ronde billen in een korte broek, driftig opwippend terwijl zij liep, de stof van het broekje bij momenten gevangen in de bilnaad, dook in haar op.

Ze deed haar ogen weer open.

Op de nacht dat Nelson stierf was ze van plan geweest hem in bed op te wachten. Hij was drie weken voor zaken in Amerika geweest en zijn vliegtuig zou rond middernacht landen. Tussen halftwee en twee uur in de ochtend verwachtte ze hem thuis. Verlangend naar zijn omhelzing had ze zich gedoucht, een geurtje opgedaan, haar haar geborsteld en een doorzichtig rood nachthemd aangetrokken.

Om een uur of drie was ze wakker geschrokken van gebons op

de keukendeur en de stem van de wachter, die schreeuwde: 'Mevrouw Walker! Mevrouw Walker! Doe open!'

Ze had haar peignoir aangeschoten en was naar beneden gerend. Op de smalle overloop boven aan de keukentrap stonden twee politieagenten met geërgerde gezichten en de wachter die eruitzag alsof hij met hen had gevochten om vooraan te mogen staan en degene te zijn die haar wekte. Hij keek haar verwilderd aan.

Een van de agenten trok zijn gezicht in de plooi, nam zijn pet af, maakte een lichte buiging en wilde het woord nemen. De wachter was hem echter weer voor en jammerde: 'Mevrouw Walker, mevrouw Walker, uw man is dood, uw man is dood!' De politieagent, wiens geduld op was, duwde de oude man met een vloek opzij. Hij struikelde en viel met een kreet een paar treden van de trap naar beneden.

Zonder om te kijken pakte de agent Carmen bij de arm, leidde haar de keuken binnen en duwde haar in een stoel bij de keukentafel. Alsof het incident met de wachter nooit had plaatsgevonden, zei hij met een gloedvolle stem: 'Mevrouw Walker, gaat u even rustig zitten. Tot onze spijt moeten wij u een treurig bericht brengen. Uw man is vannacht omgekomen bij een verkeersongeval.'

Zij was aan de keukentafel blijven zitten terwijl de agent haar om het telefoonnummer van haar ouders had gevraagd, in de woonkamer was gaan bellen en zijn collega zwijgend naast haar was blijven staan. De wachter had buiten op de keukentrap zitten weeklagen.

Een herinnering had koppig door haar hoofd gespookt. Nelson en zij kenden elkaar een maand of twee toen zij op een zondagnamiddag op het balkon van haar moeder naar de zonsondergang hadden zitten kijken, terwijl uit de openstaande ramen van de kerk, schuin tegenover het huis van haar ouders, de galmende stem van een dominee opklonk. Ineens had Nelson gezegd: *'You are so quiet, so sweet, so aware of the soft background music of things. Being with you is like walking in a silent green val-*

ley, full of birds and butterflies. There is such peace in it. I love you, Cita, I love you so much!'

Met het beeld dat hij had opgeroepen van een schaduwrijke, groene wijkplaats vol klein leven, had hij haar een symbool gegeven voor wie zij was. In de jaren van hun huwelijk had zij het trots gecultiveerd. Ze had neergehurkt aan de oevers van een meer als ze met Nelson in de kerk zat, ze had rozen gesnoeid als ze samen naar zijn opera's luisterden, en ze had haar mond vol rijpe manja gepropt als hij haar in zijn armen nam.

Terwijl ze met de zwijgende agenten aan de keukentafel was blijven zitten totdat haar moeder snikkend binnenkwam, had ze de groene vallei in haar innerlijk tot een woestenij zien vervallen. Ze had het niet kunnen tegenhouden. De dorre vlakte had haar langzaam maar zeker ingesloten, totdat hij haar enige werkelijkheid was geworden.

Ze had een holletje uitgegraven in het zand en zich daarin opgerold. Stil was ze blijven liggen, in de hoop dat ze zou verstenen als de spiraalvormige fossielen van schelpdieren die zij als kind in het Surinaams Museum had gezien. Ze had oppervlakkig in- en uitgeademd en gewacht tot de gevoelloosheid zich zo zou hebben verdiept dat ze één was geworden met de aarde. Net als Nelson.

Maar na een aantal weken was de verdoving geleidelijk aan opgelost en had ruimte gemaakt voor pijn. Pijn die haar onrustig had gemaakt, haar had gedwongen op te staan uit haar nest in het zand, om zich heen te kijken en onder ogen te zien hoe groot de verlatenheid was waarin zij terecht was gekomen.

Ze was gaan zwerven. Als bijbelse plagen hadden de herinneringen haar belaagd. Ze had haar voeten opengehaald aan scherpe stenen, haar vel was gaan branden onder een tierende zon, ze was gestoken door schorpioenen, gegeseld door de koude van de nachten en bespot door visioenen. Nelson, Nelson, Nelson.

In die periode had ze vreemde dingen gedaan. Op een nacht was ze, gekleed in haar negligé en op blote voeten, naar het huis van Pedro en Mathilde gelopen. Toen ze was aangekomen, had zij hen niet gewekt, maar was op de stoep blijven zitten totdat Pedro de volgende ochtend de deur had opengedaan om de krant uit de brievenbus te halen en haar had aangetroffen.

Op een andere nacht had ze Nelsons colbertjes een voor een om de schouders van de beelden in de voortuin gelegd, want ze waren zo koud. Johanna had ze er de volgende dag, nat van de dauw, weer af gehaald.

Ze had geprobeerd door de kniediepe blubber aan de oever van de rivier het water in te lopen. Een buurman had haar gezien en teruggehaald.

Pedro had ingegrepen. Hij had haar pillen voorgeschreven en geregeld dat Johanna ook de nachten in het huis aan de rivier doorbracht. Dagen, weken, maanden van stilte waren gevolgd. De lucht was koel en zuiver geworden boven de woestijn in haar binnenwereld. Ze had ver kunnen uitkijken over de lege vlakten waarin zij zich bevond. Nelson is dood. Nelson is dood. Nelson is dood.

Anderhalf jaar later had Pedro gevonden dat het tijd werd om te stoppen met de pillen. 'Je moet iets gaan doen, Carmen, een nieuw leven beginnen,' had hij gezegd.

Ze was ermee gestopt. Omdat er niets was dat zij hoefde of wilde doen, had ze zich in de verlatenheid genesteld. Ze had genoeg gehad aan de herinneringen aan Nelson en tante Helen en de boerderij, de dagelijkse vriendelijkheden van Johanna, de orchideeën, het uitzicht over de rivier en de genadevolle slaap.

Vier jaar lang...

En nu... Miquel was terug en zij wilde bij hem zijn. Prem bood haar zijn vurige jongensliefde en zij wilde er vrijelijk van eten. Lucia was haar leven binnengewandeld en vroeg onbeschaamd om aandacht.

Het kwam haar voor dat zij te lang had rondgezworven over de vlakten en dat zij was verdwaald. Het werd tijd om terug te keren naar huis.

Maar om de weg naar huis te kunnen vinden moest ze Nelson loslaten. Ze moest hem achterlaten in de verdorde wereld waar hij thuishoorde en waar hij, op het moment dat zij ophield hem tussen haar handen te houden, tot stof uiteen zou vallen.

Carmen hoorde haar huis kraken en fluisteren. Bij grote temperatuurswisselingen werkte het hout. De hele nacht zou het geluiden voortbrengen alsof het een eigen leven leidde. De regen kwam met een zacht geruis naar beneden. Het zou niet lang meer duren of hij zou stoppen. Dan zou het kikkerkoor beginnen, en ook dat zou de hele nacht aanhouden.

Pedro nam Lucia mee naar een restaurant aan de Waterkant. Zij aten grote garnalen die, gepeld, in de lengte opengesneden en in een lichte olie toebereid, als een feest van roze schulpen op een bedje van bitterblad lagen, en dronken er een zoetige witte wijn bij.

Hij vertelde haar over zijn werk. Vier dagen in de week was hij als internist verbonden aan het Sint Vincentius, een katholiek ziekenhuis dat dankzij subsidies van de Kerk weinig te lijden had van de slechte economische situatie in het land, goed geaccomodeerd was en kon beschikken over voldoende apparatuur en medicijnen. Dit in tegenstelling tot de door de overheid gesubsidieerde ziekenhuizen, waar schrijnende misstanden heersten.

Kortgeleden was in een van deze ziekenhuizen een man die een zware hartaanval had gehad zover hersteld dat hij van de intensive care kon worden overgebracht naar de zaal. Men had de patiënt op een brancard een lift in gereden die sinds enige maanden kuren vertoonde. Zo nu en dan stortte hij over een afstand van een paar meter naar beneden, om daarna rustig verder te glijden. Het defect was bij de autoriteiten gemeld, maar er was niets aan gedaan. Toen de lift ook nu weer een sprong in de diepte maakte, had de man op de brancard van de schrik opnieuw een hartaanval gekregen en was, ondanks een gehaaste terugkeer op de intensive care, dood gebleven.

Op de vijfde dag werkte Pedro vrijwillig in een kliniek waar gratis medische zorg werd verstrekt aan de allerarmsten. 'Een initiatief van Roosje,' moest hij met tegenzin toegeven.

Lucia begon over *Aurora Borealis* en over hoe moeilijk het was geweest om de vrouw van de astronoom te spelen, aangezien het personage het grootste gedeelte van het stuk zwijgt.

'Wat voor rollen heb je nog meer gespeeld?' wilde Pedro weten.

Trots somde ze het rijtje op: 'Verschillende hoertjes en jeugdige criminelen, de bruine beer in een kindervoorstelling, en, ondanks mijn huidskleur, al twee grote rollen in klassieke stukken. Hermia en Ifigeneia.'

Dat laatste zei Pedro niets. 'Hoe speel je een beer?' vroeg hij snel, om niet door de mand te vallen, maar hij had er ogenblikkelijk spijt van. Lucia trok haar hoofd tussen haar schouders, begon enthousiast te brommen en citeerde met een stem als een klok, zonder zich iets aan te trekken van het feit dat verschillende gasten verbijsterd opkeken van hun bord, een stukje van haar berentekst:

> *Knolle, bolle berendrollen!*
> *Volle, golle berenzeik!*
> *Wat slaap ik snollig in mijn holle eik!*

Ze schaterde, nam een grote slok van haar wijn en begon sterke verhalen uit de theaterpraktijk op te dissen – over neerstortende decorstukken, acteurs die onontwarbaar in hun tekst verstrikt raakten, en publiek dat zich niet beperkte tot zwijgend consumeren.

Na een dessert van verse ananas met rum en slagroom stelde Pedro voor om naar de Passion Fruit te gaan. Het was er gezellig, er speelde een goede band en ze konden dansen. Lucia, die aangeschoten was en zich sinds ze was aangekomen niet zo vrolijk had gevoeld, stemde in.

De Passion Fruit bevond zich in een lage stenen keet in een straatje bij de Centrale Markt, niet ver van het restaurant waar zij hadden gegeten. De enige ingang werd gevormd door een stalen valdeur, die tijdens openingsuren – van tien uur in de avond tot vijf uur in de ochtend – als een gapende mond openstond, omdat hij tevens de enige toevoer was van frisse lucht. Op de stoep voor de deur zat in de nadruppende regen een lichtblonde Goliath op een barkruk. Met een kille blauwe blik nam hij iedere nieuwe gast van top tot teen op.

'Dat is Jochem, een Duitser. Hij was eerste stuurman op een olietanker en is uit liefde voor een zwarte vrouw van zijn schip gedrost. Nu is hij uitsmijter,' fluisterde Pedro Lucia in het oor.

Bij binnenkomst in de drukke, donkere ruimte werden ze overvallen door de hitte, de sigarettenrook en de vele opgewonden stemmen die lachend en pratend probeerden boven de muziek uit te komen, die een trage, bassige hartenklop had.

De Passion Fruit was doeltreffend eenvoudig ingericht: een houten bar met krukken ervoor en rekken met flessen erachter bedekte de achterwand; de linkerhelft van de ruimte werd in beslag genomen door houten tafeltjes en stoelen, en de rechterhelft door een klein podium voor de band en een dansvloer, beschenen door gekleurde spots.

De enige versiering prijkte boven de hoofden van de muzikanten en bestond uit een knullige muurschildering waarop een naakte bruine man en vrouw tot aan hun middel waren afgebeeld. De man stond achter de vrouw en hield haar enorme borsten in zijn handen. Boven de schildering stond in gele letters: PASSION FRUIT.

Pedro werd luidruchtig begroet door een groepje mensen dat vóór hen was gearriveerd en nog rondhing bij de deur. Hij stelde Lucia voor. De mannen, merendeels ouder dan zij, boorden zonder uitzondering hun lachende ogen in de hare en maakten vleiende opmerkingen over haar kleding. De vrouwen schudden haar met een ontoegankelijke uitdrukking op hun gezicht en een korte blik op haar gemillimeterde haar de hand en deden er het zwijgen toe. Terwijl zich een onsamenhangend gesprek tussen Pedro en de mannen ontspon, dat voornamelijk bestond uit uitroepen gevolgd door geschater, luisterden de vrouwen toe en vermeden ieder oogcontact met Lucia. Na een paar minuten werd er, tot haar opluchting, afscheid genomen.

Pedro en Lucia gingen aan de bar zitten. Zij bestelde de drankjes. Pedro had het eten betaald en ze stond erop hem vrij te houden. Hij liet haar haar gang gaan. Dit was niet het moment om haar erop te wijzen dat in dit land de dames zich rustig lieten trakteren.

De band speelde het ene soulnummer na het andere. Zwijgend keken ze naar de paren op de dansvloer. Tot Lucia's verbazing slaagden mannen en vrouwen erin om, terwijl zij innig met elkaar verstrengeld waren, met hun heupen een patroon van vloeiende draaiingen te beschrijven, soms gelijk op, soms tegen elkaar in.

Ze zag dat Pedro's bekenden, die zich met z'n allen rond een tafeltje hadden geschaard, af en toe steels hun kant op keken en beeldde zich in dat zij over haar spraken als 'die buitenlandse actrice die een verhouding heeft met dokter Del Prado'. Terwijl ze haar rug rechtte, dacht ze uitgelaten: Als jij maar een toneelstuk hebt om in mee te spelen, slet, ben je gelukkig!

Pedro zat haar met een lachje op te nemen. Ze voelde zich betrapt en keek weg. 'Wil je dansen?' vroeg hij.

'Ik geloof niet dat ik de Passion Fruit-dans beheers,' antwoordde ze aarzelend.

'Kom maar, ik leer het je wel, het is niet zo moeilijk.'

Ze begaven zich op de dansvloer. In een rustig hoekje nam hij haar in zijn armen en begon losjes op het ritme van de muziek te bewegen. Zij volgde hem moeiteloos.

Na een tijdje zei hij: 'Let op', en hij bracht voorzichtig, door met de verplaatsing van zijn gewicht te spelen, accenten aan in het patroon dat ze dansten. Toen zij hem ook hierin makkelijk bleek te kunnen volgen, begon hij met zijn bekken te wentelen en gaf haar, door zachtjes met zijn vlakke hand in de holte van haar onderrug te duwen, aan hoe zij haar heupen moest bewegen.

Ze raakte de kluts kwijt. 'Ik kan het niet,' piepte ze.

'Rustig maar,' suste hij. 'Ontspan je. Dan heb je het zo te pakken. Het ging toch goed?'

Lucia probeerde zich niets aan te trekken van het feit dat ze stuntelde en concentreerde zich op de muziek, die vloeibaar en sensueel was als water dat lui over stenen stroomt.

'Ik kan het!' riep ze een tijdje later uit, blij dat ze de dans die zo vanzelfsprekend was voor de vrolijke meute in de Passion Fruit zo snel onder de knie had weten te krijgen.

Pedro keek haar aan en zei plagerig: 'Je kunt het bíjna.'

'Hoezo?' vroeg Lucia.

'Wacht maar; we oefenen nog een tijdje, en dan merk je vanzelf wel wat de volgende stap is.'

Nadat ze een paar nummers hadden gedanst, leunde hij achterover met zijn bovenlichaam en trok haar onderlichaam voorzichtig tegen zijn rechterdij, waardoor ze zijn bewegingen beter kon voelen, maar er minder ruimte overbleef voor de benteling van hun heupen.

Zijn lichaam was nu dicht bij het hare. Ze kon de warmte ervan voelen. Hij rook naar een zoet parfum, en daarachter nam ze zijn lichaamsgeur waar. Bast van bomen. Bomenbast. Boombast, dacht ze. Ik ben een beetje dronken!

Per ongeluk rolde ze met haar buik over zijn penis, een stevige warme bobbel onder zijn kleren. Het bloed steeg haar naar de wangen. Terwijl ze een stukje van hem af schoof, hield ze zich voor dat het hier heel gewoon was dat mannen en vrouwen zo met elkaar dansten; men was niet zo preuts. Het betekende niets, het hoorde er gewoon bij...

Ze deed haar ogen dicht en dacht aan de middag van haar aankomst, toen ze had gezwommen en de behoefte had gevoeld om zichzelf te vergeten en de uren ongemerkt voorbij te laten gaan. Die behoefte had ze nu weer.

Daarna dacht ze aan niets meer en danste de ene dans na de andere met het vuurkind Salamander.

Op haar verzoek zette Pedro Lucia af voor het hek. Toen hij zich naar haar toe boog om afscheid van haar te nemen, had hij de impuls om haar beet te pakken en zijn gezicht tegen haar halfnaakte boezem te duwen. Hij kon haar veerkrachtige borsten al onder zijn lippen voelen terwijl hij ze kuste, stelde zich voor hoe hij de stof van haar jurk opzij schoof en haar tepels streelde, er een in zijn mond nam en erop zoog.

Alleen met een vrouw was hij compleet. Zo was het altijd geweest. Maar sinds Mathilde hem de deur had gewezen en hij Emma en Eli niet dagelijks meer om zich heen had, werd hij van tijd tot tijd overweldigd door het gevoel van onvolkomenheid dat hem in vele zachte armen had gedreven.

Hij beheerste zich. Lucia zou hem met haar parmantige Nederlandse accent terechtwijzen, en vervolgens een stortvloed van verontwaardigde argumenten op hem loslaten. Ze wist alles beter. En wilde hij een verhouding met haar hebben, terwijl Miquel, Carmen en de rest van de familie hem voortdurend op de vingers keken? Nee, dank je wel.

Pedro kuste Lucia netjes op haar wangen, toeterde driemaal om de wachter te waarschuwen en reed weg nadat de oude man het hek had geopend en Lucia veilig aan de andere kant ervan was.

Lucia merkte op hoe fris het was in de donkere tuin. Het gekwaak van kikkers en het gebrom van padden was alomtegenwoordig. Ze wilde voordat ze naar bed ging nog even naar de rivieroever lopen, op het muurtje gaan zitten en over het water uitkijken.

De wachter liep met haar op. Ze kon zien en ruiken dat hij dronken was. Zijn scharminkel van een hond volgde hen op de voet.

'Vindt mevrouw Mac Nack het leuk bij ons?' begon hij plechtig.

'Ja, heel leuk, dank u,' antwoordde Lucia obligaat.

'Ik leef in de nacht, mevrouw Mac Nack. Ik praat met mijn hond en met de geesten. Er zijn veel geesten in deze tuin. Ik hoop niet dat mevrouw bang is.'

'Ik geloof niet in geesten.'

'Mevrouw gelooft niet in geesten? Geef uw mond een klap! Weet u niet dat u ze kunt beledigen? Dan gaan ze achter u aan lopen om u te straffen.'

'Nu we het er toch over hebben: er loopt sinds ik aangekomen ben een kleine geest achter mij aan,' lachte Lucia. 'En het lijkt er inderdaad op dat ze dat doet om mij te straffen.'

'Ooo... Ziet u wel dat ze bestaan! Om u te straffen? Mevrouw Mac Nack, met kleine geesten moet u uitkijken, hoor. Vooral als het jongens zijn. Het zijn bedriegers, en ze weten niet van ophouden. U moet ze respecteren, want ze hebben krachten, maar u moet niet altijd geloven wat ze zeggen.'

De woorden van de wachter deden Lucia denken aan wat Miquel had gezegd. Het leek haar echter niet verstandig om met deze dronken oude man over het meisje te praten, en ze deed er het zwijgen toe.

Met veel omhaal van woorden begon de wachter vervolgens over *Ma Tobosi* te vertellen, die op nachten dat het geregend had en er dampen boven de rivier hingen, uit het water oprees om haar haar te kammen. Hij wist zeker dat ze vannacht zou komen. Als mevrouw Mac Nack wilde, kon hij haar de geest aanwijzen en tevens een slokje rum aanbieden. Dat laatste mocht ze alleen niet aan mevrouw Walker verklappen.

Lucia bedankte hem en snelde de trap op naar de veranda.

In de woonkamer was een schemerlamp blijven branden. Ze wilde hem uitdoen toen ze Carmen in een schommelstoel bij een open raam zag zitten. Ze sliep. Lucia liep naar haar toe om haar te wekken.

Toen zij zich over haar heen boog, viel haar de uitdrukking op Carmens gezicht op. Ze had haar wenkbrauwen tot een frons verkreukeld en haar lippen getuit, alsof ze, diep in slaap, door kwellende gedachten werd bezocht. Lucia voelde zich schuldig. Dat het Carmen te veel was dat zij bij haar in huis was komen wonen had ze op de eerste dag al gemerkt, maar ze had ervoor gekozen om het te negeren. Carmen zou wel aan haar wennen. Want waar moest ze anders logeren?

Toen ze voorzichtig haar arm schudde, schrok Carmen wakker.

'Ik ben het,' zei Lucia sussend. 'Je bent in slaap gevallen in de woonkamer. Bij het open raam. Heb je het niet koud?'

Onhandig hees haar schuchtere gastvrouw zich uit de schommelstoel.

Toen ze stond, zei Lucia impulsief: 'Carmen, als het je te veel is dat ik hier ben, moet je het zeggen. Dan ga ik weg. Ik neem het je niet kwalijk. Ik weet dat het leven voor jou niet makkelijk is. Je mist Nelson, je weet je geen raad met je tijd. Ik respecteer dat. Wees dus niet bang om mij weg te sturen.'

Carmen leek opnieuw te schrikken. 'Nee, Lucia, nee! Ga alsjeblieft niet weg. Blijf! Let niet te veel op mij. Geef mij de tijd. Ik heb tijd nodig,' brabbelde ze met een dikke stem.

Verwonderd antwoordde Lucia: 'Maar ik wil hier gráág blijven. Wees maar niet bang. Ik dacht alleen dat jij... Maar als jij het goedvindt, blijf ik. Graag zelfs!'

HOOFDSTUK 8

Met een van ergernis vertrokken mond zat Sophia, smaakvol gekleed en gekapt, met haar ene been over het andere geslagen en haar handen gevouwen in haar schoot, op een stoel in de galerij langs de stoffige binnenplaats van de kerk. Ze luisterde naar het extatische gezang van de dameskrans Leliën des Velds.

Links van haar stond een tafel met een smetteloos wit tafelkleed waarop een koelbox met flesjes priklimonade, plastic bekertjes, bordjes en vorkjes, een waaier van papieren servetjes en, onder geblokte theedoeken verborgen, drie zelfgebakken taarten.

Zo nu en dan verloren de Leliën hun greep op de melodie en zongen huiveringwekkend vals. Als de God die zij vereerden haar genadig was, dacht Sophia, terwijl zij met een driftig gebaar op haar horloge keek, zou de samenzang op de afgesproken tijd, over een paar minuten, afgelopen zijn. Dan zouden de dertig dames en één heer die deel uitmaakten van de krans als papegaaien uit een mand door de deuren van de kerk naar buiten komen fladderen en zich kwetterend op de tafel naast haar storten.

Het was iedere keer weer een lachwekkend gezicht hen gekleed te zien gaan in hetzelfde fleurig gebloemde katoentje. De dames, van wie er enkelen zeer gevuld waren, in meisjesachtige jurken, en de heer in een broek en een overhemd die de indruk wekten dat hij in zijn pyjama naar de bijeenkomst was gekomen.

Meer dan twintig jaar geleden had de man, die de bespottelijke naam Jozef-Maria Victoria droeg, op schrift een smeekbede tot de dames gericht om deel te mogen uitmaken van hun krans. Zij hadden hem een brief teruggeschreven met de mededeling dat de krans Leliën des Velds vanaf de oprichting in 1904 alleen voor vrouwen toegankelijk was geweest. Nadat de stakker maandenlang iedere zaterdagochtend, wanneer de vaste bijeenkomsten plaatsvonden, als een treurige hond op de stoep had gezeten, hadden ze hem met grote tegenzin toegelaten. Iets anders zou niet menslievend zijn geweest, en de dames gingen er prat op nu juist dát te zijn.

Na al die jaren was Jozef-Maria niet meer weg te denken uit hun midden. Vol overtuiging deed hij mee aan hun samenzangen, bijbellezingen, werken van liefdadigheid, ontboezemingen, geroddel en gegiechel.

Helen was twintig jaar lid geweest van de Leliën des Velds. Na verloop van tijd was Ferdinand als vanzelfsprekend hand- en spandiensten gaan verrichten. Hij bestuurde de bus op dagtochtjes, bouwde het podium en sjouwde met stoelen als de dames uit eigen werk gedichten voordroegen, en zette kramen in elkaar en waakte over de kas als zij een bazaar organiseerden. Ook zorgde hij dat eenzame Leliën, die niet geïnteresseerd waren in de liefde van een zuster uit de krans, zo nu en dan een stevige beurt kregen.

Toen een van de dames had geopperd dat ook hij zich in het uniform van de krans zou steken, had hij verontwaardigd geweigerd. Hij wilde niet geassocieerd worden met 'de kerststal', zoals hij Jozef-Maria noemde, die niet kon autorijden, nooit sjouwde en in wiens hoofd het niet opkwam om een van de dames te pakken. Na de dood van Helen was hij zijn werkzaamheden trouw blijven doen.

Binnenkort werd Ferdinand vijfenzeventig. Om die reden had de voorzitster van de krans Sophia opgebeld en haar uitgenodigd voor een bespreking, die die ochtend zou plaatsvinden.

Ze klemde haar tanden op elkaar. In het kerkgebouw werd een nieuwe psalm ingezet.

Het zonlicht schitterde op het lichtgele zand van de binnenplaats. De lucht erboven leek te beven. Vanmorgen vroeg had ze, in haar haast om de boodschappen op te bergen, haar zonnebril op de ijskast neergegooid in plaats van hem in haar handtas te stoppen. Daar lag hij nog steeds. De hoofdpijn, die haar een groot deel van haar volwassen leven had geplaagd, begon zich onder haar schedeldak te roeren.

Hoe had Helen het gescharrel van Ferdinand kunnen verdragen? Ze kon toch niet zó onnozel zijn geweest dat ze het niet in de gaten had gehad? Zij had het van Hector altijd geweten, en God beware haar, ze had met hem gevochten!

Ze was achtentwintig jaar en woonde nog steeds met haar ouders en Ferdinand en Helen op de kleine boerderij in de bushbush, toen haar moeder haar op een dag meedeelde dat de mensen uit de buurt over haar spraken. 'Ze is nog niet getrouwd omdat ze hoogmoedig is. Wie denkt ze wel dat ze is om voor iedere man haar neus op te halen?' zouden zij hebben gezegd. Sprakeloos had zij het verhaal aangehoord. Er waren in de verste verte geen buurtbewoners te bekennen op de afgelegen plek waar zij woonden. In Maatdorp werd in die dagen alleen hout gekapt, en haar moeder liep met een grote boog om het houthakkersvolk heen.

Hector had haar gered. Kort na het bizarre gesprek met haar moeder had ze hem in de stad ontmoet, tijdens de parade voor de vijfennegentigste verjaardag van de afschaffing van de slavernij.

'Als ik denk aan de gruwelijkheden van de slavernij wil ik iedere zwarte vrouw die ik tegenkom in mijn armen nemen en troosten,' had hij haar in het oor gefluisterd, terwijl de verschillende bevolkingsgroepen in klederdracht, begeleid door hun eigen muzikanten, voorbijtrokken. Ze had zich met een ruk omgedraaid om die brutale vlegel ervan langs te geven, maar toen zij zag dat hij bijna blank was, jong en knap en gekleed in een keurig pak, had zij zichzelf voorgehouden dat ze niet moest overdrijven. Ze waren aan de praat geraakt, en aan het eind van een avond vol plezier had ze hem toegestaan haar te troosten.

In de eerste jaren van hun huwelijk had zij het gevoel gehad met haar neus in de gele boter te zijn gevallen. Zij, het zwarte meisje van de sjofele boerderij van Nelom, was getrouwd met een dokter uit een goede familie en woonde in een mooi huis annex dokterspraktijk in het hartje van de stad! Met een ijzeren discipline had ze zichzelf ter hand genomen en zich door etiquettelessen, naailessen, kooklessen, damesbladen, boeken over opvoeden, huishouden en tuinieren, kersvers overgewaaid uit Nederland en de Verenigde Staten, heen geworsteld. En natuurlijk ook de kranten en weekbladen die haar echtgenoot las. Na korte tijd was haar afkomst niet meer van haar af te lezen geweest.

Zij waren zes maanden getrouwd toen zij Hector voor de eerste keer had betrapt, met zijn assistente in de spreekkamer van zijn praktijk. De geile meid lag met ontbloot onderlichaam op de behandeltafel, haar benen in de beugels voor het gynaecologisch onderzoek, en Hector stond met zijn doktersjas open en zijn broek op zijn enkels op haar in te beuken. Haar borsten drilden, temidden van haar opzij geduwde en omhooggeschoven kleren, als gelatinepuddingen op het ritme van zijn gestoot. Krijsend van woede was zij hem aangevlogen. Hij had de praktijk een paar dagen moeten sluiten vanwege een blauw oog en verscheidene diepe krabben in zijn gezicht. De assistente was niet meer komen opdagen uit angst voor haar furie.

Ze had volgehouden. Iedere keer dat zij lucht kreeg van een van zijn avontuurtjes, had ze een rel geschopt. Op den duur misschien met minder overtuiging, murw door de wetenschap dat, wat ze ook deed, hij er niet mee zou stoppen.

Op een dag had ze uitgeroepen dat ook zij een minnaar zou nemen – mannen genoeg die haar begeerden. Met een ijskoude ondertoon in zijn stem had Hector verklaard dat er bij zijn weten geen mannen waren die haar begeerden, maar dat hij onmiddellijk van haar zou scheiden als hij erachter zou komen dat ze een minnaar had. Mannen hadden het recht er meerdere vrouwen op na te houden; het lag in hun natuur. Als vrouwen ermee begonnen, kon een man niet zeker meer zijn of zijn kinderen wel van hem waren, en dat kon niet getolereerd worden.

Er was iets in haar gebroken. Ze hield op met van hem te houden. Waarom zou een vrouw een man liefhebben die niet van haar hield? Ze was niet gek!

De achteloze manier waarop hij haar duidelijk had gemaakt dat zij het niet waard was om zijn lusten voor aan banden te leggen, had een leegte in haar achtergelaten waarmee zij weigerde te leven. Ze had zich op de opvoeding van haar kinderen gestort.

Niet dat ze een zoetsappige moeder was geweest. Nee, zij was niet als Helen. Zij had ingezien dat haar kinderen ruwe brokken klei waren. Vooral Pedro. Ze had ze in haar sterke handen genomen en gekneed, geboetseerd, en als het moest geslagen, opdat het fatsoenlijke mensen zouden worden.

En het was haar gelukt. Miquel was een beroemd kunstenaar geworden in een land dat qua beschaving ver boven dit land uitstak. Pedro was arts geworden, had een goede baan, een witte vrouw en twee kinderen die allebei licht van huid en glad van haar waren. En hoewel zij alles had gedaan om aan Sophia's aandacht te ontsnappen, en nooit iets had gepresteerd waardoor zij een man als Nelson zou verdienen, was ook Carmen goed terechtgekomen.

Een diepe zucht ontsnapte Sophia. Toen de deuren van de kerk eindelijk openvlogen en de eerste dames, nog brandend van religieus vuur, naar buiten kwamen, had haar hoofdpijn zich volledig opengevouwen.

Bertha Gummels, voorzitster van de krans, had voorgesteld om de bespreking in de kerk te houden, nadat Sophia en zij temidden van de andere dames van de versnaperingen hadden genoten. Sophia had daar geen bezwaar tegen gehad. Na het felle licht op de binnenplaats was het genadevol duister in het godshuis.

Mevrouw Gummels en zij zaten naast elkaar op een kerkbank, en Jozef-Maria, die in zijn functie van penningmeester bij het gesprek aanwezig was, zat omgekeerd op de bank voor hen met een blocnote in zijn hand en een potlood achter zijn oor.

Buiten hielden de Leliën zich bezig met het omzomen van dekentjes voor de zuigelingen uit Huize Samuels. Af en toe drong een meisjesachtige lach door tot in de kerk.

'Mijn dagen gaan voorbij, verijdeld zijn mijn plannen, de wensen van mijn hart,' prevelde Bertha Gummels droevig, abrupt een einde makend aan de blijmoedigheid die zij tot op dat moment tentoon had gespreid.

Sophia vroeg zich af waar mevrouw Gummels het over had. De hoofdpijn maakte haar wazig. Bovendien werd zij afgeleid door het feit dat zij via de diep uitgesneden okselmouwen van de voorzitster een blik kon werpen op haar weerzinwekkende ondergoed. Grote borsten waren in een goedkope beha gefrommeld, babyblauw van kleur. Diepbruin vlees, dat in de zweterige okselplooien zwart was, gulpte aan alle kanten over de stijfstaande stof van de brassière. De cups staken onnatuurlijk spits naar voren, als twee bergpieken, en leken bovenin leeg, zodat er kraters zouden ontstaan als de vrouw ergens tegenaan zou lopen.

Mevrouw Gummels boog zich naar Sophia over, vlijde een dikke hand op haar dijbeen en vervolgde met een dringende stem: 'Job werd zwaar beproefd door de Heer, mevrouw Del Prado. Niet alleen zijn aardse bezittingen en zijn gezondheid werden hem afgenomen, hij raakte ook zijn kinderen kwijt.'

De adem stokte Sophia in de keel. De kwezels van deze wereld! De duivel hale hen! Wilde dat mens suggereren dat zij haar kinderen was kwijtgeraakt? Hoe durfde ze! Wat wist ze trouwens van haar en haar gezin? Had Ferdinand soms met haar gebabbeld over zijn zuster en haar problemen terwijl zij lagen bij te komen van een potje bejaardenseks?

Met ingehouden woede zei zij: 'Mevrouw Gummels, mijnheer Victoria, laat één ding duidelijk zijn: als u mij voor deze bespreking hebt uitgenodigd om met mij over mijn kinderen te spreken, dan stap ik nú op! Wat er in mijn gezin gebeurt, is uw zaak niet!'

'Mevrouw Del Prado, het is niet onze bedoeling om ons met uw zaken te bemoeien. Werkelijk niet,' verzekerde de voorzitster haar. 'Sta ons enkel toe u te adviseren het boek Job te lezen. In Job 5 vers 17 wordt gezegd: "Zie, welzalig de mens, die God kastijdt; versmaad daarom de tucht des Almachtigen niet. Want Hij verwondt en Hij verbindt, Hij slaat en zijn handen helen." U zou in deze moeilijke dagen troost kunnen putten uit de bijbel, mevrouw Del Prado.'

Jozef-Maria had zijn rug gerecht bij de uitval van Sophia en met een vinnig gebaar het potlood achter zijn oor vandaan getrokken. Zonder acht te slaan op mevrouw Gummels prikte hij ermee in de lucht voor Sophia's gezicht en siste: 'Wat dénkt u wel, mevrouw! Wij hebben wel wat anders te doen dan ons met uw zaken te bemoeien. Er zijn zovelen die van onze hulp gebruik willen maken. Graag of niet, hoor!'

Mevrouw Gummels stak haar hand op. 'Niet zo wrevelmoedig, Jozef-Maria,' zei zij streng.

Even leek het alsof zij wilde doorgaan op het boek Job, maar het getergde gezicht van Sophia deed haar ter zake komen.

'Zoals ik u al door de telefoon heb meegedeeld,' vervolgde zij, 'willen wij met u spreken over de vijfenzeventigste verjaardag van uw broer Ferdinand, volgende maand. Wij willen aanbieden een feest voor hem te organiseren. Uit dank voor het feit dat hij zich veertig jaar lang onvermoeibaar voor de krans Leliën des Velds heeft ingezet. Tevens dachten wij u en uw gezin een dienst te bewijzen door de organisatie van deze feestelijke dag uit uw handen te nemen.'

Sophia zuchtte. Ferdinands verjaardag was een terugkerend punt van discussie geweest binnen de familie. Ferdinand en Miquel stonden erop die te vieren; zijzelf vond het ongepast om een feest te geven terwijl Miquel zo ziek was. Aangezien de zieke, tegendraads als hij was, dat zelf geen argument had gevonden, had zij zich erbij neer moeten leggen dat de verjaardag gevierd zou worden. Het was een pak van haar hart dat de Leliën des Velds het feest wilden organiseren.

'Ik ben u zeer erkentelijk voor uw hulp,' mompelde zij met een strak gezicht. 'U hebt gelijk: het zou een zware belasting voor mij zijn geweest om in de huidige situatie een feest te moeten organiseren.'

'God zij geloofd!' riep Jozef-Maria uit.

'Mooi!' Mevrouw Gummels probeerde met stemverheffing haar penningmeester te overstemmen. 'Wij zijn zo brutaal geweest met z'n allen alvast een plan te maken, dat wij u willen voorleggen en waarover wij graag uw mening willen horen.'

Sophia knikte en de voorzitster stak van wal.

Met familie, vrienden en de dames van de krans met hun aanhang meegerekend, waren de Leliën op ongeveer honderdvijftig gasten uitgekomen. Om de krans twee dagen de gelegenheid te geven om het huis en het erf een grote schoonmaakbeurt te geven en op te tuigen voor het feest, moesten Ferdinand en Miquel vanaf de ochtend van de dag voor het feest bij dokter Del Prado en zijn vrouw logeren.

Op de grote dag zouden de gasten zich om vier uur verzamelen, zodat zij Ferdinand, die om halfvijf zou arriveren, met een traditioneel verjaardagslied konden verwelkomen. De dominee zou de avondzegen uitspreken, waarna de Leliën psalmen zouden zingen en uit eigen werk gedichten zouden voordragen. Er zou ook een gedicht van wijlen Helen ten gehore worden gebracht. En misschien wilde nog iemand van de familie het woord voeren?

Om zes uur was het tijd voor eten en drinken. Daarna kon er tot diep in de nacht gedanst worden. De Leliën waren van plan zelf te koken. En zij stelden voor om de band Awasa in te huren.

Een speciale verrassing was dat zij feestjurken zouden laten maken. De stof en het model waren al uitgezocht.

Als Ferdinand en Miquel ook die nacht bij de dokter en zijn vrouw konden overnachten, kon de krans de volgende dag schoonmaken en opruimen.

Het enige dat mevrouw Del Prado hoefde te doen was met

Ferdinand de gastenlijst opstellen en die aan de Leliën overhandigen, die ook voor de uitnodigingen en het verzenden daarvan zouden zorgen.

En dan nog iets... Mevrouw Gummels dacht dat mevrouw Del Prado wel zou begrijpen dat de krans niet voldoende geld in kas had om dit alles te betalen. Het verzoek was of zij met haar familie het benodigde bedrag bijeen zou kunnen brengen.

Tijdens het verhaal van mevrouw Gummels werd Sophia onwel. Slechts flarden drongen tot haar door. Om de priemende ogen van de man in het bloemetjespak op de bank voor haar te ontwijken, liet zij haar hoofd in haar hand rusten en sloot de ogen.

Haar hart leek te zijn gevangen in haar nauwe schedel; het bonkte in paniek tegen de gelige muren van bot, totdat deze traag schenen te wijken en zij een duizelingwekkende, misselijkmakende vrijheid ervoer.

Jaren geleden was zij haar man kwijtgeraakt. Ze had de moed gehad om dat onder ogen te zien.

Wat zij niet onder ogen had durven zien, was dat zij in de loop van de tijd ook haar kinderen had verloren. Carmen als eerste. Sinds de dood van Nelson had zij Sophia niet meer dan haar lege huls getoond. Alsof zij haar moeder de schuld gaf van haar verlies. Toen Miquel ziek naar huis was teruggekeerd, had hij de eenzaamheid en het ongemak van het leven bij een bejaarde hosselaar in de bush-bush verkozen boven wat zij hem te bieden had. En sinds Pedro en Mathilde uit elkaar waren, meed Pedro haar en reageerde ook hij afwijzend op haar pogingen om hem te steunen.

En nu... Haar jongste zoon ging dood. Het was onontkoombaar dat zij ook dat onder ogen zag.

Als van een grote afstand zag zij de muren en torens van de vesting die zij in de loop van haar leven voor zichzelf en haar kinderen had opgebouwd, alleen, met blote handen en al haar wilskracht, ineenstorten en verkruimelen. Ze greep niet in.

'En, wat vindt u van ons plannetje, mevrouw Del Prado?' vroeg de vrouw naast haar.

Sophia opende haar ogen. Met alle waardigheid die zij kon opbrengen antwoordde ze: 'Ik laat de organisatie van het feest aan u en de krans over, mevrouw Gummels. Het geld komt wel in orde. Ik kan altijd bij mijn dochter terecht, en ook mijn twee zoons zijn niet onbemiddeld.'

Jozef-Maria stak zijn blocnote in de lucht. 'Goed. Ik heb de begroting gemaakt, mevrouw Del Prado. Zullen wij die meteen even doornemen?' stelde hij voor.

'Nee, mijnheer Victoria,' zei Sophia snibbig. 'Neemt u voor het financiële gedeelte maar contact op met mijn zoon Pedro.'

Zij wendde zich tot de voorzitster. 'Ik zorg ervoor dat u de gastenlijst volgende week hebt. Ik ga ervan uit dat u de mensen mede namens de familie zult uitnodigen. Als wij alles betalen...'

'Zeker, zeker... Het gaat ons er niet om met de eer te gaan strijken!' haastte mevrouw Gummels zich te zeggen.

Sophia stond op. 'Als u het niet erg vindt, ga ik nu naar huis. Ik voel mij niet goed. Ik stel voor dat wij elkaar telefonisch op de hoogte houden, mevrouw Gummels. Ik bedank u en de dames van de krans. Goedemiddag.'

Terwijl Sophia naar de deuren van de kerk liep, het brandende licht tegemoet, kon zij met moeite haar hoofd overeind houden. 'God handelt niet onrechtvaardig, mevrouw Del Prado!' riep Jozef-Maria haar na.

Zonder dat Hector het merkte, verstopte Emma zich onder een grote hangalampoestruik. Het gerucht dat zij daarbij maakte, viel weg tegen het geritsel van de takken en bladeren in de Cultuurtuin, die door een warme wind in beweging werden gebracht. Ze nestelde zich met haar rug tegen de stam. Van achter het groene gordijn, waarin hier en daar een rode bloem schommelde, bestudeerde ze haar opa, die een paar meter verderop in de schaduw van een amandelboom op een bankje zat.

Zijn benen stonden uit elkaar om ruimte te maken voor zijn

buik, waarop hij zijn gevlekte handen had gelegd. Hij staarde treurig voor zich uit. Een vlieg landde op zijn hoofd en begon aan een wandeling over zijn met zweetdruppels, schilfertjes en een paar haren bedekte schedeldak. Opa wachtte totdat het insect op zijn voorhoofd was aangekomen, schoof zijn onderkaak naar voren, stak zijn volle onderlip naar buiten en blies krachtig. De vlieg dwarrelde omhoog, bepaalde zijn koers en vloog weg. Emma giechelde achter haar hand. Opa sloot met een zucht zijn ogen.

Die ochtend was hij haar en Eli komen ophalen. 'Stipt om halfeen terug zijn, Hector!' had haar moeder hun nageroepen. 'Morgen gaan ze met Pedro op stap en vanmiddag wil ik ze voor mezelf hebben!'

Na een halfuurtje kuieren door de verwilderde tuin had opa een bankje opgezocht. Met een ernstig gezicht had hij uit zijn tas, waarin hij ook een rol closetpapier, een fles limonade en drie eierkoeken had gepakt, zijn oude plantkundeboek te voorschijn gehaald. Hij had het opengeslagen en hun alles verteld en aangewezen over het blad; de bladsteel en de bladschijf, de bladvoet en de bladtop, de hoofdnerf en de zijnerven, het bladmoes en de bladrand kwamen aan de orde. Toen had hij het vergeelde, beduimelde boek dichtgeslagen en hun de opdracht gegeven hem de verschillende vormen die een blad kon hebben – gaaf, gezaagd, getand, gekarteld en gegolfd – na te zeggen. Toen hij zeker wist dat ze de bladvormen uit het hoofd kenden, had hij hen weggestuurd met de opdracht van alle vormen een voorbeeld te vinden en pas terug te komen als ze alles hadden.

'Aan het werk, kinderen! En laat opa intussen met rust. Vrede moet je vinden in jezelf, want in de wereld is zij nergens te bekennen.'

Eli was ervandoor gegaan zonder op haar te wachten.

Na een eindje over het zanderige pad te hebben geslenterd, haar ogen braaf op de struiken gericht, was ze, toen ze zag dat haar grootvader niet meer op haar lette, teruggeslopen en had ze deze schuilplaats opgezocht. Ze had wel iets beters te doen dan stomme bladeren te zoeken!

Eli was zo ver weg dat ze hem niet meer kon horen als hij zich takken brekend een weg door het groen baande, iedere keer dat hij een blad met de juiste bladvorm had ontdekt. Opa was in slaap gevallen. Zijn hoofd was op zijn borst gezakt en zijn voeten waren uit de schaduw in de brandende zon gegleden. Op het alomtegenwoordige gesuizel van het gebladerte na was het stil in de Cultuurtuin. En heet. Terwijl ze haar slippers van haar voeten liet glijden en haar grote tenen in het koele zand tussen de wortels boorde, dacht ze aan pappa.

Als pappa glimlacht, heeft hij appelwangen. Hij houdt zijn hoofd scheef en zijn ogen worden spleetjes. Als hij hardop lacht, klinkt het schaterend. Als pappa en mamma 's avonds bezoek hadden, werd ze soms wakker van zijn gelach. Dan ging ze liggen luisteren naar de stemmen, en pappa's geschater, totdat ze weer in slaap viel.

Voordat Eli en zij naar bed werden gestuurd, zong hij liedjes uit mamma's liedboek met hen. 'In Den Haag daar woont een graaf', 'Groen is 't gras' en 'Witte zwanen, zwarte zwanen'. Uit zijn hoofd zong hij *'Blaka rosoe'* en *'Tingelingeling, so wan lobi diri'*. Op de eerste dag van de vakantie trok hij een korte broek en een onderhemd aan, liep door het huis te sloffen en zong: 'Vakantie, vakantie, o heerlijk tijd, o heerlijke tijd...' En soms zong hij voor mamma, in het Engels, totdat mamma begon te lachen. Dan omhelsde hij haar. Mamma keek als een klein meisje.

's Middags, als hij thuiskwam om te eten, droeg hij een witte jas en rook naar medicijnen. Hij pakte Emma op, gooide haar een piepklein stukje in de lucht en ving haar weer op. 'Je wordt zwaar,' pufte hij. 'Binnenkort kan ik je niet meer optillen.'

Hij speelde spelletjes met haar, ving haar tussen zijn knieën en riep: 'Er is geen zon, er is geen maan, herder laat je schaapjes gaan!' Hij snuffelde aan haar haar en zei: 'Mijn dochtertje ruikt zoet als een jong hondje!' En als zij op de grond met haar barbies speelde en hij de krant zat te lezen of televisie keek, kneep hij haar met zijn tenen. Mijn pappa kan iemand met zijn tenen knijpen. Het doet best pijn.

Emma schrok op toen de bruine benen van Eli langs kwamen draven. Hij hield een stapeltje bladeren in zijn hand en wuifde ermee.

'Opa, opa, ik heb ze gevonden! Allemaal. Het was helemaal niet moeilijk!'

Haar grootvader veerde overeind.

'Hu...?' vroeg hij. 'Waar is Emma?'

'Weet ik veel...' antwoordde Eli.

'Heb je haar niet bij je gehouden? Jij bent de oudste, je moet op haar letten!'

'Opa, Emma is net een kakkerlak. Ze verdwijnt in hoekjes en gaatjes, en ze komt altijd weer te voorschijn.'

Opa stond op, strekte zijn benen en riep: 'Emma! Emmaaa...! Waar kan dat kind nou zijn?' mompelde hij, na even gewacht te hebben. Hij zette zijn handen aan zijn mond en schreeuwde nogmaals haar naam, zo hard hij kon. Eli deed mee. Samen luisterden zij, hun hoofden scheef.

Toen begon opa Eli haastig instructies te geven. Eli moest die kant het pad af lopen; hij nam de andere kant.

Eli knikte. Hij pakte het plantkundeboek uit opa's tas en legde zijn bladeren voorzichtig tussen de pagina's voordat hij op pad ging.

'Kijk ook goed in de bosjes. Het kan zijn dat ze van de weg af is gegaan en is verdwaald,' riep opa hem na.

Emma hoorde hen in de verte verdwijnen, haar naam roepend.

Eli zegt dat tante Roosje alleen een tijdje bij hen logeert, om mamma te helpen. Mamma heeft het moeilijk. Ze moeten lief voor haar zijn. Maar Emma weet dat tante Roosje is gekomen om te blijven.

Vorige week heeft ze achter in de tuin een gat van een meter diep gegraven en tante Roosjes onderbroeken uit mamma's kast gehaald, ze in stukken geknipt en in het gat begraven. Daarna heeft ze er emmers water over omgekeerd. En toen heeft ze gras, blaadjes en takjes over de omgewoelde aarde gelegd, zodat niemand zou kunnen zien waar de stukjes broek lagen. Tijdens de begrafenis van de onderbroeken heeft ze gepreveld: 'Ga weg, ga weg, ga weg!'

Toen tante Roosje uit de douche kwam, kon ze geen schone onderbroek meer vinden. Mamma had gehuild, en had Eli en haar in hun kamer opgesloten. Eli had Emma de volgende dag gedwongen om te bekennen.

Die avond – de stukken onderbroek waren zwart van de modder en met hier en daar een vieze pier ertussen uit het gat gekomen – had tante Roosje haar apart genomen en gezegd dat ze heel goed begreep dat Emma boos was omdat haar vader was weggegaan, maar dat zij haar woede niet op een aardige vrouw, die het goed met haar meende, moest koelen, maar op die bedrieger van een vader van haar.

Emma had uitgeschreeuwd: 'Pappa is geen bedrieger!'

Ter hoogte van haar hoofd weken de takken uiteen, en het vertrokken gezicht van Eli verscheen in de opening. Hij riep met een vreemde stem: 'Stom rotkind! Kun je niet een beetje normaal doen? Zie je niet dat het zo al moeilijk genoeg is voor iedereen? Moet je het nog moeilijker maken? Stom rotkind! Stomme, kleine baby!'

Emma sloeg zo hard als ze kon in het naar haar toe gekeerde gezicht.

Eli gaf een gil, stak zijn handen uit en sleurde haar uit haar schuilplaats. Ze voelde de takken haar huid openhalen. Een voet bleef achter de wortels steken, waardoor Eli's handen losschoten en zij voorover in het zand viel. Ze ving zichzelf op en schreeuwde: 'Lafaard! Vuile lafaard! Jij vecht niet voor pappa!'

Eli keek haar verbijsterd aan. Ze zag een blinde woede in zijn ogen verschijnen. Huilend als een wolf dook hij op haar rug en stompte waar hij kon, zo hard hij kon.

Emma sloeg met haar armen en benen om zich heen, zonder hem te kunnen raken. Ze bleef gillen: 'Lafaard, lafaard! Aardig doen tegen die heks! Vuile verrader! Vuile verrader!'

Hector trok Eli van Emma af en schudde hem heen en weer. 'Ben je helemaal gek geworden, kwajongen? Ze is jonger dan jij, en bovendien een meisje. Durf je wel?' hijgde hij.

Terwijl Hector zich over Emma heen boog, die in het zand zat en haar geschramde benen bekeek, begon Eli te huilen.

'Ze had zich verstopt, opa. Hier, vlak bij waar u zat,' snikte hij. 'Het is niet eerlijk, het is niet eerlijk! Zij doet maar wat ze wil en ik krijg de schuld!'

Emma keek hem aan als een vechthaan die voortijdig uit het strijdperk is gehaald en beet hem toe: 'Dan moet je ook maar niet zo'n lafaard zijn!'

'Ik ben geen lafaard! Pappa komt niet meer terug, Emma, wat je ook doet. Mamma wil hem niet meer.'

'Niet waar!' brulde Emma, tevergeefs naar hem schoppend. 'Niet waar, niet waar, niet waar!'

Hector bulderde: 'En nu is het genoeg! Hou op, allebei!'

Hij pakte Emma beet, zette haar op haar voeten en klopte haar kleren af. 'We gaan naar huis,' zei hij resoluut. 'Mamma kan die schrammen uitwassen en er pleisters op doen. We zeggen dat je bent gevallen, Emma. En we zeggen niets over wat hier is voorgevallen, begrepen?'

In de stilte die volgde liep Hector naar zijn tas, schonk de kinderen een bekertje kleverige, door de zon verhitte limonade in en gaf hun een eierkoek. Is Mathilde helemaal gek geworden om het met die vrouw aan te leggen, vroeg hij zich af.

HOOFDSTUK 9

Als een vloeibaar gouden globe, omvat door dieporanje nevels, maakte de zon haar opwachting. Door het trillende licht dat zij uitzond, leek zij te pulseren. Net een kloppend hart, dacht Ferdinand.

Terwijl hij naar de opkomende zon bleef kijken, zijn handen rustend op de rand van de oliedrum waarin hij het voer voor de varkens en de honden kookte, legde zij een voor een haar sluiers af, en toonde de wereld haar ware aard. Gestaag oplichtend, begon zij de dampen tussen de bomen langs de Stille Kreek en de koelte op het achtererf weg te branden. Een hart dat schrijnt, dacht Ferdinand, toen het schitterende licht hem dwong zijn ogen af te wenden.

Hij haalde het deksel van het olievat, boog zich voorover om de vleeshaak van de stenen rond de vuurplaats te pakken, stak zijn blote arm tot aan de elleboog in de grijze brij die de drum vulde en viste naar de schoongekookte koeienschedels.

Zijn honden troepten hongerig naderbij en begonnen in een kring om hem heen te sluipen, in knieval en met de staart tussen de benen, hun tegelijkertijd onderdanige en vraatzuchtige blik op hem gefixeerd.

Gisteren, in de namiddag, had Lucia, die sinds een paar dagen op de boerderij logeerde, toegekeken hoe hij het voer opzette. Hij had de drum op het vuur geplaatst, hem met water, granen en groenteafval gevuld en aan Lucia de eer gelaten de drie koeienkoppen in het mengsel te laten glijden.

Eerst had ze ze van alle kanten bekeken. Het langst had ze

naar het snijvlak van de hals gestaard. 'Ik heb altijd al willen weten hoe de hals van een afgehakt hoofd eruitziet,' zei ze hees.

Even later vroeg ze: 'Wat gebeurt er met de ogen? Vallen die net als het vlees van het bot en vind je ze dan terug als harde witte bolletjes?'

'Ja.'

'Gatverdamme!'

Voordat hij het huis afsloot voor de nacht – Miquel en Lucia lagen al te slapen – had hij de gloeiende kolen in de vuurplaats verspreid en het deksel van kippengaas op de dampende ton geplaatst en met stenen verzwaard, zodat het voer kon afkoelen zonder dat de honden erbij konden komen.

Ferdinand had de eerste schedel te pakken. Hij deponeerde de druipende doodskop in de teil die tussen zijn blote voeten stond en haalde de andere twee op. Daarna schepte hij met een melkpannetje waarvan de steel was afgebroken twee plastic emmers vol met de stinkende pap.

Een van de scharminkels deed een uitval naar de emmers. Hij trapte het beest in de flank. Jankend nam het zijn plaats in de kring weer in. Op een dag zouden de honden zich van hun overmacht bewust worden en hem voor het ontbijt verscheuren, bedacht hij met een glimlach.

Toen de emmers vol waren, zette hij de teil met de schedels boven op de drum. Daar waren zij voorlopig veilig.

'Af! Af!' naar de opdringende troep snauwend, liep hij met de emmers naar de reep landbouwplastic die hij als voederplaats voor de honden gebruikte en goot het eten erop uit. De puppy's gaf hij apart te eten, op een oud dienblad. Opgewonden glibberden ze in de brij.

Terwijl de honden zich te goed deden, bracht hij de koeienkoppen naar de keuken, spoelde ze schoon, nam er één onder iedere arm en de derde in zijn beide handen, en liep naar het achtererf, waar hij ze bij de rest neergooide. De honden zouden erom vechten en de sterkste zouden er grommend op kluiven, totdat de geur en de smaak verdwenen waren.

Een hagedis glibberde uit de berg schedels en rende in de richting van het struikgewas, een domino-effect veroorzakend onder zijn gecamoufleerde soortgenoten, die her en der opschrikten en wegvluchtten. De droom waarmee Ferdinand die ochtend wakker was geworden, schoot hem te binnen.

Hij zat in een korjaal op de Stille Kreek. Zijn handen, die de pagaai vasthielden, rustten op zijn dijen. Een sterke stroom trok de boot door de groene tunnel. In de bocht bij het huis van Ernst en Shanti, zijn vroegere buren, liep het vaartuig met een schokje op de oever.

Temidden van het dichte struikgewas stond de oude vrouw die weken geleden bij het krieken van de dag zijn erf had aangeveegd op hem te wachten. Terwijl ze vriendelijk glimlachte, liep ze met haar handen op haar rug op hem toe. Toen ze vlak bij de boot was, zakte ze door haar knieën, haalde haar handen van achter haar rug vandaan en toonde hem twee dode slangen. In haar rechterhand een korte, witgrijze slang en in haar linkerhand een lange slang met een roodbruin ruitpatroon. Onder de koppen zat een diepe snee.

Hij dacht na over zijn droom. De kreek, het krot, de oude vrouw en de slangen... De droom moest met de dood van Helen te maken hebben, die in nevelen gehuld was en hem na zestien jaar nog steeds niet losliet. Soms leek de mist dunner te worden, op te trekken. Dan wist hij voor korte tijd zeker hoe het was gegaan. Maar dan kwam weer de twijfel. Hij zou waarschijnlijk nooit weten wat er die middag was gebeurd. De oude vrouw in zijn droom wilde hem iets vertellen over de dood van Helen. Maar wat?

Gelaten ging hij verder met zijn werk. Eerst sjouwde hij de oliedrum naar de varkensstal, waar rust heerste sinds hij de bijna dertig biggen had verkocht; hij voerde de varkens en ververste hun water. Hij dekte de drum, waarin nog voldoende voer voor de volgende dag zat, af met de deksel van kippengaas, waaronder hij een stuk plastic legde om het ongedierte buiten te houden. De stal was een goede plaats om het voer te bewaren;

het was er redelijk koel en Pa Agoe, zijn tweehonderdvijftig kilo zware beer, zorgde dat de honden er niet durfden te komen.

Toen voerde hij de kippen die op het erf rondscharrelden, pakte de verse eieren uit het stro in het kippenhok en legde ze in de kom op de keukentafel.

Het stuk plastic en het dienblad waarvan de honden hadden gegeten waren overdekt met een zoemende laag vliegen. Hij zette er de slang uit het douchehok op. Terwijl hij keek hoe het water op het zwarte plastic spetterde, overviel Lucia hem door haar handen op zijn schouders te leggen en vrolijk in zijn oor te tetteren: 'Goeiemorgen, oom Ferdinand! Het is een grote dag vandaag. Pedro en de kinderen komen! En Carmen misschien ook.'

'Meisje, ik schrik me dood!' riep hij uit. Hij draaide zich om, kneep de slang half dicht en richtte de waterstraal op haar door de slaap verkreukelde lichaam. Lucia slaakte een gil en dook buiten het bereik van de straal.

'Oom Ferdinand!'

Hij lachte en volgde haar met de slang. Lucia had gelijk, bedacht hij toen ze het huis was binnengevlucht: als Carmen meekwam zou het een grote dag zijn. De vier kinderen waren voor het eerst sinds drieëntwintig jaar weer samen op de boerderij.

Lucia stond een halfuur later, fris gedoucht en gekleed in shorts en een T-shirt, op haar tenen voor het spiegeltje dat oom Ferdinand voor haar had opgehangen, en bestudeerde haar gezicht.

Ze had een mooi gevormde schedel, en een fluwelige, donkerbruine huid die sinds ze was aangekomen donkerder was geworden. Maar haar mond was te groot en haar lippen waren te vol, haar neus was te breed en te plat en haar ogen stonden te schuin, vond ze. Een levendig en ontwapenend gezicht, maar te kwetsbaar.

Om een harde, ondoorgrondelijke uitstraling te krijgen was ze een paar jaar geleden begonnen met haar hoofd kaal te scheren. Ze had het gevoel daarmee een uitroepteken achter haar huidskleur te plaatsen. Het maakte dat ze zich veiliger voelde temidden van de haaien van het theater, en de witte massa's op straat.

Maar sinds ze twee weken geleden uit het vliegtuig was gestapt, had het misprijzende gestaar van veel mensen hier haar dwarsgezeten. Voor hen had haar kaalheid een andere betekenis; het ging niet meer om een fiere declaratie van zwart-zijn, het was de aanstellerij van een landgenote uit het decadente Westen. Sindsdien had ze er niet meer toe kunnen komen haar schedel te scheren, en hoewel ze vond dat het dekentje kroeshaar dat haar hoofd momenteel bedekte haar alledaags maakte, besloot ze het voorlopig te laten groeien.

Weer bekroop haar het gevoel dat ze uit elkaar getrokken zou worden door de contrasterende bewegingen in haar innerlijk. Maar in tegenstelling tot de eerste dagen dat ze hier was, voelde ze zich beter opgewassen tegen de verwarring.

Toen ze aankwam, had de identiteit die zich in de eerste tien jaar van haar leven had gevormd en die zij in het nieuwe land haastig had geprobeerd af te leggen, zich als een levende dode aan haar opgedrongen. Ze had geen verweer gehad; alles wat ze meemaakte werd door de zombie met strikken misvormd en doordrenkt van angst, woede, pijn en schuld. 'Toen je wegging heb je mij achtergelaten, dus maak ik het je onmogelijk om terug te keren!' siste het kind.

Maar nu, veertien dagen later, ontdekte ze tot haar opluchting dat haar een nieuwe kans werd geboden. Het heden eiste haar aandacht op. Een nieuw verhaal, met een nu volwassen Miquel, Pedro, Carmen en zijzelf en een bejaarde oom Ferdinand in de hoofdrollen, begon het oude te overstemmen. Zolang zij zich maar met overgave in deze nieuwe geschiedenis verloor, bleek ze, in ieder geval het grootste deel van de tijd, veilig te zijn voor de valstrikken van de zombie.

Miquel bewoog in het grote mahoniehouten bed van oom Ferdinand en tante Helen. Lucia en hij hadden er de afgelopen nachten geslapen, terwijl oom Ferdinand de nacht in het bed van Miquel had doorgebracht.

'Goedemorgen. Hoe voel je je?' vroeg Lucia aan de schim onder de klamboe.

'Gaat wel,' antwoordde Miquel slaperig. 'Geen koorts, geloof ik.' Hij draaide zich op zijn buik en begroef met een vergenoegde knor zijn gezicht in het kussen.

Lucia glimlachte naar haar spiegelbeeld. De afgelopen dagen waren prettig geweest. Toen ze was gearriveerd, bleek Miquel van alles te hebben bedacht om te doen in de week dat ze kwam logeren. Oom Ferdinand had hen naar de savanne gereden, waar ze hadden gepicknickt en gezwommen. Op een andere dag waren ze in de korjaal de Stille Kreek een eind af gevaren. Ze hadden wandelingen in de buurt gemaakt, waarop Miquel haar de namen van de bomen, planten en insecten opnieuw had geleerd, ze hadden gezwommen in de Stille Kreek en schommelend in de hangmatten zijn foto's bekeken en herinneringen opgehaald. 's Avonds hadden ze kaart gespeeld en gekletst met oom Ferdinand.

Eergistermiddag waren ze naar de Chinese winkel in Maatdorp gelopen om Pedro te bellen, nadat ze met oom Ferdinand hadden afgesproken dat hij hun een halfuur na vertrek achterop zou komen rijden. Als Miquel de vier kilometer naar het dorp niet zou halen, zouden zij aan de kant van de weg in de schaduw van een boom op hem wachten.

Na een kwartier was Miquel zichtbaar moe geworden. Ze had hem voorgesteld om te stoppen, maar hij had bits geantwoord dat hij zelf wilde aangeven wanneer iets hem te veel werd. Toen ze in Maatdorp aankwamen, een gehucht met acht huizen en een winkel, was hij de uitputting nabij geweest.

In de donkere nering, waar drie generaties van de familie Chin A Loi de ruimtes voor en achter de toonbank bevolkten en zij de enige klanten waren, dronken ze in stilte een flesje priklimonade. Lucia staarde naar het stoffige assortiment spulletjes dat, naast levensmiddelen, te koop werd aangeboden. Krulspelden, verbleekte vliegers, blikjes talkpoeder en roze plastic babypoppen.

Het telefoontoestel bevond zich in de rommelige keuken achter de winkel, waar het naar rottend groenteafval en specerijen rook. Lucia belde Pedro op zijn werk. Ze nodigde hem en de kinderen uit om zondag op de boerderij langs te komen en vroeg of ze aan het eind van de dag mee terug kon rijden naar de stad. Pedro vond het een goed idee. Vlak voordat ze ophing, zei ze: 'Bel Carmen en vraag of ze ook zin heeft om te komen.' Voordat hij iets terug kon zeggen, voegde ze eraan toe: 'Je kunt het altijd proberen', en legde de hoorn op de haak.

Toen ze terugkwam, was Miquel niet meer in de winkel. Lucia betaalde voor het telefoongesprek en ging naar buiten, waar ze hem doodsbleek en gespannen in het gras langs de kant van de zandweg aantrof.

'Wat is er? Waarom ben je niet binnen gebleven?' vroeg ze ongerust.

'Ik kreeg een angstaanval,' prevelde hij. 'Daar heb ik af en toe last van. Dan moet ik de buitenlucht in, waar ik kan ademen.'

'Kan ik iets voor je doen?' Geschrokken realiseerde ze zich dat ze niet wist dat hij last had van angstaanvallen. Tijdens de logeerpartij hadden ze over van alles gepraat, behalve over datgene wat de aanleiding was geweest voor haar komst.

'Nee, niets,' antwoordde Miquel triest. 'Het gaat alweer beter. Ik ben soms zo moe. Dan weet ik niet meer hoe ik verder moet...'

Ze ging naast hem zitten. 'Lieverd, je moet het rustig aan doen. Je moet niet omwille van mij over je grenzen heen gaan. Zal ik Pedro afbellen?'

'Nee, beslist niet!' sneed hij haar de pas af.

Na een korte stilte, waarin ze hem opnam en het leek alsof ze, sinds haar aankomst, voor het eerst weer zag hoe hij was afgetakeld, trok ze de stoute schoenen aan. 'Je moet met mij praten, Miquel. Je moet met mij over doodgaan praten. Daarvoor ben ik toch hierheen gekomen?'

'Ja, dat weet ik wel. Maar ik vind het moeilijk. Je bent er nu. Het is weer net als vroeger. Ik wil ervan genieten. Leuke dingen met je doen. Ik wil niet denken aan doodgaan. Nog niet.'

Miquel boog zijn hoofd, keek naar zijn gebalde vuisten en opende langzaam zijn handen. 'Het komt wel,' zei hij. 'Heus. We zullen nog veel praten. Er is nog alle tijd om te praten. En om te rusten. We hebben toch de tijd?'

Ze knikte geruststellend.

'Weet je, overal zie ik de werkelijkheid van het leven,' ging hij verder. 'Maar nergens vind ik de werkelijkheid van de dood. O ja, ik zie de dood zoals hij zich laat zien aan de levenden. Een dood lichaam, stilte, stank. Maar wat is de dood voor degene die sterft? Wat is het om op te houden te bestaan? Wat is het om voor altijd afscheid te nemen van wat je dierbaar is? Hoe moet ik mij daarop voorbereiden? Wat moet ik daarover denken? Waar moet ik over praten? Het liefst denk ik nergens aan. Ik merk het wel als het zover is!'

Lucia had niet geweten wat ze moest zeggen. In plaats daarvan had ze een arm om hem heen geslagen. Zwetend hadden ze op oom Ferdinand zitten wachten.

Onder de klamboe was het stil. Lucia bracht haar hoofd naar de mistige stof en zag dat Miquel weer in slaap was gevallen. Ze besloot hem te laten slapen en sloop de kamer uit, op zoek naar oom Ferdinand, aan wie ze had beloofd te zullen helpen met de voorbereidingen voor het middageten.

In de stilte die viel nadat Pedro de motor en daarmee ook de muziek had afgezet, en Ferdinand de blaffende honden met een schreeuw tot zwijgen had gebracht, deed Carmen het portier van de auto een stukje open en stak haar hoofd naar buiten. Ze knipperde met haar ogen naar de honden die zich op een paar meter afstand van de wagen verdrongen.

Lucia nam een sprong in de richting van de troep, wapperde met haar handen en schreeuwde: 'Wegwezen, duivels!' Nauwelijks onder de indruk scharrelden de honden nog een paar meter verder uit de buurt.

Met een verontschuldigend lachje naar Lucia wachtte Carmen een moment om te zien of de kust veilig bleef. Toen deed ze het portier open, hees zichzelf uit de auto, sloeg haar mollige armen om Lucia heen en deelde twee verlegen zoentjes uit.

Intussen stapte Pedro met een chagrijnig gezicht aan de andere kant uit, en sloeg het portier dicht. Rinkelend met zijn autosleutels liep hij naar de achterklep, opende hem en haalde zijn dokterstas uit de kofferbak, plus twee tassen met proviand die Sophia had meegegeven. 'Hallo,' groette hij kortaf. Hij duwde de achterklep in het slot, liep om de wagen heen en knalde het portier dicht dat Carmen open had laten staan.

Lucia liep naar hem toe om te helpen dragen en zei, niet zonder teleurstelling: 'Hallo dokter. Waar zijn je kinderen? Waarom zijn ze niet meegekomen?'

'Ze konden niet mee, *change of plans*,' gromde Pedro terwijl hij haar een tas overhandigde.

'*Change of plans?*' vroeg Lucia.

'Ja, *change of plans*! Versta je geen Engels?'

'Nou zeg!' begon Lucia verontwaardigd, maar een blik op Pedro's gezicht weerhield haar ervan om door te vragen.

Ferdinand, die zijn arm om Carmen heen had geslagen, zei plechtig: 'Kinderen, voor het eerst sinds drieëntwintig jaar zijn jullie weer met z'n vieren op de boerderij. Als wijlen tante Helen het eens kon zien...'

Schaapachtig keken Pedro, Carmen en Lucia elkaar aan. Geen van hen wist iets te zeggen.

Miquel verscheen in de deuropening, gehuld in zijn weelderige rode kamerjas. 'Hallo,' mompelde hij slaperig. 'Zijn Emma en Eli niet meegekomen?'

'*Change of plans!* riep Lucia hem toe.

'Wat?' vroeg Miquel dommig.

'Lucia denkt dat ze leuk is,' antwoordde Pedro droog. 'Ze

konden niet meekomen. Mathilde was vergeten mij te vertellen dat ze dit weekend op schoolreisje gingen.'

'O, wat jammer.' Miquel gaapte en glimlachte naar zijn zuster. 'Hi, Carmen, wat leuk dat je mee bent gekomen.'

Naakt en met een vochtige handdoek om zijn hals schoof Miquel het douchegordijn opzij en zette zich af voor de sprong over de modderpoel die zich rond het douchehok had gevormd. Hij haalde de afstand tot het droge echter niet, kwam met één voet in de prut terecht, gleed uit en belandde pijnlijk op zijn billen in de modder. De tranen sprongen hem in de ogen. Snel krabbelde hij overeind, keek schichtig om zich heen om te zien of iemand hem had zien vallen en schoot het douchehok weer binnen om de smurrie van zijn lijf te spoelen.

Hij zou zijn valpartij voor de anderen verzwijgen, niemand hoefde te weten dat de toestand waarin de boerderij verkeerde hem soms tot wanhoop dreef. Aan oom Ferdinand zou hij vragen om een plank neer te leggen waarover hij het douchehok kon verlaten. Nadat hij zich beverig van de schrik had afgedroogd en een paar keer diep had ingeademd, lukte het hem om de tweede keer over de modderpoel heen te springen.

Hij hing zijn handdoek in de zon te drogen en slaakte een kreet in de richting van de waterkant, waar Ferdinand, Pedro, Lucia en Carmen, de laatste twee in bikini en zwempak, een glas gemberbier zaten te drinken. Van achter de bomen beantwoordde Pedro zijn roep.

Miquel liep naar de slaapkamer, gooide de jaloezieramen open, rolde de klamboe ineen en vouwde de flanellen lakens waaronder zij sliepen op. Daarna trok hij een onderbroek aan en ging op bed liggen wachten. Met zijn dokterstas in de hand kwam Pedro even later de kamer binnenlopen en ging naast zijn broer op de bedrand zitten.

Miquels wens om naar de boerderij te verhuizen was pas een reële mogelijkheid geworden toen Pedro had aangeboden zijn behandelend arts te worden. Hij wilde hem iedere week een keer bezoeken, en tegen de tijd dat zijn gezondheid zou verslechteren vaker. De boerderij lag een uur rijden van de stad. Geen andere arts zou tot deze regeling bereid zijn geweest. Pedro, die net bij Mathilde weg was, had luchtig gedaan over zijn aanbod. 'Ik kom aan het einde van de middag, na mijn werk in het ziekenhuis. Een eenzame ziel als ik hoeft toch nergens naartoe. Als oom Ferdinand dan voor een bord eten zorgt...'

Miquel realiseerde zich dat hij zijn broer dankbaar moest zijn, maar in plaats daarvan voelde hij zich voortdurend door hem gekwetst.

Vroeger, toen Pedro in de wereld van de jongens door streken te bedenken, strijd te voeren en meisjes te kleineren zijn brevet in mannelijkheid had weten te behalen, en Miquel in diezelfde wereld had rondgeslopen als een vreemdeling met een geheim, had Pedro zijn jongere broer beurtelings genadeloos gepest en schijnheilig voor gek gezet.

Tegenwoordig trad de kwelduivel uit zijn jeugd hem tegemoet met de superieure welwillendheid die hij tegenover al zijn patiënten tentoonspreidde. Wederom bevond hij zich op een onbereikbare afstand, en dat maakte hem des duivels.

'En, hoe gaat het ermee?' vroeg Pedro met een glimlach, terwijl hij Miquels pols vastpakte.

Kortaf bracht Miquel verslag uit van de afgelopen week: moe, weinig koorts, behalve op de dag dat hij met Lucia naar Maatdorp was gelopen. Toen had hij 's nachts hoge koorts gehad. Bijna iedere dag bloed in zijn ontlasting. De schimmelinfectie in zijn mond, waar hij een maand geleden last van had gehad, leek te zijn teruggekeerd.

Pedro bekeek, betastte en beluisterde hem, stelde vragen en zei toen dat hij een afspraak wilde maken om de volgende week in het ziekenhuis zijn bloed, urine en ontlasting te laten onderzoeken en een nieuwe kweek van de mondschimmel te laten maken. 'Door je ziekte ben je vatbaar voor infecties. Je moet erg voorzichtig zijn, Miquel, zeker op deze plek. Ontstekingen kunnen je fataal worden,' voegde hij eraan toe.

Miquel vertrok zijn gezicht en draaide zijn hoofd weg. Fataal, fataal... Zeg gewoon doodgaan, lul, dacht hij onredelijk. Uit het raam kijkend, zag hij dat de manjaboom volhing met kleine groene vruchten. Over een maand zouden ze rijp zijn en met een plofje op de grond vallen en openbarsten. Hij hoorde Lucia in de verte schateren.

'En hoe staat het met je geestesgesteldheid?' vroeg Pedro, terwijl hij zijn stethoscoop en bloeddrukmeter wegborg.

Een ongelovig lachje ontsnapte Miquel. Terwijl hij weg bleef kijken, vroeg hij: 'Wil je weten hoe ik mij voel?'

'Ja, als je daar tenminste iets over kwijt wilt,' antwoordde Pedro stijfjes.

'Naar omstandigheden voel ik mij goed, zeker nu ik een vriendin uit Nederland heb laten overkomen met wie ik kan praten.'

'Mooi zo,' zei Pedro. Terwijl hij twee strips pillen naast Miquel op het hoofdkussen legde, vroeg hij zich af wanneer zijn jongere broer ermee op zou houden zich zo rancuneus te gedragen. Hij ging toch respectvol met hem om? Hij kwam nota bene helemaal hierheen rijden om hem te behandelen. Verweet Miquel hem nog steeds dat hij hem ooit het leven zuur had gemaakt omdat hij zich zo meisjesachtig gedroeg? Dat was toch onredelijk? Miquel was bij tijd en wijle een onnavolgbaar ingewikkelde persoon.

'Zullen we ons weer bij de anderen voegen?' stelde Pedro opgewekt voor, terwijl hij zijn tas van het bed pakte.

Miquel keek met nauw verholen misprijzen naar zijn broer terwijl deze met een zwierige beweging van zijn heupen om het bed heen liep en abrupt tot stilstand kwam bij de kast, die open was blijven staan toen hij zijn onderbroek pakte. Pedro staarde naar het stapeltje kleren dat Lucia erin had gelegd. Bovenop lag een oranje behaatje, een niemendalletje van kant en satijn. Met een schelms lachje naar Miquel pakte Pedro het uit de kast, vouwde het uit, bekeek het met een soort eerbied van alle kanten, bracht het naar zijn neus en snoof diep.

'Als je het maar laat!' zei Miquel woedend.

'Wat moet ik laten?' vroeg Pedro quasi-onschuldig, een steelse kus op het kant drukkend.

'Je moet met je poten van Lucia afblijven!'

'O, ja? Denk je niet dat het tijd wordt dat ze weer eens lekker wordt gepakt? Ze heeft mij zelf verteld dat ze al lang geen man meer heeft gehad,' antwoordde Pedro treiterig.

'Dat is een ongelofelijk grove opmerking!'

Pedro explodeerde. 'En het is zeker niet grof van jou om te doen alsof je Lucia tegenover mij zou moeten beschermen? Ten eerste is ze mans genoeg om voor zichzelf op te komen. Ten tweede ben ik niet de schoft die jij denkt dat ik ben, en ten derde is het misschien wel leuk voor haar om versierd te worden door een man waar ze op valt, door hem mee uit genomen te worden en door hem liefgehad te worden!'

'Je weet net zo goed als ik dat je niet van plan bent om Lucia lief te hebben! Laat me niet lachen. Je weet niet eens wat het is om een vrouw lief te hebben!'

Pedro opende zijn mond, maar Miquel was hem voor. 'En kom nu niet aanzetten met Mathilde. O zeker, jullie hebben passie gekend. De vonken vlogen ervan af, als ik haar mag geloven. Maar liefhebben is iets anders dan seksuele opwinding en strijd om de macht. Liefhebben wil zeggen dat je elkaar koestert en beschermt. Jij hebt Mathilde alleen maar gebruikt – gebruikt om tegenover je vrienden op te scheppen met een blonde vrouw, om seks te hebben en om kinderen te krijgen. Jouw interesse gaat enkel en alleen uit naar jezelf!'

Verbeten staarde Pedro naar zijn broer. 'Koesteren en beschermen. Koesteren en beschermen. Laat míj niet lachen. Als jij zo goed weet wat liefhebben is, hoe komt het dan dat je helemaal alleen terug bent gekomen? Van de jongens die jij hebt "liefgehad" is er ook geen een gebleven!'

'Je moet van Lucia afblijven! Lucia is hier voor mij gekomen. Laat haar met rust. Laat Lucia met rust!' Miquel huilde bijna.

'Stel je niet aan. Lucia zorgt heus wel voor zichzelf,' zei Pedro zacht.

Na een lange stilte vroeg hij: 'Miquel, wat scheelt je? Waarom doe je zo? Ik behandel je toch met respect?'

'Je behandelt mij met respect?' Miquel vroeg zich verbijsterd af waar Pedro het over had.

'Ik weet dat ik je vaak heb gepijnigd om wie je bent. Om je homoseksualiteit. Dat spijt mij. Het spijt mij echt. Maar nu, nu behandel ik je toch met respect?'

'Ben je daar nou nog steeds mee bezig...?'

'Waarmee?'

'Met mijn ho-mo-seksualiteit!'

Na een korte stilte vervolgde Miquel op ijzige toon: 'Maar maak je geen zorgen, Pedro. Je behandelt mij met respect. Dat is erg grootmoedig van je. Echt waar. Gefeliciteerd!'

'Je wilt gewoon niet! Nou, dan maar niet!' Gekwetst gooide Pedro Lucia's behaatje, dat hij al die tijd in zijn hand had gehouden, in de kast terug en beende de kamer uit.

Vanaf de aanlegsteiger lieten Carmen en Lucia intussen hun verhitte lichaam in het met zonlicht overgoten water van de Stille Kreek zakken, de scherpe kou met opeengeklemde kaken en bibbergeluidjes verwelkomend. Op instigatie van Ferdinand, die een scheef in het water gezakte boom als finish aanwees en met een *Ready, steady, go!* het startsignaal gaf, hielden ze een zwemwedstrijdje om warm te worden. Lucia won met gemak.

'Je bent ook een dikke, luie tante!' riep ze, terwijl ze wachtte totdat Carmen, die een keurige schoolslag zwom waarbij zij haar hoofd angstvallig boven water hield, zich bij haar voegde. 'Waarom ga je niet met mij mee trainen? Vijf dagen in de week gymmen zal je goed doen.'

'Johanna zal mij uitlachen,' wierp Carmen zwakjes tegen.

'Johanna gaat lachen, dat is zeker! Maar daar trek je je toch niks van aan? Doe je het?'

'Ik weet het niet. Ik zal erover nadenken...'

'Oké. Morgenochtend begin ik weer, dus vanavond moet je een beslissing nemen.'

Carmen produceerde een bête lachje, keerde zich af en zwom langzaam terug naar Ferdinand, die op de aanlegsteiger zat en een shagje opstak.

Lucia kon zich niet langer beheersen. Met twee snelle slagen zwom ze naar Carmen toe, wierp zich boven op haar en duwde haar triomfantelijk schreeuwend onder water, keer op keer, haar nauwelijks de tijd gunnend om lucht te happen.

Carmen worstelde zich los. 'Mijn haar wordt nat!' gilde ze kwaad, en ze zorgde paniekerig voor meer dan een armlengte afstand tussen haar en haar aanvalster.

'En wat dan nog? Het droogt heus wel weer,' spotlachte Lucia.

'Ja, maar het gaat vreselijk kroezen!'

Met een duivelse uitdrukking op haar gezicht boorde Lucia haar tenen in de modderige bodem en waadde door het water, dat op deze plek tot haar borsten reikte, op Carmen af. Die slaakte een gil, lachte ondanks zichzelf en zwom zo snel ze kon weg. Lucia haalde haar in en duwde haar andermaal onder. Carmen slaagde er opnieuw in zich los te worstelen en greep Lucia beet. Haar haar, waaruit de spelden waren verdwenen, hing in slierten voor haar gezicht. Gebruik makend van haar gewicht duwde ze Lucia hardhandig onder water. Lucia kwam boven, hapte naar adem en ging nogmaals onder, Carmen ditmaal met zich meesleurend.

In de oranje schemering, in beweging gebracht door een opstijgende regen van luchtbelletjes, bekeken ze elkaar. Gezichten met pruimenmondjes en spleetogen, traag kronkelende lijven en armen die door het water maaiden. Carmens haar vormde een aureool rond haar hoofd. Samen doken ze uit het water op. Ze keken elkaar opnieuw aan en begonnen te schaterlachen.

Carmen deed een nieuwe uitval naar Lucia, die zich achterover in het water gooide en woest met haar benen begon te trappelen, waterhozen in de richting van Carmen sturend. Die verdween onder de oppervlakte en kwam een paar meter verderop weer boven. 'Oom Ferdinand, oom Ferdinand!' riep ze buiten adem. 'Roep Lucia tot de orde! Ze probeert mij te vermoorden!'

'Red jezelf maar,' bromde Ferdinand vergenoegd.

Ze gebruikten het middagmaal onder het afdak bij het huis, met het bord op schoot. In combinatie met de hitte deed het pittige eten hun zweet stromen.

Miquel, Ferdinand en Carmen gingen na de maaltijd rusten. Lucia en Pedro besloten een wandeling te maken naar het verlaten buurhuis.

Begeleid door het hallucinerende getjirp van de insecten, die de zon op haar hoogtepunt toezongen, liepen ze over de door bomen overschaduwde weg naar de bouwval. Drie van de honden hadden afgezien van een dutje in de koelte onder het huis en scharrelden op twintig meter afstand met de tong uit de bek achter hen aan.

Lucia droeg haar slippers in haar handen. Haar voetzolen werden beurtelings gemasseerd door warm zand, borstelig gras en knappende takjes. Onder het gewicht van de hitte ontspande ze haar spieren, liet haar buik uitpuilen en begon te slenteren. Ook Pedro vertraagde zijn tempo, keek haar aan en glimlachte.

'Heet, hè?' zei hij.

'Pfff, nou...'

De rest van de weg zwegen zij.

Het krot stond temidden van het oerwoud te vergaan en ademde een beklemmende verlatenheid uit. Een smal, nauwelijks zichtbaar weggetje door de bosschages leidde naar de voordeur.

'Dat er een pad is, wil zeggen dat er zo nu en dan mensen komen,' merkte Pedro op, terwijl hij Lucia, die haar slippers weer had aangeschoten uit angst voor ongedierte, voorging en de takken voor haar opzij duwde.

'Ja,' zei Lucia. 'Die indruk heb ik ook. Laatst ben ik hiernaartoe gezwommen en aan de achterkant naar het huis gelopen.

Toen ik naar binnen keek, zag ik een matras, een stoel en allerlei spulletjes die erop duidden dat er iemand woont.'

Abrupt bleef ze stilstaan. 'Kunnen wij wel zo naar het huis toe lopen? Misschien storen we die persoon.'

'Kom op,' zei Pedro. 'Als er al iemand bivakkeert, is het een arme sloeber, die de benen neemt als hij ons hoort aankomen.'

Bij de voordeur riep hij: 'Hallo... Hallo...!', en wachtte.

Toen er niet werd gereageerd, opende hij de deur en gingen zij naar binnen. De geur van rottend hout, urine en muizen sloeg hun in het gezicht. Van alle kanten klonk het paniekerige geritsel van vluchtend klein leven. Daarna was het doodstil.

Voor de ramen aan de voorkant waren planken gespijkerd, waardoor het in de lege woonkamer met keuken donker werd toen Pedro, om de honden buiten te sluiten, de deur achter zich dichttrok. Aan de achterkant stonden de ramen open en door de deuropening die toegang bood tot de achterkamer schemerde een door planten gefilterd groen licht.

Lucia liep snel door. 'Zie je wel!' riep ze uit. 'Ik durf er mijn hand voor in het vuur te steken dat die spulletjes de vorige keer op andere plekken stonden. Hier woont iemand, dat kan niet anders.'

'Zou kunnen...' zei Pedro, die haar op de voet was gevolgd. Met een scheef lachje opperde hij: 'Maar wat ook kan is dat jongens uit Maatdorp of van de boerderijen in de omtrek hier met meisjes komen.'

Lucia negeerde zijn opmerking, knielde bij de kom die naast het matras op de grond stond en pakte hem op, terwijl Pedro op de stoel ging zitten en zijn adem in een langgerekte zucht liet ontsnappen. Hij plaatste zijn ellebogen op zijn knieën en liet zijn voorhoofd in zijn handen rusten.

Lucia keek naar hem om. 'Zo zie je er net zo treurig uit als dit huis,' zei ze. 'Wat is er met je aan de hand? Je bent zo prikkelbaar.'

Hij liet zijn handen zakken en keek op. Tot haar verbazing

waren zijn ogen rood van een emotie die zij niet kon duiden. 'Kom eens hier,' zei hij zacht.

Onder de stof van haar T-shirt voelde ze haar tepels verstijven. Ze verroerde zich niet. 'Waarom?' vroeg ze achterdochtig.

'Gewoon, kom eens hier. Je hoeft toch niet altijd te weten waarom iets is?'

'Bij jou wel,' antwoordde ze luchtig. 'Jij hebt mij weleens dingen laten zien die ik niet wilde zien. Weet je nog?'

Ze zag aan zijn gezicht dat hij niet wist waar ze het over had, en het ook niet wilde weten. Na een korte aarzeling zette ze de kom neer en liep naar hem toe.

Hij rechtte zijn rug en keek met een mengeling van treurigheid en verongelijktheid in zijn blik naar haar op. Toen pakte hij haar handen en kwam overeind.

Ze liet toe dat hij haar tegen zich aan trok en bleef roerloos staan. Haar borsten duwden tegen zijn ribben. Toen sloeg ze haar armen om zijn middel en legde haar wang in de holte onder zijn schouder, haar hoofd van hem afgekeerd. Ze sloot haar ogen.

In deze lome hitte, in deze stille groene kamer, verlangde ze er ineens hevig naar de liefde met hem te bedrijven. Het was lang geleden dat ze seks had gehad. Ze raakte er altijd zo van in de war. Maar dat maakte hier niet uit. Hier hoefde ze niet te werken.

'Lucia, ik ben zo kwaad!' zei Pedro met een verstikte stem. Ze voelde zijn vingers op haar rug verkrampen.

'Kwaad...? Op wie ben je kwaad?'

'Op Mathilde. Ik kan haar wel vermoorden!'

Lucia maakte zich met moeite los van hem en van haar verlangen. 'Wat is er dan gebeurd?' hoorde ze zichzelf vragen met de stem van een belangstellende verpleegster, terwijl ze een stap achteruit deed.

Pedro liep naar de achterdeur en wrikte hem open. Het zachte, vlekkerige licht van het oerwoud spoelde over hem heen. Met zijn rug naar haar toe begon hij te vertellen.

'Mathilde heeft mij vanochtend toen ik de kinderen ging ophalen apart genomen. Op die verdomde, zakelijke manier van haar zei ze: "Pedro, ik vind dat het tijd is om je mee te delen dat ik een verhouding heb met Roosje. Zij en ik hebben besloten in dit huis te gaan samenwonen."'

Hij was even stil en ging toen met een schorre stem verder: 'Lucia, ik werd zo kwaad, ik ben het huis uit gestormd. Eli en Emma zaten op het terras te wachten tot we weg zouden gaan, hun handdoek en zwempak in een rolletje op schoot. Eli had een cadeau voor oom Ferdinand bij zich en Emma een tekening voor Miquel.'

Hij keerde zich naar haar toe. 'Ik heb ze laten zitten. Ik heb ze zó laten zitten en ben in de auto gesprongen en weggereden!'

Lucia staarde hem aan. 'Wat erg!' zei ze. 'Ik bedoel, wat erg voor de kinderen...' En na een tijdje vroeg ze met tegenzin: 'Hou je dan nog van Mathilde?'

'Nee. Ja. Weet ik veel... Nee. Daar gaat het niet om. Het gaat om de kinderen. Ik wil ze niet verliezen. Mathilde is altijd zo zeker van haar zaak. En Roosje, als het even kan, nog meer. Ze zullen ze tegen mij opzetten.'

'Waarom heb je ze dan niet meegenomen?'

'Ik weet het niet. Misschien omdat ik me schaamde. Een vader die door een vrouw wordt vervangen... Misschien was ik ook boos op hen. Boos dat ze mij niet hebben verteld dat Mathilde met Roosje in ons bed sliep. Boos dat ze Roosje het huis niet uit hebben gekeken. Weet ik veel. Maar ik zal het goedmaken met ze, ik zal het ze uitleggen...'

'Ik weet niet wat ik moet zeggen. Het komt mij voor dat je geen kritiek op Mathilde kunt hebben als het echt zo is wat Miquel mij heeft verteld, namelijk dat Mathilde het tussen jullie heeft uitgemaakt omdat je voortdurend vreemd ging.'

Pedro zei niets.

'Is dat waar, Pedro?' vroeg Lucia.

Ze betrapte zichzelf erop dat ze bang was voor zijn antwoord. Waarom? Omdat ze verliefd aan het worden was en ze niet wilde dat hij zo was als de flierefluiters van Ashana?

'Ja,' zei Pedro zacht. Hij keek weg. 'Het is waar. Ik ben haar van het begin af aan ontrouw geweest. Ik kan dat niet. Ik kan mij niet met hart en ziel aan een vrouw overgeven. Als ik van haar hou, moet ik haar verleiden en mij daarna tegen haar verzetten.'

Lucia was stil. 'Jammer,' zei ze toen verdrietig. 'Ik vind het jammer dat je iemand bent op wie je maar beter niet verliefd kunt worden.'

Pedro keek op. De ene kant van zijn gezicht werd aangeraakt door het licht dat door de deur naar binnen stroomde, de andere kant bevond zich in de schaduwen in de kamer.

'Als je verliefd op mij wilt worden, hou jezelf dan alsjeblieft niet tegen!' zei hij onstuimig. Lucia's onwillige bekentenis raakte hem op meer dan één manier.

'Ik zou gek zijn als ik mijzelf niet zou tegenhouden,' antwoordde zij kordaat. 'Kom op, we gaan terug.'

Ze liep via de voorkamer naar buiten. Zonder iets te zeggen volgde hij haar en duwde de deur achter zich dicht.

Buiten zaten de honden op hen te wachten. 'Jezus, ik word nog eens gestoord van die vieze beesten!' riep Lucia geïrriteerd uit. 'Ze zijn nog erger dan luizen. Je raakt ze gewoon niet kwijt.'

HOOFDSTUK 10

Zwijgend liepen Pedro en Lucia terug naar de boerderij. Allebei voelden ze zich verloren. De verbroken liefkozing en het gesprek dat daarop was gevolgd, hadden een spanning achtergelaten die de hoge temperatuur en vochtigheidsgraad van de lucht tot een kwelling maakte.

Onder het afdak troffen zij Carmen aan, zittend op een stoel, met haar voeten op de balustrade. Zonder de middeltjes die ze na iedere wasbeurt in haar haar smeerde, droeg ze op haar hoofd een bos zwarte strengen als de slangen van Medusa. Haar zwempak was aan haar lichaam opgedroogd en haar voetzolen zagen zwart van het vuil. Met een vertederde blik op Lucia beëindigde ze het verhaal dat ze aan Miquel, die naast haar op een stretcher lag, zat te vertellen: 'En dus noemt Johanna ons geen "mevrouw" meer. En jullie geen "meneer" meer, neem ik aan.'

Miquel grijnsde. 'Als ik het zo hoor, verricht je niets dan goede daden,' zei hij tegen Lucia.

Die negeerde hen beiden, plofte met een chagrijnig gezicht op een stoel neer en verzuchtte: 'Ik heb dorst, dorst, dorst! Hoe houden jullie het uit in dit land?'

'Het is hier heet als in de hel,' beaamde Pedro. 'Ik zal iets te drinken voor je halen.'

Terwijl hij in de richting van de achterdeur sjokte, kruiste zijn blik die van zijn jongere broer, die, toen hij uit het zicht verdwenen was, samenzweerderig aan Lucia vroeg: 'Wat heb je met hem gedaan? Hij ziet eruit als een geslagen hond.'

'Hij heeft het moeilijk met zijn scheiding.'

'Je hoeft geen medelijden met hem te hebben, dat verdient hij niet.'

'Dat klinkt wel erg ongenuanceerd!'

Miquel vroeg zich ongerust af of Pedro die middag gelijk had gehad, en Lucia zich werkelijk tot hem aangetrokken voelde.

Ferdinand kwam het huis uit, met Pedro in zijn kielzog en een dienblad met een kan orgeade, vijf glazen en een schoteltje biscuitjes in zijn handen. Pedro had zijn overhemd uitgetrokken en zijn hoofd onder de kraan gehouden. Waterdruppels liepen over zijn gezicht en blote borst.

'Zo, kinderen,' kondigde Ferdinand aan. 'Een verversing en een versnapering!'

Lucia proestte. 'Zo nu en dan spreekt u wel erg ouderwets Nederlands, oom Ferdinand!'

'Zoals het vogeltje gebekt is, zingt het!' antwoordde Ferdinand laconiek.

Nadat ze haar glas had leeggedronken, vroeg Lucia hem: 'We zijn in het huis van Satish en zijn ouders geweest. Wat is er eigenlijk met hen gebeurd?'

Een ogenblik leek Ferdinand te bevriezen. Toen zette hij zijn limonade op de balustrade, ging staan, pakte zijn stoel en schoof hem omzichtig over de oneffen kleibodem heen en weer. Toen hij erin was geslaagd voor alle vier de poten steun te vinden, ging hij weer zitten en wrikte zijn billen over de zitting. Tevredengesteld pakte hij zijn glas van de balustrade, dronk het voor de helft leeg en ging toen, alsof hij Lucia niet had gehoord, naar zijn kippen zitten kijken, die een eindje verderop in het zand scharrelden.

Lucia probeerde het nog eens: 'Oom Ferdinand, ik vroeg u wat er met Satish en zijn familie is gebeurd.'

'Ik heb je wel gehoord! Maar ik ben niet verplicht om antwoord te geven!' viel de oude man uit. Maar toen hij Lucia's gekwetste gezicht zag, bedacht hij zich, zuchtte en zei kortaf: 'Als je het per se wilt weten... Tijdens het militaire bewind is de vader van Satish op zijn erf doodgeschoten. Kort daarna zijn Satish en zijn moeder naar Trinidad verhuisd. Je weet hoe de mensen in dit land zijn, ze willen niet wonen in een huis waar een moord is gepleegd. Ze zeggen dat het er spookt. Dus staat het leeg en is het in verval geraakt.'

'Tijdens het militaire bewind doodgeschoten! Maar wat is er dan gebeurd?'

Ferdinands gezicht vertrok. Hij draaide zijn hoofd in de richting van het bos en liet een diepe stilte vallen, die zijn gasten, naarmate zij langer voortduurde, de adem benam.

Miquel greep in. 'Uit de tijd van de staatsgreep en de jaren daarna stammen twee familiemysteries, Lucia. De moord op de vader van Satish en de dood van tante Helen. Alleen mijn vader, mijn moeder en oom Ferdinand kennen de ware toedracht. Je kreeg de indruk dat er een verband bestond tussen beide gebeurtenissen. Maar als je vroeg wat er precies was gebeurd, kreeg je te horen dat kinderen niet alles hoefden te weten. Op een gegeven moment begon je er gewoon niet meer over.'

Voorzichtig legde hij zijn hand op het dijbeen van zijn oom, die nog steeds naar het bos zat te staren. 'Het is zo lang geleden gebeurd... Zestien, zeventien jaar geleden. Deze verhalen vormen een wezenlijk onderdeel van de familiegeschiedenis. Ik wil ze echt een keer horen.' Met een triest glimlachje speelde hij zijn oom zijn troefkaart toe: 'En zoveel tijd heb ik niet meer!'

'Toe, oom Ferdinand...' Lucia fluisterde bijna. 'Sinds ik hier ben, voel ik mij een buitenstaander. Wilt u alstublieft vertellen hoe het was om die periode mee te maken? En wat uw familie, die ook een beetje mijn familie is, heeft moeten doorstaan?'

Ferdinand sloot zijn ogen. Nutteloze gedachten fladderden als motten door zijn hoofd. Nog even en de avond valt... Miquel zal vannacht koorts krijgen... De insecten in het bos zingen een eentonig lied. *Sjrrr-sjrrr, sjrrr-sjrrr...* Almaar door. Ik word er moe van. Lolliepop Gopal...

'Goed dan,' zei hij. 'Omwille van de nagedachtenis van tante Helen zal ik jullie het verhaal vertellen. Het is goed als jullie de waarheid kennen. Maar na vandaag moeten jullie het weer laten rusten. Jullie moeten mij beloven dat jullie mij geen vragen meer zullen stellen.'

Terwijl hij uit zijn ooghoeken zag dat Carmen haar benen van de balustrade haalde en haar armen om zichzelf heen sloeg alsof ze het koud had gekregen, viste Ferdinand zijn tabak uit zijn broekzak, draaide een shagje en stak het op.

'Drie mannen spelen in dit verhaal een hoofdrol: Ernst Gopal, Anton van Dijk en een militair van wie de naam niet bekend is. Na de dood van Ernst hebben Ram, een neef van Ernst, en ik onopvallend geprobeerd om erachter te komen wie hij was, maar hoe langer we zochten, hoe meer we eraan gingen twijfelen of hij wel echt een militair is geweest, of dat hij op die avond heeft gedaan alsof.

Maar laat ik beginnen met Ernst Gopal. Jullie kunnen je hem vast nog wel herinneren. Hij was een mooie man, met een honingbruine huid, dik zwart haar en groene ogen.

Ik heb hem op de markt leren kennen. Zijn vader kwam uit Trinidad en pachtte een stuk land op plantage Deemoed, waar hij citrusvruchten verbouwde. Ernst verkocht de sinaasappels, mandarijnen, pompelmoezen, grapefruits en lemmetjes. Hij was een geboren marktkoopman. Als hij zijn waren aanprees, wilde je naar hem blijven kijken en luisteren. Zulke mooie praatjes had hij... En zo'n verleidelijke glimlach... De andere kooplieden noemden hem Lolliepop Gopal, want hij had een voorliefde voor knalroze overhemden. Zo roze als de lolliepop van de hond. Sorry dames, maar zo noemden ze hem nu eenmaal.

Ernst heeft één keer in zijn leven een verre reis gemaakt. Op zijn achttiende jaardag nam zijn vader hem mee naar Trinidad, om met de vrouw te trouwen aan wie hij hem had uitgehuwelijkt toen ze nog kinderen waren. Met Shanti aan zijn zijde keerde Ernst een paar weken later terug.

De eerste tijd woonde hij met zijn bruid bij zijn vader in, maar toen Shanti in het jaar van de onafhankelijkheid in verwachting raakte, kocht Lolliepop het land hier vlakbij. Hij bouwde het huis, ontgon de grond en plantte suikerriet.

Toen tante Helen hoorde dat we buren kregen, en dat Shanti net als zij uit Trinidad kwam, was ze in de zevende hemel. Ze knoopte een hoofddoek om en bracht gemberbier en koek naar Lolliepop en zijn vrienden als ze aan het werk waren.

Shanti zagen we voor het eerst op de dag van de verhuizing. Ze was klein, zo rond als een van de pompelmoezen van haar schoonvader, en verlegen. Als een onderdanig hondje keek ze je aan. "Geef me te eten, aai me zo nu en dan, en sla me niet!" leken haar ogen te smeken.

Een paar weken nadat Ernst en Shanti in het huis waren getrokken, werd Satish geboren. De middag dat de weeën begonnen, kwam Ernst Helen halen om de vroedvrouw te helpen. Het was een zware bevalling. Sindsdien waren Helen en Shanti dikke vriendinnen. Ze zaten urenlang in het Engels te praten over hun eiland.

Na de onafhankelijkheid ging het geleidelijk bergafwaarts met het land. En na de staatsgreep, vijf jaar later, braken er echt grimmige jaren aan. Jullie weten ervan... Armoede, geweld en bedriegerij waren aan de orde van de dag. We moesten rapen en schrapen om rond te kunnen komen. En overal in het land vielen de banden tussen de mensen uiteen. Niemand durfde meer op een ander te vertrouwen.

Ook Lolliepop moest keihard werken om voldoende te verdienen om van te kunnen leven. Het vak van landbouwer viel hem tegen. Dat was wel iets anders dan op de markt staan! Daar kwam bij dat hij en Shanti een slecht huwelijk hadden. Zij was veel te zachtaardig voor hem. In de loop van de tijd werden zijn problemen zo zwaar om te dragen dat hij vals werd. Hij dronk te veel, zocht om het minste of geringste ruzie met zijn vrouw en begon haar te slaan.

Om iets bij te verdienen en van huis weg te zijn, nam Ernst op een gegeven moment een baantje in de stad. Hij bediende ieder weekend de filmprojector in de Maan – jullie herinneren je die

bioscoop wel, die alleen Bollywood-films vertoonde. Nu is hij afgebroken.
Op vrijdagmiddag ging Ernst weg en hij kwam op maandagochtend weer terug. De nachten bracht hij door in het huis van een nieuwe vriend, een Hollander die Anton van Dijk heette.'

Ferdinand had Anton één keer ontmoet. Op een zondagnamiddag waren hij en Ernst over de zandweg komen aanlopen. Met z'n drieën waren ze onder het afdak gaan zitten en hadden de fles rum opengemaakt die Anton had meegebracht.

Anton was een tengere jongeman, met de ogen van een roofdier. Hij had Helen aangestaard, alsof Ferdinand, haar echtgenoot, niet aanwezig was. Helen had zich schielijk teruggetrokken in het huis. Een paar minuten later had Anton naar de wc gemoeten. Na een korte aarzeling was Ferdinand opgestaan, had Ernst een smoesje verteld en was Anton achternagelopen. Hij was in het halletje blijven hangen, totdat de jongen klaar was.

Toen het donker werd, was er iets merkwaardigs gebeurd. Anton en Ernst, aangeschoten na een aantal glazen rum, vertelden de ene schuine mop na de andere. Ferdinand, die een vieze mop wel wist te waarderen, bespeurde achter hun schallende gelach echter een verkillende minachting, niet alleen voor vrouwen, maar voor mensen in het algemeen. Met een ongemakkelijk gevoel had hij om hun grappen zitten grinniken.

Toen was Anton midden in een zin stilgevallen. Met open mond staarde hij in de richting van het pad naar de Stille Kreek. Ferdinand keek ook. Vanuit het donker kwam een wolk vuurvliegjes aanzetten, een dichte verzameling lichtpuntjes. Het was alsof een klein deel van de sterrenhemel recht op hen af kwam koersen. Ook Ferdinands adem stokte. Nooit eerder had hij vuurvliegjes in een zwerm zien vliegen...

Anton was uit zijn stoel opgesprongen. Terwijl de wolk ter hoogte van de varkensstal uiteenviel en de lichtpuntjes alle kanten op dwarrelden, prevelde hij: 'Het dwaallicht, het dwaallicht!'

Hij keerde zich af en zette het op een lopen, het erf af en de zandweg op, in de richting van het huis van Ernst en Shanti. Na lacherig zijn excuus aangeboden te hebben, maakte ook Ernst zich uit de voeten. Kort daarop was de auto van Anton over de zandweg langs komen stuiteren.

Toen Ferdinand een paar dagen later op het voorval was teruggekomen, had Ernst er luchtig over gedaan. Hij had zijn schouders opgehaald en gezegd dat Anton gewoon een beetje bang was voor vuurvliegjes...

'Anton van Dijk was de jongste zoon van dominee Van Dijk, een bekende en gerespecteerde figuur in onze kleine gemeenschap,' vervolgde Ferdinand zijn relaas.

'De dominee was aan het begin van de jaren vijftig hierheen gekomen, met zijn vrouw en zoontje. De Hervormde Kerk had hem ingehuurd als predikant. Het gezin ging in een deftig huis in de stad wonen. In de jaren die volgden, werd het met nog vier zonen gezegend.

Het waren de nadagen van het koloniale bewind. Een ander soort blanken dan wij gewend waren, begon hierheen te komen. Deze mensen kwamen niet om te heersen en hun zakken te vullen, maar om ons te helpen. Dominee Van Dijk was ook zo iemand...

Ik zie hem nog door de stad lopen. Hij had een bos lichtbruine krullen, die in de loop van de tijd grijs werden, een goedmoedig rond gezicht en zwarte kraaloogjes. Kaarsrecht en met meestal een krant, een boek of een map met papieren onder zijn arm, snelde hij door de straten. Hij had het druk. Naast zijn werk voor de kerk schreef hij stukjes in de krant en hield hij iedere week een praatje op de radio. Vandaar dat iedereen hem kende.

De boodschap die hij uitdroeg was duidelijk: de mensen hier moesten zich spiegelen aan de hoogstaande cultuur waaruit hij afkomstig was. Hun moest een moderne, gezonde en christelijke levenswijze worden bijgebracht. Als het nodig was, moest een harde hand daarbij niet worden geschuwd...

Dominee Van Dijk heeft veel goed werk gedaan. Helen was een fan van hem. Maar ik moest, na alles wat wij hier hebben meegemaakt, lachen om de sprookjes die hij over zichzelf en zijn cultuur vertelde. Het brengt ongeluk om alleen in je goede geesten te geloven...

Zijn zonen waren het levende bewijs. De demonen die dominee Van Dijk het bestaan ontzegde, kregen vrij spel bij zijn kinderen. Ondanks zijn verwoede pogingen om die jongens in bedwang te houden, stonden zij bekend als arrogante blaaskaken. Zij keken op zwarten neer, en deden precies waar zij zin in hadden.

Jullie moeten bedenken dat veel blanke mensen hier toen in een isolement leefden. Als kleine groep hadden zij de macht over een grote groep, die zich vaak onderdanig opstelde, maar intussen ontoegankelijk was, en tot de tanden toe gewapend. Dat veroorzaakte bij sommigen van hen een onbedwingbaar verlangen om door te dringen in de mensen die zij overheersten, hen open te breken. Ging het niet goedschiks, dan maar kwaadschiks. Die behoefte voelde ik heel sterk bij Anton, die ene keer dat ik hem heb ontmoet. Eigenlijk was het een behoefte aan contact...'

Ferdinand nam behendig een laatste trek van zijn shagje, dat niet meer dan een centimeter lang was, gooide het op de grond en trapte het uit. In gedachten verzonken keek hij voor zich uit, terwijl zijn gasten zwijgend wachtten totdat hij verder zou gaan.

'In de tijd dat Ernst en Anton hun misdaad pleegden, was onze samenleving doordrongen van geweld. Dat verklaart misschien iets... Aan de andere kant kun je zeggen dat het hier eeuwenlang niet anders is geweest,' mompelde hij.

'Om de derde hoofdrolspeler aan jullie voor te kunnen stellen, moet ik beginnen met jullie iets te vertellen over de Maan, de bioscoop waar Ernst werkte. Ik weet niet of jullie er als kind weleens zijn geweest, maar het was een vreselijk verwaarloosd gebouw.

Op het herentoilet werkte het slot van een van de wc's niet goed meer. Het bleef soms steken en kon alleen van buitenaf worden opengemaakt. Er hing een briefje met een waarschuwing op de deur, maar als het druk werd, trokken sommige mannen zich daar niets van aan. Dus had Ernst de opdracht om voor aanvang van iedere voorstelling, na de pauze en na afloop, voor alle zekerheid te gaan kijken of hij iemand moest bevrijden.

Jullie weten hoe sentimenteel die Bollywood-films zijn: wulpse vrouwen en dikke helden met snorren zingen smachtende liederen voor elkaar. Soms kwamen er creoolse mannen naar die films kijken, alleen maar om te lachen en grappen te maken. De Hindoestanen in de zaal ergerden zich aan hen, maar aangezien die jongens meestal in een grote groep kwamen en behoorlijk agressief waren, bleef het bij wat geschreeuw over en weer.

Zo ook op die noodlottige avond. Na de voorstelling ging een van hen, een jongeman met een snorretje, naar de wc en raakte ingesloten. Zijn vrienden vertrokken zonder hem, want het gebouw was leeg toen Ernst de film had teruggespoeld, de plek waar hij werkte had opgeruimd en, voordat hij wegging, nog even op het herentoilet ging kijken.

Toen hij Ernst hoorde binnenkomen, begon de man in de wc te schelden op "die vuile koeliebioscoop". Volgens Lolliepop hebben zij elkaar toen een tijdlang zitten uitmaken voor "schijtkoelie" en "strontneger", totdat Lolliepop een einde aan het gesprek maakte door te zeggen dat hij als koelie geen zin had om een neger te bevrijden. Hij ging weg en sloot het gebouw af.

Wel... Diep in de nacht liepen Ernst en Anton dronken, en met een neus vol cocaïne, over straat. Ineens herinnerde Ernst zich die man in de bioscoop. Anton stelde voor om te gaan kijken of ze een beetje plezier konden maken.

Ze zijn naar de Maan gelopen en het gebouw binnengegaan. De man met het snorretje was er intussen in geslaagd om zich uit de wc te bevrijden. Hij had de deur ingetrapt. Toen Ernst en Anton binnenkwamen, was hij bezig de kassa van de kaartverkoop leeg te halen.

Ernst en Anton hebben hem overmeesterd en gezegd dat ze hem gingen straffen. Ze hebben zijn kleren uitgedaan en zijn handen vastgebonden. Anton heeft hem met zijn riem op zijn rug en zijn billen geslagen. Ernst heeft hem geschopt... Van het een kwam het ander... Uiteindelijk hebben ze die man verkracht...'

In de stilte die viel, hief Marsalis, die op de grond bij de stretcher van Miquel lag, zijn kop. Hij keek onderzoekend op naar zijn baasje, krabbelde overeind en sprong op schoot. Terwijl Miquel werktuiglijk zijn hand op de rug van de puppy legde, boog Lucia zich voorover en krauwde hem verstrooid achter de oortjes. Ze realiseerde zich dat de avond was gevallen, zonder dat zij het had gemerkt.

'De volgende ochtend moet tot Ernst en Anton zijn doorgedrongen wat ze hadden gedaan. Ernst heeft diezelfde dag nog zijn baan opgezegd. Anton is een paar dagen later met het vliegtuig naar zijn grootouders in Nederland vertrokken. Hij is nooit meer teruggekomen, want toen het militaire bewind een paar maanden later begon te moorden, heeft ook dominee Van Dijk zijn biezen gepakt en is hem met de hele familie achterna gereisd.

Op een avond heeft Ernst mij het hele verhaal verteld. Hij leefde in doodsangst dat de man met het snorretje naar de politie zou gaan of met een groep vrienden langs zou komen om wraak te nemen. In dat laatste geval wilde hij mijn hulp inroepen. Hij gaf Anton de schuld; volgens hem was het Anton die was begonnen. Ernst was zo'n zwakkeling...

Ik heb nooit geloofd dat er nog iets zou gaan gebeuren. De man met het snorretje zou zich zo vernederd voelen door wat er was gebeurd dat hij er met niemand over zou praten. Nee, ik maakte mij niet ongerust. Maar ik heb me vergist...'

'Laat op een avond, een tijdje nadat wij waren opgeschrikt door het bericht dat de militairen in koelen bloede een groep vooraanstaande burgers hadden vermoord, zat ik naar de radio te luisteren. Helen was bij Shanti.

Opeens hoorde ik in de verte een bromfiets aankomen. Hoestend vocht de motor om vooruit te komen over onze slechte weg. Ik zal het nooit vergeten; het was alledaags en angstaanjagend tegelijk...

In die dagen was er een avondklok ingesteld, en hoewel er in onze buurt niet goed werd gelet op de naleving daarvan, durfde niemand 's avonds zijn huis uit te gaan. Snel deed ik de radio uit, draaide de lampen uit en liep naar het raam.

Tussen de bomen zag ik het licht van de koplamp aankomen. Toen de bromfiets voorbijreed, zag ik dat er een man in militaire kleding op zat. Over zijn schouder hing een machinegeweer. Uit het feit dat het geluid even later stopte, maakte ik op dat hij naar het huis van Ernst en Shanti was gegaan. Ik dacht aan Helen, en rende naar buiten.

Toen ik bij Ernst en Shanti aankwam, stond de brommer voor de deur geparkeerd. Van achter het huis kwam licht en er klonken stemmen. Ik sloop erheen, hield mij verborgen en keek.

Ernst en de militair stonden tegenover elkaar. De militair hield zijn geweer op Ernst gericht. Het trilde. Ernst had zijn handen in de lucht gestoken. Hij zweette van angst. Helen stond schuin naast hem en achter haar stond Shanti, die Satish vastklemde. Satish was toen zeven jaar oud...

Helen zei streng: "Jongen, dat mag je niet doen! Doe dat geweer weg!"

De militair schreeuwde met een hoge stem: "Hou je smoel, vrouw! De militairen hebben de macht. Ik ben militair. Ik bepaal hier wat mag en wat niet mag! Deze man is mijn vijand. Hij en zijn vriend. Al die tijd heb ik aan hen gedacht. Al die tijd heb ik geweten dat ik hen zou laten boeten. Zijn vriend is gevlogen, maar hij gaat betalen!"

Shanti gilde. Ernst opende zijn mond om met een van zijn snelle praatjes te beginnen.

Maar de militair was al begonnen te schieten.'

Ferdinands stem begon te trillen. 'Jullie willen weten wat er is gebeurd? Nou, dan zal ik het jullie vertellen... Die man schoot wel twintig kogels in Ernst. Eerst in zijn hoofd. Aan de zijkant drongen ze naar binnen. Het hoofd van Ernst barstte open. Bloeddruppels en dingen; stukjes huid, haar, bot, hersenen, vlogen in het rond. Sommige vielen op Helen, op Shanti, op het kind... Ernst lag op de grond. De militair schoot in zijn lichaam. Bij ieder schot veerde het op.

Helen keek. Al die tijd hield ze haar ogen wijd open en keek.

Toen hij was gestopt met schieten, staarde de militair lange tijd naar het lichaam van Ernst. Vervolgens keek hij Helen aan. Uitdagend, alsof hij wilde zeggen dat God noch de duivel hem had kunnen tegenhouden, omdat hij gelijk had. Daarna liep hij naar zijn brommer. Vlak langs me heen, zonder mij te zien!

Hij startte en reed weg. Verstijfd luisterden wij hoe het geluid in de verte wegstierf. Pas toen het helemaal stil was, was het voorbij...'

'Wat een afgrijselijk verhaal,' fluisterde Lucia.

'Maar hoe kan dat nou? Hoe kan die man zich hebben vermomd als militair? Hoe is hij dan aan die kleding en dat geweer gekomen?' barstte Pedro op datzelfde moment los.

'Ik weet het niet... Het enige dat ik weet is dat het na het onderzoek dat Ram en ik hebben ingesteld heel onwaarschijnlijk is dat hij een militair is geweest. Niemand die iets met de militairen te maken had kende hem. En we hebben echt een hele tijd onopvallend rondvraag gedaan.'

'En in al die tijd bent u hem ook nooit ergens tegen het lijf gelopen? Dat lijkt bijna onmogelijk; we leven in zo'n kleine gemeenschap.'

'Nee. Maar misschien is ook hij vertrokken...'

'Wat een vreemd verhaal.'

'En de politie? Is de moord dan niet bij de politie aangegeven?' vroeg Lucia verontwaardigd. 'Iemand zal toch wel iets ondernomen hebben? Shanti, de dokter, de lijkschouwer, de pandit, zijn vader?'

'Meisje, doe niet alsof je niet weet wat een chaos het hier toen was! Wat denk je wel? Het regime pleegde moorden! En niet alleen op die ene afschuwelijke nacht in december. Geen mens durfde iets te ondernemen. Mensen die hun stem verhieven werden bedreigd, opgesloten, gemarteld. Velen zagen zich genoodzaakt om naar het buitenland te vluchten. Nee, je durfde je beklag niet te doen. Je hield je muisstil en hoopte dat alles eens goed zou komen.'

'Dat weet ik heus wel, oom Ferdinand. Het is alleen zo ongelofelijk...' zei Lucia beschaamd.

Miquel zag Satish voor zich. Omdat hij zoveel jaren jonger was dan Lucia en hij, hadden zij hem steevast afgewezen. Soms had hij tijdens het spelen opgekeken, en de blik van Satish ontmoet, die hen van een afstandje stond op te nemen. Net als de ogen van zijn vader hadden zijn ogen een verrassende kleur; net als de ogen van zijn moeder leken zij om mededogen te smeken.

'Hoe hebben Shanti en Satish gereageerd?' vroeg hij zacht.

'In de dagen vlak na de moord zat Shanti in een stoel en zweeg. Satish hing in haar buurt rond. Ook hij zei niet veel. Helen heeft voor hen gezorgd, totdat Shanti's familie uit Trinidad overkwam.

Op de avond na de crematie was Satish ineens verdwenen. Shanti raakte in paniek. Helen en ik hebben aangeboden om hem te gaan zoeken, want wij kenden de buurt beter dan Shanti's familieleden.

We hebben uren gezocht. Uiteindelijk hebben we hem gevonden op het kruispunt van de Houtzagerijweg en de autoweg naar de stad.

Vanwege de avondklok lagen de wegen er uitgestorven bij in het licht van de lantaarns. Satish liep vierkanten. Als een opwindpoppetje stak hij de weg over, draaide een kwartslag, stak de volgende weg over, draaide een kwartslag, stak over, en zo door, almaar door... Een klein jongetje met een groot hoofd, in een korte broek. Zijn schaduw groeide en kromp en draaide om hem heen. We riepen zijn naam, maar hij reageerde niet.

Helen is naar hem toe gegaan en heeft hem heel voorzichtig van de weg geschept. Hij protesteerde niet. Ze heeft hem de hele weg naar huis gedragen.

Kort daarop zijn Shanti en Satish naar Trinidad vertrokken. Sindsdien staat het huis leeg...'

Met een klein stemmetje vroeg Carmen: 'En tante Helen?'

Er viel een ongemakkelijke stilte. Met een beklemd gevoel luisterde Lucia ernaar. Ze wist ineens niet meer zo zeker of zij het verhaal over de dood van tante Helen wel wilde horen.

De laatste etappe, dacht Ferdinand, en hij begon op vlakke toon te vertellen.

'Toen ik na het bloedbad te voorschijn kwam, vroeg Helen mij: "Was je al die tijd hier?"

"Ja," zei ik.

Zij vroeg: "Waarom heb je niets gedaan?"

Ik moest haar het antwoord schuldig blijven.

"Alles is vuil geworden," zei ze. "Alles... Het land, het bos, het huis, het kind en jij en ik zijn vuil geworden."

Na het vertrek van Shanti en Satish werd ze stil. Ze zat de hele dag in een stoel in haar mooie kamer. In het donker. Alsof ze geen zin meer had om te leven.

Na een paar maanden pakte ze haar oude bestaan wel weer op, maar als een marionet, alsof ze aan touwtjes hing die ze met haar eigen wilskracht aantrok en liet vieren.

En toen is ze verdronken...

Ik was in Maatdorp om opa Chin A Loi te helpen met het bouwen van een kippenhok. Om twee uur zou ik Helen ophalen om haar naar de stad te brengen voor een gebedsdienst met de Leliën des Velds. Ik stopte voor het huis, bleef op de weg staan en toeterde. Er kwam niemand. Ik riep een paar keer. Toen ben ik uitgestapt. Ze was niet te vinden in het huis of op het erf. Dus liep ik naar achteren.

Uit de verte zag ik haar uitgaanstas, haar mooie roze tas, op de punt van de aanlegsteiger staan. De hengsels stonden omhoog. Ze kon niet zwemmen. Ze was bang voor water, weigerde erin te gaan. Ik begon als een gek te rennen...

Ze dreef op haar rug tussen de boomwortels en de planten aan de overkant. Gekleed in haar groene jurk met rode bloemen. Ze had haar rode hoed op en haar rode lakschoenen aan. De punten staken omhoog uit het water. Ik ben in de kreek gesprongen en naar haar toe gezwommen. Ik heb haar beetgepakt. Ze was ijskoud. Ze moest van de steiger zijn gevallen...

Later kwam de twijfel. Wat was er gebeurd? Hoe kon ze zomaar van de steiger vallen? Of was ze geduwd, omdat ze de enige getuige was van de moord op Ernst? Shanti en Satish waren het land uit, en de militair had mij niet gezien.

Ik was zo in de war nadat ik haar had gevonden dat ik niet eens heb gekeken of er vreemde bandensporen op de weg te zien waren, of voetsporen op het erf. Daaraan had ik kunnen zien of er die middag iemand op het erf was geweest.

Maar aan de andere kant: de moord op Ernst was meer dan een jaar daarvoor gebeurd. Zo lang wacht je toch niet als je iemand het zwijgen wilt opleggen? Was het dan toch een ongeluk geweest? Maar ze was zo treurig en stil. Had ze misschien een einde aan haar leven gemaakt? Vragen, vragen, vragen! Ik wist het antwoord niet. Ik weet het nog steeds niet!'

Carmen zat doodstil op haar stoel, haar ogen op het van pijn vertrokken gezicht van haar oom gericht. Haar hart bonkte. Toen ze de beslissing nam om haar aanwezigheid op het erf op te biechten, voelde ze hoe het een grote hoeveelheid bloed naar haar schedel begon te pompen.

'Oom Ferdinand,' zei ze, 'Tante Helen is niet per ongeluk van de steiger gevallen en ze is er ook niet vanaf geduwd. Op de middag dat ze stierf ben ik hier geweest. Ik trof niemand aan in het huis of op het erf. De vrachtwagen was er niet, dus nam ik aan dat jullie weg waren. Ik liep naar de kreek om even aan het water te gaan zitten voordat ik terugreed naar de stad. Halverwege het pad zag ik haar tas op de aanlegsteiger staan. Toen zag ik haar. Ze stond met haar kleren aan en haar hoedje op in de kreek. Het water kwam tot aan haar borsten. Ze zong een liedje over schoonwassen en boende intussen met een groot stuk zeep haar armen, haar hals, haar gezicht en de boezem van haar jurk. Ik was stomverbaasd om haar zo te zien. Ik wilde haar niet storen... En ik wilde haar ook niet beschamen... Dus ben ik weggeslopen. Toen ik hoorde dat ze dood was, durfde ik niet te vertellen wat ik had gezien. Ik heb het alleen aan Nelson verteld...'

Ferdinand staarde Carmen verbijsterd aan. 'Wát zeg je?! Je zag haar in het water staan? Ze stónd in het water?'

'Ja. En ze waste zich en zong.'

'En dat durfde je niet te vertellen? Waarom niet, in godsnaam?!'

'Ik voelde mij zo schuldig!'

Ferdinand wendde zijn gezicht af.

'Dan weet ik het nu eindelijk, eindelijk...' fluisterde hij. 'Ze heeft haar leven beëindigd, nadat ze het vuil van zich had afgewassen... En ze heeft haar kleren aangetrokken, haar hoed opgezet en haar tas op de steiger gezet, omdat ze mij wilde laten geloven dat het een ongeluk was...'

Carmen riep klaaglijk uit: 'Het is mijn schuld! Ik had haar kunnen tegenhouden! Het is mijn schuld dat tante Helen dood is!'

Ferdinand vloog op uit zijn stoel. Zijn vinger priemde in Carmens richting. 'Als jij die middag aan haar had gevraagd wat ze in het water deed, zou ze je smoesjes hebben verkocht! Ze zou je op het hart hebben gedrukt om niet aan mij te vertellen wat je had gezien. En ze zou de week daarop een einde aan haar leven hebben gemaakt. Jij moet eens ophouden met zo gretig ongelukkig te zijn, meisje! Dit verhaal behoort tante Helen en mij toe! En niet jou!'

Ferdinand liet zijn arm zakken, keek hulpeloos om zich heen en liet zich toen met een plof weer op zijn stoel vallen.

'Als er iemand schuldig is aan de dood van tante Helen, dan ben ik het. Ik heb haar niet geholpen met haar verdriet. Het is mijn schuld. En het is de schuld van deze door en door verrotte samenleving. En het is haar eigen schuld. Wat dacht ze wel, dat het leven van melk en honing is gemaakt? Ze wilde alleen maar het mooie en het goede... En het lieve... Het kwade weigerde ze gewoon te zien. Ze speelde moedertje met jullie, en negeerde het feit dat ze geen kinderen kon krijgen. Ze hield onderonsjes met God, en geloofde dat Hij al haar wensen in vervulling zou laten gaan. Ze wist dat ik haar bedroog met andere vrouwen, maar ze werd iedere dag met een glimlach naast mij wakker. En toen ze haar ogen niet langer kon sluiten, toen het kwaad zijn werk pal onder haar neus deed, wilde ze het niet accepteren. Ze ging liever dood dan in een wereld te leven waarin het kwaad was.'

Terwijl hij sprak, had Carmen geschokt geluisterd. Maar toen hij zweeg, spanden de spieren in haar blote benen zich en balde ze haar vuisten. Haar stem snerpte: 'Tante Helen en ik hebben ook een verhaal! En dat behoort mij toe. Ik hield van haar. En zij van mij. Ze was trots op mij! Denkt u dat ik zo stom ben dat ik niet zag dat er die middag iets met haar aan de hand was? Natuurlijk zag ik dat! Ik had met haar moeten praten. En hoe weet u zo zeker dat zij mij had geprobeerd af te schepen? En dat ik haar niet had kunnen helpen? Dat weet u helemaal niet! Dat kúnt u niet weten. Ik had met haar moeten praten!'

HOOFDSTUK 11

De maan zeilde de koepel van de nacht binnen, die tot de nok toe was gevuld met sterren. Ze was in haar laatste kwartier en hing scheef, uit balans getrokken door een uitpuilende buik.

Miquel stond in haar licht op de zandweg voor de boerderij en zwaaide Lucia, Carmen en Pedro uit. Toen de auto om een bocht was verdwenen en Pedro zijn laatste groet had getoeterd, liet hij zijn arm vallen.

Hij was uitgeput, en voelde een doffe pijn in zijn onderbuik opkomen. Koorts brandde op zijn wangen, onder zijn oksels en in zijn kruis. Zijn ogen prikten en zijn mond was droog. Hij wilde niets liever dan gaan slapen. Maar eerst moest hij zich om oom Ferdinand bekommeren.

Het huis was in duisternis gehuld. Alleen in de keuken flakkerde licht. Ferdinand stond met zijn rug naar Miquel toe voor de plank waarop overdag de olielampen werden bewaard. Hij was bezig ze bij te vullen en aan te steken. De geur van petroleum vulde het vertrek.

'Zijn ze weg?' vroeg Ferdinand, zonder zich om te draaien.

'Ja. Ik moest u van Lucia nogmaals bedanken voor de logeerpartij.'

Er viel een korte stilte.

'Oom Ferdinand, zullen we even gaan zitten?'

'Waarom?'

'Ja, ik weet het niet, maar ik vroeg me af of het wel goed met u ging. U hebt die vreselijke gebeurtenissen moeten oprakelen. En onder ogen moeten zien dat tante Helen zelfmoord heeft gepleegd. U moet zich ellendig voelen. Misschien wilt u praten...'

'Nee, jongen. Neem je medicijnen en ga slapen.'

'Weet u het zeker?'

'Ja.'

Opnieuw was het stil.

'Dan ga ik maar naar bed. Ik ben doodmoe. Welterusten, oom Ferdinand.'

Ferdinand keerde zich om naar Miquel, reikte hem een brandende olielamp aan en wenste hem goedenacht. Hij keek zijn neef na, die gebogen als een oude man de keuken uit schuifelde. Toen pakte hij zelf een lamp en liep de deur uit naar het achtererf.

Werktuiglijk sloot hij de hokken van de dieren af voor de nacht. Toen hij klaar was, ging hij onder het afdak zitten, zijn lamp naast zich op de balustrade.

Een tijdlang zat hij voor zich uit te kijken. Carmens biecht had in zijn hoofd en in zijn romp een leegte achtergelaten, alsof zijn organen waren opgelost. Hij kon niet denken en niet voelen. Hoe vaak hij het zinnetje 'Helen heeft zelfmoord gepleegd' ook bleef herhalen, de door zijn schedel, borstkas en heupbeenderen omsloten ruimte bleef leeg.

Misschien zou het helpen als hij naar de Stille Kreek ging om met Helen te praten. Hij stond op van zijn stoel. Geen van de honden, die om en onder het huis lagen te slapen, verroerde zich toen hij het pad begon af te lopen.

Aangekomen bij de kreek ging hij op de punt van de steiger zitten en rolde een shagje, zijn vaste ritueel als hij zijn vrouw opzocht in de nacht. Terwijl hij rookte, staarde hij naar het water. De maan en de sterren weerkaatsten in de zwarte spiegel. Op het eerste gezicht leek het beeld stil te staan. Maar in werkelijkheid deinde het nauw waarneembaar. Traag vloeiden de vormen uit. De scheve maan werd nu eens volmaakt rond, dan weer schever dan ze in werkelijkheid was.

'Helen... Je hebt zelfmoord gepleegd. Je wilde doodgaan. Ik

weet het nu. Wat ik al die jaren heb willen weten, weet ik nu.'
	Toen kwam er niets meer. Hij zocht naar woorden, maar vond er geen. Na een tijdje krabbelde hij overeind en haastte zich het pad af.
	Met grote passen liep hij zijn huis voorbij de zandweg op en sloeg de richting in van het krot van Shanti en Ernst. Enkele van zijn honden hieven hun kop om hem na te kijken. Zo hol als zijn hoofd en romp aanvoelden, zo stijf waren zijn ledematen. Houterig als een tot leven gekomen vogelverschrikker beende hij in het maanlicht uit het zicht van zijn beesten.
	Lange tijd bleef hij vanaf de weg naar het buurhuis staan kijken. Als was hij een tweede getuige, een die op de nacht van de moord op de plek had gestaan waar hij nu stond, riep hij het beeld op van de bromfiets die voor de deur geparkeerd stond. Het licht dat aan de achterkant van de woning scheen. Hij zag zichzelf in de schaduwen tegen de zijkant van het huis staan, zijn lichaam tegen de planken gedrukt. Hij hoorde schoten. Even later zag hij zichzelf verstijven. De militair liep langs hem heen, zonder hem te zien. Zodra hij gepasseerd was, glipte zijn vroegere zelf de hoek van het huis om. De militair veegde met een vies gezicht een van zijn handen af aan zijn broek, slingerde het geweer om zijn schouder, startte de bromfiets en reed weg. Even was er niets te zien of te horen. Toen klonk er zacht gejammer op. Onverwachts zag Ferdinand Helen om de hoek van het huis komen. Op haar gezicht stond een verwoestende wanhoop te lezen. Hij schrok, en zette het filmpje in zijn hoofd stil.
	Hij overwoog of hij verder zou lopen, of het huis binnen zou gaan. Omdat hij nog niet terug naar de boerderij wilde, of de weg verder wilde aflopen, koos hij voor het huis.
	Binnen was het aardedonker. Het maanlicht dat door de open deur viel, wierp een langgerekte lichtplek op de vloer, met in het midden zijn silhouet.
	Uit de achterkamer klonk plots een hard geluid, alsof er iets omviel. Gestommel, geritsel, blote voeten op de houten vloer volgden. Ferdinand bevroor, de deurklink in zijn hand. Hij

hoorde iemand de achterdeur openen, waarmee het maanlicht ook van die kant het huis in stroomde.

Ferdinand snelde naar binnen, in de richting van de achterkamer. In de achterdeur zag hij de oude vrouw staan die in de vroege ochtend zijn erf had aangeveegd. Ditmaal was haar hoofd onbedekt. Ze had wit kroeshaar, dat in dikke vlechten uitstond. Ze hijgde en keek hem angstig aan.

'Wacht...' zei hij vriendelijk, terwijl hij zijn hand naar haar uitstrekte. 'Wacht. Ik doe je niets. Ik wil je alleen maar iets vragen.'

De vrouw aarzelde een moment en verdween toen uit de deuropening. Ferdinand snelde erheen en keek naar buiten. De vrouw was nergens te bekennen. Een luid geritsel klonk op uit het struikgewas dat het huis aan alle kanten omringde. Hij kon niet goed horen uit welke richting het kwam. Hij rende naar buiten, keek om de ene hoek van het huis en toen om de andere, en draafde daarna een eindje het overwoekerde pad dat naar de kreek voerde af. Niemand te zien.

Plotseling wanhopig, brulde hij tegen de nacht: 'Kom alsjeblieft terug! Kom terug! Ik heb je nodig. Ik moet je iets vragen. Ik zweer je dat ik je niets zal doen!'

Hij wachtte lange tijd, maar het bleef stil. Toen vroeg hij zich af wat hij de vrouw eigenlijk had willen vragen. Of Helen het goed maakte? Of ze spijt had van haar daad? Of ze nog weleens aan hem dacht?

Plotseling realiseerde hij zich dat er iets was veranderd in zijn lichaam. Het geluid van zijn stem had de leegte doen ineenstorten. Beangstigend snel liep hij vol met een pijn die zo puur en donker was als het water waarin Helen de dood had gezocht. Herinneringen aan de avond van de moord en de maanden die daarop waren gevolgd, tot aan het moment waarop hij zijn vrouw in de kreek had gevonden, gulpten met de pijn mee naar binnen. Hij vluchtte het huis in, liet zich op het matras vallen en begroef zijn gezicht in zijn handen.

Nadat hij zijn medicijnen had ingenomen en een paar glazen water had gedronken, was Miquel in het bed van Ferdinand gekropen, waar hij met Lucia had geslapen tijdens haar logeerpartij. Hij had geen kracht meer gehad om zijn spullen terug te verhuizen naar zijn kamer en de lakens te verschonen.

Kort daarop begon hij te branden. De hitte doorschoot zijn lichaam als een levend vuur, waarvan de vlammen nu eens hoog opflakkerden, dan weer afnamen en dansjes maakten op hout dat dieprood gloeide, om daarna met kleine explosies op te vlammen en een tijdlang gestaag te branden. Zijn botten en spieren sidderden. Gesuis en zo nu en dan gebulder vulde zijn oren.

Hij was te moe om te vechten, gaf zich over en liet zijn bewustzijn verdampen in de vuurstorm.

Lucia zat in het donker in de keuken van het huis aan de rivier, opgekruld in de schommelstoel van Johanna. Met haar vuisten tegen haar lippen geduwd luisterde ze naar de geluiden die uit de tuin kwamen. Boven het murmelen van de rivier en het koor van nachtelijke insecten uit hoorde zij Carmen huilen, zo nu en dan begeleid door een angstig gepiep van de hond van de wachter.

Pedro had Carmen en Lucia voor het hek afgezet, en was meteen doorgereden. Tijdens de autorit terug naar de stad hadden zij gezwegen. Zij hadden genoeg gehad aan hun eigen gedachten. Bovendien had de spanning die van Carmen uitging ieder gesprek doen doodbloeden.

De wachter had hen binnengelaten. Carmen en Lucia waren naar het huis gelopen, waar Carmen aan de voet van de keukentrap was blijven staan.

'Ik blijf nog even in de tuin,' had ze hees aangekondigd.

'Weet je het zeker? Laten we een glas whisky drinken. Even napraten.'

'Nee, ik wil alleen zijn.'

'Wat je wilt, Carmen. Maar je moet je niet zo afsluiten. Oom Ferdinand had wel een beetje gelijk...'

'Laat mij nou maar.'

Lucia had een douche genomen. Ze had zich naakt over de duistere gang naar haar slaapkamer gerept. Daar had zij het hartverscheurende gesnik voor het eerst gehoord. Gealarmeerd had ze een laken van haar bed gegrist en om zich heen geslagen, was de trap af gerend en de veranda op gesneld.

Carmen zat op de lage muur langs de rivier, haar gezicht opgeheven naar de maan, die hoog boven het water stond. Haar bovenlichaam wiegde ritmisch heen en weer.

Een paar meter achter haar stond de wachter zijn handen te wringen. 'Mevrouw Walker, mevrouw Walker, laat me iets voor u doen!'

Driftig trok Carmen haar schouders op en sloeg met haar handen van zich af. 'Laat me met rust, Immanuel! Ga weg!' siste ze tussen haar snikken door.

De wachter had zich teruggetrokken in de schaduw onder de bomen. Hij liet zich tussen de wortels glijden. Zijn hond nestelde zich aan zijn voeten en legde zijn kop in zijn schoot. Niet lang daarna begon het dier zo nu en dan bangelijk te piepen. Lucia was de keuken in gevlucht.

Terwijl zij met haar ogen gesloten en haar knokkels tegen haar voortanden gedrukt naar Carmen luisterde, groeide de neerslachtigheid die het verhaal van oom Ferdinand had opgeroepen.

Als een wolvin zat Carmen tegen de maan te janken, hoofd in de nek, woeste haardos als een vacht om de schouders. De wachter, die haar wilde troosten, werd afgeblaft. Toch bleef hij trouw over haar waken. Overdag waakten Johanna en Prem. Hoe ongelukkig Carmen ook was, ze was thuis bij deze mensen, in deze tuin, onder deze maan. Haar wortels schoten diep. Hoe had zij het zich anders kunnen permitteren om zich al die jaren zo schaamteloos over te geven aan haar verdriet?

Dat diepe gevoel van identiteit en geborgenheid dat Carmen in staat stelde zonder terughouding te gehoorzamen aan de excentrieke wetten van haar persoonlijkheid, was voor Lucia voorgoed verloren gegaan toen zij zich inscheepte op het oceaanschip.

'Kinderen, dit is Lucia Mac Nack! Nu hebben wíj ook een bruin meisje in de klas!' Op haar eerste dag op school in Rijswijk had de juffrouw haar bijna uitgelaten bij de andere kinderen geïntroduceerd. Haar lange, rood geverfde haar, waar ze om de zoveel tijd haar vingers doorheen haalde, haar zwierige kleren en de sieraden aan haar oren en rond haar nek en polsen, bewogen terwijl zij sprak.

'Lucia komt uit Suriname. Zoals jullie weten, is Suriname een kolonie geweest van ons land. Dat wil zeggen dat wij er tot voor kort de baas waren. Stel je voor dat sommige volken net als kinderen zijn, en andere als volwassenen. Om te kunnen opgroeien hebben de kinderlijke volken de hulp nodig van de volwassen volken, zoals jullie hulp nodig hebben van jullie vaders en moeders om groot te worden. Dat is niet iets om je voor te schamen. In het land waar Lucia vandaan komt, heeft ons volk de mensen geholpen om zich te ontwikkelen. Dat deden we natuurlijk ook omdat we er ons voordeel mee konden doen. We haalden er onze suiker, rijst, koffie, cacao en katoen vandaan. Nu is Suriname toe aan zelfstandigheid. Maar net als bij een student die voor het eerst op kamers gaat wonen, worden er daar nog veel fouten gemaakt. Het is er af en toe zelfs een regelrecht zootje!' Terwijl ze lachend haar armen spreidde, maakte de juffrouw een einde aan haar relaas: 'En daarom woont Lucia nu bij ons. Heet haar hartelijk welkom en help haar zoveel als je kunt.'

Lucia had strak naar het meisje op de Novib-kalender gekeken, dat eruitzag alsof ze ook uit Suriname kwam. Ze had haar bezworen dat ze niet kinderlijk zou blijven.

Een paar weken later waren de lessen dramatische vorming begonnen. Lucia had het toneelspelen ontdekt. Al snel roemde Piet, de dramadocent, die tot haar verbazing door de kinderen bij zijn voornaam mocht worden genoemd, haar als 'de beste kleine actrice' van de klas.

Na de kerstvakantie maakte Piet bekend dat het jaar zou worden afgesloten met een opvoering van het toneelstuk *Assepoester*. Toen hij vroeg wie zich wilde opgeven voor de hoofdrol, schoot Lucia's vinger de lucht in. Ze keek snel om zich heen en zag tot haar opluchting dat ze geen mededingsters had.

Piet staarde haar aan. Toen zei hij: 'Maar Lucia, je moet toch begrijpen dat dat niet kan... We hebben geen zwarte kinderen in de klas die de vader, moeder en zusters van Assepoester kunnen spelen, en de prins zou eerlijk gezegd nooit op een zwart meisje vallen.' Hij pauzeerde, werd rood en voegde er haastig aan toe: 'Dat doen jongemannen uit de hoge kringen niet. Daar zijn ze te deftig voor.'

De tranen sprongen Lucia in de ogen. Piet verzekerde haar met een hoge stem dat ze een mooie rol zou krijgen. Iemand die op het bal was uitgenodigd, bijvoorbeeld een prinses uit het Oosten. En trouwens... Had ze er al aan gedacht dat als zij Assepoester zou spelen, het stuk ineens over discriminatie zou gaan? Zijn stem sloeg over.

Lucia stond op. Trillend begon ze de lange weg naar de deur van de gymzaal af te leggen. Piet stopte met praten. Hij liet haar gaan.

Huilend was ze naar huis gelopen. Haar moeder had haar in haar armen gesloten en haar minutenlang niet meer losgelaten. Toen had ze gezegd dat Lucia's huidskleur in Nederland een val was, die ieder moment rond haar enkel kon dichtklappen, zich pijnlijk in haar vlees kon boren en haar het voortgaan kon belemmeren. Zo was het nu eenmaal. Het enige dat zij ertegen kon doen, was proberen stropers zo min mogelijk aanleiding te geven om vallen op haar pad te plaatsen.

Terwijl Lucia de schommelstoel van Johanna driftig liet schommelen, doemden er beelden voor haar op van mensenmassa's in Nederlandse warenhuizen, in supermarkten, op stations en in treinen. Grote groepen witte mensen, die gehaast en met een strak masker hun weg gingen. Zonder voor iemand uit de weg te gaan. Ze had het nooit van zichzelf mogen denken of zeggen, maar hoewel ze zich fier rechtop hield in die blanke mensenzee, was ze bang. Met een diep gevoel van afkeer, alsof ze een zorgvuldig in stand gehouden taboe doorbrak, zag ze onder ogen dat ze in haar kinderjaren bevreesd moest zijn geraakt voor witte mensen en dat ze die angst nooit helemaal kwijt was geraakt. En zij stond avond aan avond voor hen te spelen.

De herinnering aan een middag in de herfst, toen ze met twee vriendinnen in de bossen bij Castricum was gaan wandelen, schoot haar te binnen. Ze waren een café in gegaan om koffie te drinken. In de piepkleine gelagkamer zaten twee jonge mannen met kaalgeschoren hoofden. Aan hun voeten lag een buldog. Toen de mannen Lucia zagen, sloten hun gezichten zich en kregen ze een kille, verongelijkte uitdrukking. Dat gebeurde zo openlijk dat het ook haar vriendinnen opviel.

Lucia ging met haar rug naar de mannen zitten. Haar vriendinnen namen met afkeurende gezichten tegenover haar plaats. Binnen vijf minuten gingen zij zo op in hun gekwebbel dat zij de mannen waren vergeten. Lucia had het gevoel dat haar rug in brand stond. Toen ze de spanning niet langer kon verdragen keerde ze zich om, glimlachte poeslief naar de mannen en begon de nurkse hond aan te halen. Een tijdlang keken de twee uitdrukkingsloos toe. Toen ontdooiden ze een beetje. Lucia stelde de ene vraag na de andere over de buldog. Toen ze zeker wist dat ze hun weerstand had gebroken, keerde ze zich met een glimlach van hen af.

Buiten op het bospad stak een van haar vriendinnen haar arm door de hare en riep: 'Wat ga jij toch goed om met discriminatie! Je ontwapent die idioten door te laten zien dat je een gewoon, aardig mens bent.' Lucia verstijfde, maar slikte haar repliek in.

Ze had zich laten beteugelen door haar angst. Zozeer zelfs dat ze, als ze op straat Surinaamse junkies uit hun dak zag gaan, steevast dacht: Hou op! Gedraag je alsjeblieft normaal. Dat je zwart bent is al erg genoeg!

Het licht floepte aan. Lucia schrok op en knipperde met haar ogen. Carmen kwam de keuken binnenstampen. Ze was gestopt met huilen, maar zag er verwilderd uit. Haar haardos zag eruit alsof ze eraan had getrokken en haar ogen waren rood en gezwollen. Onder haar neus glinsterde een spoor snot.

'O, ben je hier,' zei ze met een schorre stem. 'We gaan whisky drinken! Pak de fles en vijf glazen. En ijsblokjes... Kijk of er ijsblokjes in de vriezer liggen. We zitten in de tuin.'

'Pardon?' vroeg Lucia verdwaasd.

Maar Carmen was de keuken al uit. Dreunend holde ze de trap op. Lucia hoorde haar boven haar hoofd door de gang marcheren en haar slaapkamer binnengaan.

Ze stond op, wikkelde het laken strakker om zich heen en duwde de punt diep onder de bovenrand. Vijf glazen... Tegen beter weten in wierp ze een blik in de tuin om te zien of ze iets had gemist en er mensen waren gearriveerd. De tuin was leeg. Alleen de wachter zat op zijn plek tussen de wortels een sigaret te roken.

Lucia zuchtte diep. Ze zette de fles whisky die ze op Schiphol voor Carmen had gekocht met vijf glazen op een dienblad en leegde een vorm ijsblokjes in een steelpannetje. Carmen kwam intussen de trap weer af hollen en liep de keuken binnen met in haar handen de grote foto's van Nelson en tante Helen die op haar nachtkastje stonden.

Verontrust staarde Lucia ernaar.

Carmen duwde haar met haar heup uit de weg en wurmde de portretten tussen de glazen, de fles en het steelpannetje op het dienblad. Ze pakte het op en liep de keuken uit. 'Ga je mee?' vroeg ze, een stormachtige blik op Lucia werpend.

Lucia knikte gedwee en liep, in de cocon van haar laken gevangen, met kleine pasjes achter Carmen aan naar de veranda, de verandatrap af.

'Immanuel!' riep Carmen toen ze beneden waren, op dezelfde bevelende toon die ze tegenover Lucia had gebruikt. 'Kom whisky met ons drinken!'

De wachter, een sigarettenlichtje in het duister, kwam te voorschijn.

'Ik ben zeer vereerd, mevrouw Walker,' zei hij, een lichte buiging makend. 'Hallo, mevrouw Mac Nack.'

Carmen zette het dienblad op de plek waar ze even tevoren had zitten huilen, en ging zitten. Lucia ging aan de andere kant van het blad zitten en de wachter nam plaats naast haar. Voorzichtig zette Carmen de portretten op de muur. Toen scheurde ze het zegel van de whiskyfles, opende hem, schepte met haar hand twee ijsblokjes in alle vijf de glazen en schonk ze vol. Met toewijding plaatste ze een glas voor ieder portret. Toen reikte ze Lucia en de wachter een glas aan en nam het hare in de hand.

'Ik drink op Nelson en tante Helen. Dit is de laatste avond waarop ik mijn leven met hen deel. Ik neem afscheid van ze. We drinken op wat we hebben gehad, en we gaan uit elkaar. Ik heb hun handen losgemaakt uit de mijne en ze weggeduwd toen ze naar mij bleven grijpen. Op het laatst begrepen ze het en trokken ook hun handen terug. Ze moeten alleen verder. Ik ook. Ik drink op ze. Voor de laatste keer...'

Terwijl haar ogen zich opnieuw met tranen vulden, hief Carmen haar glas naar de foto's van Nelson en tante Helen, en toen naar Lucia en de wachter.

'Eens moeten wij de doden de rug toekeren, mevrouw Walker,' zei de wachter plechtig.

Lucia hief verbijsterd haar glas. Toen zette ze het weer neer, wierp haar hoofd in haar nek en schaterde het uit. 'Brava!' riep ze, terwijl ze in haar handen begon te klappen, 'Brava, Carmen! Brava! Gefeliciteerd!'

Carmen schonk haar een bibberige glimlach en nam een grote slok van haar whisky. Lucia en de wachter volgden haar voorbeeld.

'Ik dacht dat het juiste woord "Bravo" was, mevrouw Mac Nack,' merkte de wachter droogjes op.

'Het is een Italiaans woord, Immanuel. *Bravo* is voor mannen, *Brava* voor vrouwen en *Bravi* voor mannen én vrouwen.'

'O...' De wachter schudde zijn hoofd. 'Mevrouw weet wel veel.'

In de uren die volgden, dronken ze de fles voor driekwart leeg. Ze voerden een onsamenhangend gesprek, waarin Carmen en de wachter herinneringen ophaalden aan de tijd dat Nelson nog leefde. Lucia stelde vragen. Later vertelde Immanuel spookverhalen.

Toen Carmen en Lucia naar bed gingen, en Immanuel zijn ronde liep, liet Carmen de portretten met hun volle glazen achter op het muurtje.

'Ben je niet bang dat hij ze vannacht leegdrinkt?' vroeg Lucia.

'Nee, hij heeft te veel respect voor de doden. Lucia, ik wilde je vragen... Heb je zin om morgen mee te gaan naar de naaister? Ik wil een jurk laten maken van het fluweel dat je voor mij hebt meegenomen. Voor het feest van oom Ferdinand. Als jij ook een jurk wilt, kunnen we eerst naar Esayas gaan om voor jou stof te kopen.'

'Wat een goed idee! Ik wil een jurk van glitterstof. Van goud. Ik wil een korte, gouden Supremes-jurk!'

'Goed. Dan gaan we na het ontbijt en jouw training.'

'Mijn training... Carmen, hierbij besluit ik dat ik ophou met trainen,' zei Lucia plechtig. 'Ik ben op vakantie.'

'Nou, dat is een hele opluchting. Dan hoef ik ook niet meer,' lachte Carmen. 'Brava! En dan nog iets... Ik neem Prem mee naar het feest.'

'Prém?'

'Ja, Prem is mijn minnaar.'

'Wat?! Die lekkere jongen? O... Cármen!'

Slecht gehumeurd parkeerde Pedro zijn auto voor zijn huis. Hij had uren in de Passion Fruit rondgehangen, waar hij te veel had gedronken, en bij zijn vertrek koeltjes was afgewezen door Chandra. Enigszins onvast op zijn benen liep hij het overwoekerde tuinpad af, stak de sleutel in het slot en liet zichzelf binnen. Niet de moeite nemend het licht aan te doen, liep hij in het donker door naar de badkamer. Het geluid van zijn voetstappen weergalmde in de lege kamers.

Ook in de badkamer liet hij het licht uit. Hij ontdeed zich van zijn kleren, die hij op de grond liet vallen en met een voet in een hoek duwde, waar al een stapeltje vochtig ruikend wasgoed lag.

Het eerste contact met de koude douche was onaangenaam. Luid proestend schudde hij zijn lichaam. Na korte tijd voelde het water echter warmer aan. Hij ontspande zich.

Naakt en in het donker liep hij naar zijn slaapkamer, waar hij zich op het matras liet vallen.

Toen hij zijn ogen sloot besprong hem, zonder dat hij het wilde, een beeld van Chandra. Op Lucia's kanten behaatje na stond ze naakt voor hem. Terwijl ze hem diep in de ogen keek, streelde ze haar hals, de aanzet van haar borsten en het oranje kant. Haar soepele vingers duwden de stof omlaag. Haar borsten, opgeduwd door de beugels in het kant, waren volmaakt rond. Haar donkere tepels priemden.

Snel opende hij zijn ogen. Hij wilde niet opgewonden raken. Niet zonder dat er een willige vrouw naast hem lag. Maar de lust koerste onverbiddelijk zijn bloedbaan binnen en zijn penis begon stijf te worden. Zijn handen, die op zijn borst hadden gelegen, schoven onwillekeurig in de richting van zijn onderbuik.

Hij wilde niet masturberen. Het was nog niet zo erg met hem gesteld dat hij 's nachts als een eenzame zielepoot aan zijn pik ging liggen trekken.

Maar de geilheid weigerde hem los te laten. Toen hij zijn ogen weer sloot en zichzelf probeerde te dwingen om te bedenken hoe hij het goed zou kunnen maken met Eli en Emma, dook Chandra opnieuw voor hem op. Met haar borsten in haar handen en haar tepels tussen haar vingers draaide ze zich langzaam om en toonde hem haar weelderige achterste. Terwijl ze hem spottend over haar schouder aankeek, deed ze haar benen van elkaar en bukte zich, haar rug hol trekkend en haar kont heffend. Tussen haar billen werden haar schaamlippen zichtbaar. Pedro had nu een harde, hete erectie. Zijn hand sloot zich eromheen.

Kort daarop maakte de geur van zijn zaad hem misselijk. Hij legde zijn hand op het kwakje op zijn buik, om te voorkomen dat het, als hij ging staan, langs zijn lichaam zou druipen. Hij liep snel naar de badkamer, waar hij het met closetpapier wegveegde. Daarna waste hij zijn handen, zijn buik en zijn pik, waarbij hij angstvallig vermeed zichzelf in de duistere spiegel aan te kijken, en liep op een drafje terug naar zijn slaapkamer.

Het laken tot over zijn hoofd over zich heen trekkend, worstelde hij met het verdriet dat zijn orgasme had ontketend. Hij wilde de pijn om het verlies van zijn gezin niet toestaan hem te overweldigen. Om maar te zwijgen over de woede die de aanwezigheid van Roosje in het leven van Mathilde en zijn kinderen in hem losmaakte. Hij was sterk, hij zou niet breken.

Hij concentreerde zich op zijn herinneringen aan de enige persoon die de leegte in zijn leven leek te kunnen vullen, al was het maar voor even. Lucia... Lucia, die als een filmdiva in een safaripak de vliegtuigtrap afdaalde. Lucia, die als een kikkertje rondsprong in de Koropina. Lucia, die het aan de eettafel van zijn moeder verontwaardigd voor hem opnam tegenover Mathilde. Lucia, die glunderde bij het vooruitzicht van Johanna's verhalen over de slavernij. Lucia, die in zijn armen leerde dansen.

Ze was zo anders dan de meeste vrouwen. In zichzelf opgesloten, geobsedeerd door haar gedachten en gevoelens, onafhankelijk. En soms zo kinderlijk. Bij haar voelde hij zich vrij. Veilig. Zij zou niet verslingerd aan hem raken, hem niet aan zich willen binden, geen macht over hem willen uitoefenen. En over een paar maanden zou ze weer teruggaan naar huis.

Hij nam zich voor om zich op het feest van oom Ferdinand op te werpen als haar begeleider en de hele avond met haar te praten, te lachen en te dansen.

De asymmetrische maan was ondergegaan. In het stille laatste deel van de nacht waarin ook de nachtdieren slapen, schrok Miquel wakker. Hij trilde over zijn hele lichaam, ditmaal van de kou, en hij had buikpijn. Zijn T-shirt en onderbroek, de lakens boven en onder hem en zijn kussen en kussensloop waren drijfnat.

Hij wilde het bed uit gaan, maar merkte tot zijn ontzetting dat hij daartoe de kracht miste. Terwijl de paniek opkwam, dacht hij: Oom Ferdinand moet komen!

Hij riep en riep, maar alleen de honden konden hem horen.

HOOFDSTUK 12

De Leliën des Velds hadden twee dagen nodig om het huis en het erf van Ferdinand schoon te maken, in te richten en te versieren. Afgesproken was dat Ferdinand en Miquel op de ochtend van de dag voor het verjaardagsfeest door Hector en Sophia zouden worden opgehaald. Totdat het tijd zou zijn om naar het feest te gaan zouden zij bij hen in huis verblijven.

Chagrijnig en gehaast verzorgde Ferdinand die ochtend de dieren, zette voldoende voedsel voor twee dagen klaar in de varkensstal en ruimde het erf op door alle troep in het struikgewas te smijten. Miquel pakte intussen kleren, toiletartikelen en medicijnen in twee tassen, liep het huis door en borg rondzwervende spullen op in de kasten waar zij thuishoorden.

Om een uur of tien ploften zij hun bagage in de achterbak van de auto van Hector en Sophia, stapten in en reden zonder op of om te kijken het erf af.

Twaalf dagen daarvoor was Ferdinand, na een nacht vol bezoekingen in het huis van Ernst en Shanti te hebben doorgebracht, in de vroege ochtend op de boerderij teruggekeerd. Miquel was wakker geworden en had hem geroepen. Toen zijn oom zijn slaapkamer binnenkwam, schrok hij. Ferdinand was in de afgelopen nacht jaren ouder geworden. Ondanks het mededogen dat in hem opwelde, lukte het hem echter niet om zich te beheersen. Hij barstte in tranen uit en deed met een hoge, kinderlijke stem zijn beklag. Hij was vannacht zó ziek geweest, had Ferdinand nodig gehad, had hem geroepen en geroepen...

Zijn eigen intense vermoeidheid negerend, kalmeerde Ferdinand hem, hielp hem uit bed en naar de wc, zich te wassen en droge kleren aan te trekken. Hij verschoonde het bed in Miquels kamer en stopte hem in. Daarna verschoonde hij zijn eigen bed.

Ze sliepen tot diep in de middag. Toen zijn neef bij het wakker worden nog steeds buikpijn en opnieuw hoge koorts had, reed Ferdinand naar Maatdorp om Pedro te bellen.

Miquel bleek een ernstige blaasontsteking te hebben, en bracht de dagen die volgden door in bed. Pedro bezocht hem meerdere keren. En Lucia kwam om de dag langs, waarvan twee keer samen met Carmen.

Na een week voelde hij zich goed genoeg om op te staan. Die eerste dag uit bed liep hij met kleine stapjes door het huis en over het erf. Hij ervoer zijn lichaam als vederlicht en doorschijnend, alsof een deel van de materie waaruit hij bestond was verdampt.

Ferdinand worstelde intussen met zijn herinneringen aan Helen. Ongeveer twee jaar na haar dood had hij geweten dat de rouwperiode ten einde liep, toen het ontwrichtende gemis langzaam maar zeker plaats had gemaakt voor een gevoel van dankbaarheid. Helen en hij hadden tot op het laatst van elkaar gehouden. Hun liefde, voltooid en buiten zijn bereik geraakt, wierp een zacht en koesterend licht op zijn bestaan, dat in de jaren na haar dood niet aan kracht had ingeboet.

Maar sinds hij zeker wist dat Helen zelfmoord had gepleegd, kon hij er niet aan ontkomen hun liefde opnieuw te bezien. Haar gehechtheid aan hem, haar zorg om hem, waren in ieder geval niet sterk genoeg geweest om haar ervan te weerhouden haar leven te beëindigen.

En had hij wel genoeg van haar gehouden? Had hij wel echt geprobeerd om haar los te weken van haar droefheid?

Nee... Hij had zich nooit verzet tegen de indeukende kracht van het leven. Nooit had hij geprobeerd te voorkomen dat zijn huis, zijn erf, zijn dieren en zijn bezittingen de onvermijdelijke weg van het verval gingen. De weg van de natuur. Misschien had hij het verkeerd gezien. Misschien had hij met alles wat hij in zich had moeten proberen om Helen tegen te houden toen zij begon af te glijden.

Hij realiseerde zich dat hij, net als zij, altijd het gevoel had gehad in de palm van de hand van God te leven. Niet die christelijke God van haar. Die vaderlijke regelgever, die zichzelf alleen het goede aanrekende. Nee, zijn God was meer ongrijpbaar; het was een God die het midden hield tussen de afgekeerde, vermoeide God van zijn voorvaderen en die immense scheppings- en vernietigingsmachine, de natuur, die hem iedere dag omringde.

Uit de mist van zijn vroege kinderjaren was een uitspraak van zijn grootmoeder opgedoken, een stokoude vrouw die voor de deur van haar krot hoopjes sinaasappelen, tomaten, cassave of bananen had zitten verkopen. 'Alles is beter dan slavin te zijn, kind. Het enige dat ik nodig heb is een beetje eten, een dak boven mijn hoofd en de rust om de zon te zien opkomen, klimmen, heersen, dalen en ondergaan. Dat is genoeg. Daarmee ben ik tevreden,' had zij gezegd.

Ferdinand had geen slavernij gekend, maar wel herkende hij het verlangen van zijn grootmoeder om zich over te geven aan de diepste onderstromen van het bestaan, eerder mee te geven dan te weerstreven. Hij was niet werkelijk bang voor armoede, ziekte of tegenslag, en ook niet voor de dood. Misschien vond hij zichzelf niet zo belangrijk. En net als Helen was hij ervan overtuigd dat hij, wat er ook gebeurde, uiteindelijk veilig was in de hand van zijn God.

Maar na de moord op Ernst moest Helen het gevoel hebben gehad dat God haar had verloren, of misschien wel had weggeworpen. De grond was onder haar voeten verdwenen. En wat had hij gedaan? Ervan overtuigd dat het vanzelf wel weer over zou gaan, was hij op zijn plek blijven zitten. Hij had niet geprobeerd om haar te volgen in de Godloze wereld waarin zij van het ene moment op het andere terecht was gekomen. Hij had haar in die laatste periode niet werkelijk liefgehad. Hij was niet werkelijk in haar geïnteresseerd geweest.

Op een avond nadat Miquel weer wat was opgeknapt, bespraken Ferdinand en hij de mogelijkheid om het verjaardagsfeest af te zeggen. Geen van beiden wilde de knoop echter doorhakken. De dames van de krans hadden hun een paar dagen daarvoor laten weten dat de voorbereidingen in kannen en kruiken waren: de uitnodigingen waren de deur uit, de band was gehuurd, de drank was besteld en de feestjurken waren gemaakt. Daar kwam bij dat Ferdinand geloofde dat je *bigi jari* als je vijfenzeventigste verjaardag moest vieren, om de ziel die je in bruikleen had gekregen te eren en kracht te geven. Als je dat naliet, bracht het ongeluk. Miquel was het met hem eens. Ook hij wilde dat zijn oom op zijn verjaardag eerbetoon ten deel zou vallen, zij het om andere redenen.

En dus verlieten Ferdinand en Miquel op de dag voorafgaande aan het feest hun huis.

Op de weg naar de stad kwam een karavaan voertuigen de auto van Hector en Sophia tegemoet rijden. Het waren de Leliën des Velds, met mannen, vrienden en kinderen op weg naar de boerderij. De voorste auto toeterde driemaal en de karavaan stopte. Ook Hector trapte op de rem.

Mevrouw Gummels zat in de eerste auto achter het stuur, met Jozef-Maria naast zich. Die stak zijn hoofd uit het raam en schreeuwde opgewekt boven het geluid van de draaiende motoren uit: 'We gaan een feest voor je maken dat je nooit meer zult vergeten, Ferdinand! Doe maar rustig aan bij je zuster thuis, want morgen moet je dansen tot je erbij neervalt!'

Ferdinand gromde goedkeurend en riep: 'Ik zal je laten zien waar een oude bok toe in staat is, kerststal! Ik wed dat ik het langer volhoud dan jij!'

Jozef-Maria lachte: 'We zullen zien, we zullen zien!'

'Mevrouw en mijnheer Del Prado, het feestvarken wordt morgen om halfvijf verwacht! Niet te laat komen hoor, want anders loopt het programma in de war!' riep mevrouw Gummels, waarna zij zwaaide en toeterend optrok. De rest van de karavaan volgde haar voorbeeld en trok voorbij. De Leliën des Velds wuifden zonder uitzondering uitbundig naar hen.

Pedro belde Lucia en vroeg of ze zin had om de dames van de krans morgen, op de grote dag, een handje te helpen. Emma zou ook meegaan. Eli gruwelde bij het vooruitzicht een dag te moeten doorbrengen met die dikke tantes, die hem stuk voor stuk minstens vier keer over zijn bol zouden aaien, en zou later op de dag met Mathilde en Roosje komen.

Lucia stemde enthousiast in met Pedro's voorstel. Toen ze Carmen, met de telefoon in haar hand, vroeg of ze zin had om zich bij hen aan te sluiten, antwoordde die dat ze van plan was siësta te houden, zich aan te kleden en daarna met Prem een auto te huren en Johanna, Ashana en Jet op te halen.

Toen Pedro dit hoorde, barstte hij in lachen uit. Lucia's praatjes moesten erg aanstekelijk zijn als een rijke dame als Carmen erdoor werd geïnspireerd om met tuinman en dienstbodes aan de arm op het bal te verschijnen. Hij wist niets af van Carmens affaire met Prem. Lucia besloot hem in de waan te laten.

Johanna had met gemengde gevoelens gereageerd op de omslag in het gedrag van Carmen, waarvan ze het eerste signaal had gekregen op de ochtend dat ze op haar werk was verschenen en de portretten van Nelson en Helen op de muur bij de rivier had zien staan, met twee glazen met een vloeistof waarin dode insecten dreven. Toen Carmen was opgestaan, vertelde zij haar wat er de avond tevoren was gebeurd. En toen Johanna vroeg wat er met de portretten en de glazen moest gebeuren, verordonneerde ze dat alles moest blijven zoals het was. De portretten stonden nu al twee weken te vergelen in de vochtige lucht bij de rivier en er verzamelde zich een dikke laag drab in de glazen.

Carmens abrupte breuk met jaren van rouw stemde Johanna tevreden, maar het feit dat Prem midden op de dag met haar in haar slaapkamer verdween in plaats van zijn werk in de tuin te doen, en uren later met een verlegen gezicht weer naar buiten sloop, terwijl Carmen in bed bleef liggen spinnen, trof haar ronduit onaangenaam. Waarom legde Carmen het niet aan met een man van haar eigen leeftijd en haar eigen stand? Dit kon toch nooit van z'n leven goed gaan?

Toen Pedro, Lucia en Emma op de dag van het feest de boerderij bereikten, troffen zij in de berm langs de zandweg een bonte verzameling voertuigen aan: auto's, busjes, vrachtwagens, scooters en bromfietsen. Leo, die aan het hoofd van de stoet stond geparkeerd, viel niet uit de toon met zijn haveloze uiterlijk.

Pedro parkeerde achter in de rij. Met feestkleding over de arm en tassen met handdoeken, toiletartikelen, nette schoenen en cadeautjes in de hand, liepen zij naar de boerderij. Over de bomen schalde muziek hun tegemoet.

Bij de ingang van het erf was een groepje kinderen op blote voeten *djoel* aan het spelen. Vier stonden er tussen de dubbele lijnen van een uit grote vakken opgebouwd vierkant, dat in het zand van de weg was getekend. Zij stonden wijdbeens en voorovergebogen, hun armen gespreid, en wipten alert op en neer. Hun ogen flitsen van het ene naar het andere kind van de tegenpartij.

Vier anderen stonden in aanvalshouding buiten de lijnen van het spel en maakten zo nu en dan een schijnbeweging. Op een onbewaakt ogenblik stoven zij de vierkanten in het zand binnen. De kinderen tussen de lijnen probeerden hen af te tikken.

Zweet droop langs gezichten en zanderige ledematen. Iedere keer dat de verdedigers hun handen uitgooiden, sprongen de druppels weg.

'Wil jij ook meedoen?' vroeg Emma opgetogen aan een jongen die aan de kant stond. Hij knikte verlegen.

Er werd een meisje afgetikt. Terwijl de partijen luid delibererend hun rol van aanvaller en verdediger wisselden, drong Emma naar voren en schreeuwde boven het lawaai uit: 'Wij doen ook mee!' Ze werden rap ingedeeld bij een partij, en nadat Emma haar slippers had uitgeschopt en Pedro haar spullen in de handen had gedrukt, werd het spel hervat.

Pedro pakte Lucia bij de arm en lachte: 'Emma is net als ik een vuurkind.'

Samen liepen ze het terrein op. Terwijl diverse stemmen hen welkom heetten, bleven zij verrast stilstaan. De bosschages waren gekapt tot aan de voorheen onzichtbare afgrenzing van Ferdinands land, een gammel hekwerk van palen en prikkeldraad. Het erf was bijna twee keer zo groot geworden. Er was geen spoor van de rondslingerende troep te bekennen. In het midden was een oranje tentdak op palen gebouwd, dat hun het uitzicht op het huis benam. Daaronder waren mannen bezig met houten vlonders een dansvloer te leggen. In de hoek stond een gettoblaster op vol volume muziek te spuwen.

Groetend, handen schuddend en gelukwensen in ontvangst nemend liepen Pedro en Lucia door naar achteren. Onder het afdak was een keuken ingericht, met houten tafelbladen op schragen waaronder butagasflessen waren opgesteld en waarop gasstellen stonden. Een stuk of acht Leliën waren aan het koken. Aangrijpende geuren stegen op uit hun bovenmaatse pannen.

Op het achtererf, dat eveneens groter was geworden door het kappen van onkruid, waren diverse Leliën bezig tafels en stoelen uit te klappen. Anderen zetten olielampen op de tafels, of versierden de bomen, het douchehok en het kippenhok met slingers en ballonnen. De honden hielden zich schuil in het bos.

In de keuken van het huis pakten Leliën uit kartonnen dozen bestek, borden en glazen. De keukentafel torste bakblikken met taarten en schalen met pasteitjes en gevulde eieren. Op stoelen lagen zakken pinda's en cassave- en bananenchips opgestapeld.

Een Lelie riep Lucia toe dat ze haar jurk en die van Emma in Ferdinands slaapkamer kon ophangen. Pedro werd naar Miquels slaapkamer verwezen.

Toen Lucia de deur van de slaapkamer opende, bleef ze sprakeloos staan. Dwars door de kamer was een waslijn gespannen, waaraan wel veertig roze jurken met opbollende rokken, nauwsluitende lijfjes en pofmouwen hingen. Langs het decolleté van de lijfjes waren met roze pailletten bloemen geborduurd. Temidden van de jurken hingen een broek en een hemd van dezelfde stof. De randen van de zakken op het hemd waren eveneens voorzien van zacht glinsterende bloemen.

Ferdinands mahoniehouten tweepersoonsbed was bezaaid met witte en roze tasjes en plastic zakken waaruit handdoeken en toilettassen puilden. Veertig paren roze damesschoenen met hoge hakken, en één paar witte herenschoenen, stonden in rijtjes langs de wand. Een deel van de jurken hing voor het raam en filterde het daglicht tot een feeëriek roze.

Toen Lucia buiten kwam, stond Pedro te praten met een vierkante vrouw die zich aan haar voorstelde als Bertha Gummels, voorzitster van de krans Leliën des Velds. Nadat ze een paar beleefdheidsfrases hadden uitgewisseld, gaf mevrouw Gummels Pedro de opdracht om de mannen te helpen met de dansvloer. Ze vroeg Lucia om de kookvrouwen bij te staan.

'Maar ik weet niet of ik deze gerechten kan klaarmaken,' piepte Lucia.

'Dat hebben de dames heus wel in de gaten,' lachte mevrouw Gummels. 'Ze zullen je alleen vragen om groentes te snijden.'

Zittend aan een van de tafels in de keuken onder het afdak, schilde en sneed Lucia de uien, knoflook, tomaten, selderij, okers en aardappelen die de Leliën haar aanreikten. Intussen luisterde ze naar hun gebabbel. Pedro's stem klonk zo nu en dan boven de muziek en de stemmen op het voorerf uit. Een stuk verder weg hoorde ze Emma schreeuwen.

Toen ze een vlaag kou langs haar huid voelde strijken, keek ze op. Mannen met ontbloot bovenlijf en handschoenen aan droegen op een drafje reusachtige staven ijs naar het achtererf. Ze legden ze in grote teilen. Leliën stapelden er flesjes bier en softdrink bovenop, die zij met zaagsel afdekten.

Een oudere man met een lichte huid en rossig haar, van het type dat een 'rode neger' wordt genoemd, dook op uit de drukte en stak haar zijn hand toe.

'Goedemiddag. Ik ben Jozef-Maria Victoria, het enige mannelijke lid van de krans Leliën des Velds,' zei hij parmantig. Lucia legde haar mes neer, schudde hem de hand en stelde zich voor.

'Ah... Dus jij bent Lucia. Ik heb over je gehoord... Alleen goede dingen, hoor. Toen je aankwam was ik bij de kreek. Ik heb een liefdesnestje gebouwd voor de verliefde paartjes. Ik heb ballonnen en slingers aan de touwen van de hangmatten gehangen, er kussens in gelegd en er een tafel met kaarsen en een vaas bougainville bij gezet. En een hoop muskietenkaarsen.'

Lucia lachte: 'De krans denkt ook overal aan.'

'Ja, meisje, als wij iets organiseren, doen we het goed. Maar nu ga ik een paar sterke mannen halen om me te helpen om die schedels weg te halen. Het is toch geen gezicht! Als een romantisch paartje op weg gaat naar mijn liefdesnestje en ze zien die doodskoppen, hebben ze meteen geen zin meer!' Jozef-Maria giechelde.

'Die schedels blijven daar liggen! Ze mogen niet worden weggehaald!' snauwde Pedro, die achter Lucia in de provisorische keuken was opgedoken en zijn hand op haar schouder liet neerkomen. Geschrokken keken Lucia en Jozef-Maria op.

'Jozef...' Pedro deed een poging om zijn agressieve toon te temperen. 'Laat die schedels nou maar liggen. Niemand ziet ze in het donker.'

'Zoals u wilt. U bent hier de baas, dokter Del Prado!' Jozef-Maria keerde zich met een gekwetst gezicht af en marcheerde, luidkeels en enigszins klaaglijk 'Bertha!' roepend, het huis binnen.

'Wat was dat nou?' vroeg Lucia verbolgen aan Pedro, zijn hand van haar schouder vegend. 'Waarom zo kortaf?'

'Ik kan die man niet uitstaan.'

'Waarom niet?'

'Ik vind het een vervelende, aanstellerige vent. En die schedels horen bij de boerderij. Ze zijn er altijd geweest. Straks is het feest voorbij en dan herkennen we het hier niet meer terug. Weet je wat? Ik zal er een paar stoelen bij zetten en op die doodskoppen een paar kaarsen plakken. Dan hebben we een mooie discussiehoek voor Roosje en Mathilde.'

'Doe niet zo vervelend.'

'Le-li-en, ver-za-me-len! Le-li-en, ver-za-me-len!' scandeerde mevrouw Gummels vanaf de varkensstal. De yell werd overgenomen en echode in alle richtingen over het erf. Terwijl mannen, vrouwen en kinderen samenstroomden, kwamen uit de keuken van het huis Leliën te voorschijn met bladen met limonade en belegde puntbroodjes.

'De vrouwen hebben nog ruim een uur de tijd,' sprak mevrouw Gummels, terwijl de Leliën ronddeelden. 'Dan is het drie uur – tijd voor het damesbad. De mannen baden om halfvier. Om vier uur komen de gasten en om halfvijf komt de jarige. Zorg dat je je werk op tijd af hebt. Als je denkt dat dat niet gaat lukken, moet je het nu zeggen. Dan kijken we of er mensen zijn die je kunnen helpen.'

Niemand bleek in de problemen te komen. Nadat er was gegeten en gedronken, werd de laatste hand aan de werkzaamheden gelegd.

Lucia werd voortijdig door de kookvrouwen ontslagen en slenterde naar het voorerf. De gettoblaster was uitgezet. In de danstent waren muzikanten bezig hun opstelling te maken. Pedro zat met Emma op schoot op het trapje naar de voordeur naar het jazzy getokkel van de bassist te luisteren. Hij had zijn armen om haar heen geslagen. Emma leunde met haar hoofd tegen zijn schouder en trok afwezig met haar wijsvinger lijntjes op zijn arm.

Lucia keerde zich af en liep naar de kreek, waar ze Jozef-Maria aantrof, die in zijn liefdesnestje zat te luieren en blij leek te zijn met haar gezelschap. Ze bekeek zijn creatie en kwam tot de conclusie dat de hangmatten nog met geen goud of edelstenen op te kalefateren waren. Nadat ze Jozef-Maria had gecomplimenteerd met zijn werk, ging ze op de steiger zitten. Haar lichaam voelde zwaar aan. Totdat mevrouw Gummels opnieuw een yell over het erf deed spoelen, luisterde ze slaperig naar Jozef-Maria's verhalen over de heldendaden van de krans.

Terwijl de Leliën, waarvan enkelen vergezeld door hun dochters, over het smalle pad naar de kreek liepen om te gaan baden, begon een van hen te neuriën. Anderen vielen in. Aan ritme en melodie te beoordelen was het een psalm, dacht Lucia, die met Emma aan de hand met de vrouwen en meisjes meeliep. Ze wierp een bezorgde blik op de betrokken hemel. De vochtigheid in de lucht was zo groot dat het bos een bedwelmende geur uitwasemde.

Aan de oever van de kreek lieten vrouwen en meisjes hun van zweet doortrokken kleren op de grond vallen en bukten zich loom om ze bij elkaar te grabbelen en in de plastic tassen die zij hadden meegebracht te proppen. Handdoeken werden in de bomen gehangen en op de aanlegsteiger werden zeepdoosjes en shampooflesjes neergezet.

De eerste vrouw liet zich van de steiger in het koude water glijden, en slaakte daarbij een doordringende gil. Het geneurie rafelde. Er werd gegrapt en gelachen. Daarna weefden de stemmen zich weer aaneen.

Lucia hielp Emma met uitkleden. Uit de kinderkleren stroomden riviertjes zand. Toen ze naakt was, begaf Emma zich onder de vrouwen en keek steels om zich heen; de schommelende heuvels en prangende kloven van het vrouwenvlees met verwondering in zich opnemend. Toen Lucia zich had uitgekleed, nam ze Emma bij de hand en sloot zich aan bij de rij die zich inmiddels op de aanlegsteiger had gevormd. De ene Lelie na de andere gleed of sprong in het water. Het geneurie was weggestorven. Gegil en gelach vermengden zich met gespetter en geplons.

Toen het Emma's beurt was, nam ze met een ongerust gezicht een sprong. Lucia sprong haar achterna. Terwijl ze kopje-onder ging in de vloeibare duisternis, zag ze Emma's onderlijfje met driftig watertrappelende beentjes op zich afkomen. Ze was nog niet boven of het kind sloeg in één beweging haar armen en benen om haar heen. Lucia ging opnieuw kopje-onder.

'Je kunt toch zwemmen, Emma?' protesteerde ze, nadat ze proestend en naar adem snakkend boven was gekomen.

'Ja, maar het water is zo donker. Oudtante Helen is hier verdronken. Oudoom Ferdinand zegt dat de kreek haar tot zich heeft genomen.'

'Dat bedoelt hij niet letterlijk. De kreek kan niemand "tot zich nemen". Een kreek heeft toch geen armen en handen? Ik denk dat oudoom Ferdinand wil zeggen dat oudtante Helen is opgenomen door de kreek, als een bootje dat in een haven aankwam.'

'Ik vind doodgaan eng.'

'Vandaag denken we niet aan doodgaan. Vandaag is het feest. Kom, laten we ons gaan wassen.'

Met een arm om het aapje dat zich aan haar vastklampte heen geslagen, zwom Lucia weg bij de steiger, plaats makend voor de volgende tewaterlating van een naakte vrouw. Ze zwom naar de oever, naar een plek die Miquel haar tijdens een van haar eerste bezoeken in herinnering had gebracht. De bodem van de kreek was vrijwel overal bedekt met dikke modder, behalve hier. Hier troffen tenen die griezelden van prut een laag gladde klei aan. Als kind hadden zij de klei uitgegraven en er beeldjes en asbakken van geboetseerd, die zij in de zon lieten drogen.

Op een meter diepte liet Lucia Emma van zich af glijden en opende de zeepdoos die zij al die tijd in haar hand had gehouden.

'Hier. Ga je maar lekker schoonwassen,' zei ze, terwijl ze haar de zeep aanreikte. 'En niet laten vallen, want dan zijn we hem kwijt.'

Terwijl Emma zich begon te wassen, gegrepen door het avontuur van baden in de vrije natuur, ging Lucia op de bodem zitten en keek om zich heen. Op verschillende plekken in de kreek waren Leliën hun lichaam of haar aan het wassen. Schuim dreef in slierten weg op de stroom, in de richting van het huis van

Ernst en Shanti. De hemel was inmiddels donkergrijs. Boven de kreek hing een geelgroen licht. Beter nu regen dan later op de dag, dacht ze.

Ze liet zich onder de waterspiegel glijden. Koelte prikte in haar hals, op haar gezicht en op haar schedel. Ze opende haar benen en liet de kou haar vagina binnendringen.

Toen ze bovenkwam, zat een van de Leliën naast haar, een magere vrouw van een jaar of zestig, met een roodbruine huid vol rimpels. Ze droeg haar grijze haar in een knoet boven op haar lange, smalle hoofd. Haar ogen hadden de kleur van barnsteen. Toen ze naar Lucia lachte, zag zij dat ze meerdere tanden miste.

'Ik ben Gisela. Volgens mij ken je het verhaal van de baas die in de kreek ging zwemmen nog niet,' zei ze guitig. 'Anders was je niet met je hoofd onder water gegaan.'

'Ik ben Lucia, en dat is Emma,' antwoordde Lucia. 'En dat verhaal ken ik inderdaad niet.'

'Wel, ik zal het jullie vertellen,' zei de vrouw.

'De baas had een grote plantage. Hij had wel honderd slaven. Op een dag was het warm. De baas riep vier van zijn slaven bij zich en gaf hun de opdracht om hem naar de kreek te begeleiden. Een slaaf hield een parasol boven zijn hoofd en een andere wuifde hem koelte toe. Bij het water aangekomen, kleedden de resterende twee slaven hem uit en hielpen hem erin. Alle vier bleven ze aan de oever staan wachten tot hij klaar zou zijn, met handdoeken en een koele drank.

In de kreek stak de baas, net als jij, zijn hoofd onder water om koelte te zoeken.

Toen hij bovenkwam, was de oever leeg. Zijn slaven waren verdwenen!

De baas begon boos naar de oever te waden, toen hij zachtjes iets tegen zijn borstkas voelde stoten. Hij keek geschrokken omlaag en zag twee borsten. Geen witte, maar zwarte borsten! Zijn lichaam was in het lichaam van een jonge, zwarte vrouw veranderd.

In paniek vluchtte de vrouw het water uit. Het plantagehuis, de plantage, de hutjes van de slaven – alles was verdwenen! Er was alleen bos. De vrouw begon te huilen.

Uit het bos kwam een jonge, zwarte jager lopen, die haar troostte. Hij nam haar mee naar zijn dorp en zijn hut, en zorgde goed voor haar. Na een tijdje werden zij man en vrouw.

Iedere dag werkte de vrouw op hun kostgrondje en ging de man jagen of vissen, iedere avond kookte de vrouw eten, iedere nacht sliepen de man en de vrouw in elkaars armen. Negen maanden later kreeg de vrouw een kind. Een gezonde zoon, die snel dik werd.

Een jaar nadat de jonge vrouw in de kreek was wakker geworden, ging zij baden met haar man en haar kind. Het was warm en ze wilde haar hoofd koelen. Ze gaf hun zoon aan haar man en liet zich onder de waterspiegel zakken.

Toen ze bovenkwam, zag ze vier mannen op de oever staan met een parasol, een palmtak, handdoeken en een koele drank. Ze keek naar haar lichaam. Het was wit en behaard en had aan de voorkant een staartje. De baas riep tegen zijn slaven: "Hoe lang ben ik weg geweest?" De slaven keken elkaar stomverbaasd aan. "U hebt ingeademd, bent onder water gegaan en voor de volgende inademing bent u weer boven gekomen, baas."

Nog jaren heeft de baas in de nacht, als hij alleen was, gehuild om zijn man, zijn kind, zijn dorp en zijn vrijheid...'

Gisela keek triomfantelijk naar Lucia en Emma, die tijdens het verhaal bij Lucia op schoot was gekropen.

'Wat een mooi verhaal,' prevelde Lucia.

De oude vrouw lachte: 'En de les is: steek je hoofd niet zomaar onder water!'

'Ik ben wit én zwart vanbinnen,' kondigde Emma aan.

'Leen me je zeep, wit-en-zwart kind, dan ga ik me wassen,' antwoordde Gisela.

Emma reikte haar het zeepje aan en terwijl Lucia en zij toekeken, begon de vrouw haar handen, armen, oksels en magere borst in te zepen en af te spoelen. Toen hief ze een voor een haar verweerde blote voeten boven de waterspiegel, zeepte ze in en liet ze in het water terugplonzen.

Terwijl mevrouw Gummels het einde van het damesbad afkondigde, gaf de vrouw Lucia de zeep terug, wees op Emma's platte kinderborst, Lucia's volle borsten en haar eigen hangende boezem, en riep met een sardonische grijns: 'Het begin, het midden en het einde!'

Omstreeks halfvijf waren de regenwolken overgedreven en stond de zon laag boven het bos. Er had zich een grote groep mensen in de danstent verzameld en de rij voertuigen langs de zandweg groeide gestaag. Gasten die het erf op kwamen lopen, werden opgevangen door Leliën, een geurige roze ordedienst, die het beginnende feest met strakke hand in banen leidde. Zij werden het huis in gestuurd, waar zij hun cadeautjes op een tafel in de woonkamer konden neerleggen. Daarna werden zij naar het achtererf gedirigeerd, waar zij van een drankje en een hapje werden voorzien, en werden zij teruggestuurd naar het voorerf om de jarige op te wachten.

Temidden van de menigte in de danstent stond Lucia naast Pedro, die in een geanimeerd gesprek was verwikkeld met een oudere blanke man en vrouw, uit wier leerachtige bruine huid en accent was af te leiden dat zij hier al vele jaren woonden. Ze keek om zich heen en trachtte de mensen die ze kende te lokaliseren.

Carmen stond dicht in de buurt met Prem te praten. Ze zag eruit als een filmdiva uit de jaren dertig in haar rood fluwelen avondjurk. Ze droeg haar haar in een Franse wrong, waarin ze een rode bloem had gestoken. Om haar hals en aan haar oren droeg ze gouden sieraden met donkerrode stenen. Prem had zich in hip-hopkleding gehuld; hij droeg een bovenmaatse broek en sweater en had zijn pet omgekeerd op zijn hoofd gezet.

Even verderop stonden Roosje en Mathilde om zich heen te kijken. Lucia was benieuwd geweest naar Roosje, over wie ze zoveel verhalen had gehoord. Ze was onder de indruk. Roosje was een grote vrouw met een bijna zwarte huid, die door haar lengte minder dik leek dan ze in werkelijkheid was. Ze had zich gekleed in een maïsgeel Afrikaans gewaad. Om haar hoofd had ze een oranje doek geknoopt, waarvan de punten zwierig omhoogwezen. Om haar hals hing een ketting van reusachtige rode barnstenen kralen, die in zilver waren gevat. Ze droeg naaldhakken, waardoor ze boven iedereen in de tent uittorende. Toen Lucia aan haar werd voorgesteld, had ze een krachtige handdruk gekregen en een doordringende blik, die leek te vragen: 'En wat ben jij waard?'

Mathilde, in een zwarte minirok en topje, met een bos kettingen van kleurige glaskralen rond haar nek, was klein en tenger naast haar vriendin. Ze zag er gespannen uit. Eli en Emma leunden lusteloos tegen hun moeder aan, met rode konen van de warmte.

Johanna, Jet en Ashana, gekleed in kleurige jurken en met gouden sieraden in hun oren en om hun polsen, stonden buiten de tent met een van de Leliën te praten. Johanna gooide haar grijze hoofd in haar nek en lachte schallend om een opmerking van Jet.

Van de andere gasten herkende Lucia alleen nog de Chinese familie uit Maatdorp. Twee van de vrouwen droegen een baby op de heup.

Mevrouw Gummels had Jozef-Maria op de uitkijk gezet. Als een zeldzame roze orchidee stond hij midden op de zandweg en schreeuwde tegen mensen die aan kwamen lopen dat ze moesten opschieten. Het feestvarken kon ieder moment arriveren.

Toen de vrouw met wie Pedro stond te praten Lucia in het gesprek probeerde te betrekken, liet Pedro een arm om haar middel glijden en trok haar tegen zich aan. Ze liet hem begaan. Terwijl ze met een glimlach op haar gezicht naar de belangstellende vragen van de vrouw luisterde en ze beantwoordde, liet ze haar hoofd tegen zijn schouder rusten, en realiseerde zich met een gevoel van duizeligheid dat ze hem niet langer zou afwijzen.

Jozef-Maria uitte een langgerekte kreet. 'Yooo... Ze zijn er!'

Als door wispelturige winden voortgedreven, dwarrelden de roze jurken ineens alle kanten op, en dreven uit hoeken en gaten van het huis en het erf mensen in de richting van de danstent.

Hector reed zijn auto toeterend en plechtig langzaam het terrein op. Mevrouw Gummels zette *'A di mi jere joe verjarie'* in, dat door alle gasten werd overgenomen.

De portieren zwaaiden open en Hector, Sophia, Miquel en Ferdinand stapten uit. Ferdinand, in een ouderwets grijs pak gestoken, werd door Sophia naar voren geschoven en schreed breed lachend, zijn armen geheven, in de richting van de tent. Miquel, die eveneens in pak was, had niet in de gaten dat Hector en Sophia bij de auto bleven staan, en liep verlegen lachend met zijn oom op naar de tent.

Het trof Lucia hoezeer zij op elkaar waren gaan lijken. Niet alleen waren ze allebei lang, mager, oud en grijs; hun gezichten droegen achter hun glimlach ook een onmiskenbaar geteisterde uitdrukking. Stormen hadden de essentie blootgelegd en de nonsens weggeblazen. Net engelen, dacht ze ontroerd.

Met een schok realiseerde ze zich hoe weinig ze sinds haar aankomst voor Miquel had kunnen betekenen. Al hadden zij elkaar vaak gezien, de meeste van hun gesprekken waren oppervlakkig gebleven. Miquel deed wanhopig alsof er niets aan de hand was. En zij was zo met zichzelf bezig geweest! Nu zij er was, was hij misschien wel eenzamer dan daarvoor, dacht ze.

Hun blikken ontmoetten elkaar. Terwijl zij werktuiglijk driemaal met de menigte mee 'Hiep, Piep, Piep, Hoera!' riep, lachte Miquel haar vrolijk toe en stak zijn duim op om aan te geven hoe sexy hij haar nieuwe gouden jurk vond.

HOOFDSTUK 13

Dicht omringd door pratende en lachende volwassenen stond Eli op de dansvloer te wachten tot de muzikanten met hun volgende nummer zouden beginnen. Op zijn ooghoogte bevond zich een zwoegend decolleté, waaruit een zoet parfum opsteeg. Een gouden hartje huppelde tussen de borsten.

Toen oudoom Ferdinand die middag was aangekomen, had een dominee, zo dik als een regenton, met galmende stem de avondzegen uitgesproken. Emma en hij hadden hun lachen niet kunnen houden. Toen de Lelijkerds des Velds ook nog zelfgemaakte gedichten gingen voordragen, had mamma ze uit elkaar gehaald en gefluisterd dat zij hen, als ze niet onmiddellijk ophielden, zou opsluiten in de slaapkamer van oudoom Ferdinand tot het officiële gedeelte voorbij zou zijn. Opa Hector had een saaie toespraak gehouden. Gelukkig was het verhaal van pappa grappig geweest en had tante Lucia een gek Duits lied gezongen.

Toen het gepraat eindelijk voorbij was, was het donker. De Lelijkerds staken olielampen aan. Emma zei dat het erf net een sprookjesbos was en dat de Lelijkerds in het donker op feeën leken. Bij het eten had hij stiekem twee flesjes bier gedronken. Voor het eerst van zijn leven was hij dronken.

Toen de muziek begon, hoorde Eli er een bos vol dieren in: sjokkende varkens, kwetterende vogeltjes, een slingerende aap, een tetterende olifant, glijdende boa constrictors. Ieder dier vertelde zijn verhaal, opgestuwd door de andere dieren. Verhalen van diep vanbinnen. Varkenverhalen, vogelverhalen, wurgslangverhalen... Als hij maar goed genoeg luisterde, werd hij een olifant, een slingeraap, een slang... Eli danste, terwijl de swingende paren in zijn omgeving om hem lachten en hem aanvuurden.

Carmen schuifelde met haar voeten over een miniem stukje vloer. Schouders opgetrokken en armen gespreid, knipte ze met haar vingers de maat. Intussen liet ze, nauw omvat door de cocon van haar jurk, haar borsten schudden en haar buik en billen deinen. Haar dijen streelden elkaar. Iedere beweging leek te ontstaan in haar gloeiende vagina. Ze lonkte naar Prem, die hulpeloos van verlangen naar haar keek. Toen hij naar haar reikte, glimlachte ze en gleed buiten zijn bereik. Ze duwde een vinger in haar navel en liet haar bekken rond haar vinger cirkelen.

De Chinese uit Maatdorp danste met haar baby. Ze had hem onder zijn okseltjes vast, hief hem hoog om in zijn gezichtje te kunnen kijken, kirde naar hem, kuste hem op zijn open mond en legde hem toen voorzichtig tegen haar schouder, zijn hoofdje ondersteunend. De zuigeling lachte en kraaide, terwijl zijn moeder traag in het rond draaide.

De muziek plaagde Lucia, en kietelde haar over haar hele lichaam. Haar danspassen leken uit elkaar voort te vloeien; reeksen variaties presenteerden zich als uit het niets aan haar. Ze kon eindeloos doorgaan. Pedro, haar danspartner, keek met gemengde gevoelens naar haar uitbundige fratsen. Ze nam zoveel ruimte in dat de mensen waren teruggeweken en hij en zij op een open plek dansten. Zelf bewoog hij subtiel. Wat was er sexy aan een rood aangelopen, zwetende, hijgende man? Hij hoopte dat de muzikanten snel aan de langzame nummers zouden beginnen, zodat hij Lucia, adembenemend aantrekkelijk in haar korte gouden koker, in zijn armen kon nemen en leiden, zoals hij in de Passion Fruit had gedaan.

Miquel stond aan de rand van de dansvloer en keek met een schalkse glimlach naar Carmen en Prem, toen het verlegen gezicht van Ashana voor hem opdook. Vragend hief ze haar handen. Hij legde zijn handen in de hare en liet zich de dansvloer op leiden. Toen hij begon te dansen en zijn handen wilde terugtrekken, bleef Ashana ze vasthouden. Verwonderd keek hij in haar ogen en begreep dat ze hem steun wilde geven. Alle gedachten verwerpend aan de vitaliteit waarmee hij een paar jaar geleden had bewogen, accepteerde hij het mededogen van de jonge vrouw en liet zich door haar leiden. Haar bewegingen waren ritmisch en sierlijk, maar onderkoeld, alsof ze de parelende muziek niet de kans wilde geven vat op haar te krijgen.

Emma sprong als een kikker om opa Hector heen en lachte zich een kriek. Opa schudde zijn schouders en zijn dikke buik en klapperde met zijn knieën. Ze ging voor hem staan en deed hem na. Twee clowns in het circus. Emma wapperde met haar armen en schudde haar billen, en nu deed opa haar na. Mamma, die met tante Roosje naast hen danste, tikte haar op haar schouder en schreeuwde over de muziek heen: 'Pas een beetje op met opa, hij is oud, hoor!' Opa schudde verontwaardigd zijn hoofd en stak achter mamma's rug zijn tong uit.

Roosje hield Mathilde, ondanks het snelle tempo van de muziek, in haar armen. Mathilde, met haar armen om Roosjes nek geslagen, liet haar hoofd tegen haar sleutelbeen rusten, de barnstenen kralen koel op haar verhitte huid. Haar dijen schuurden langs Roosjes dijen. Boven zich hoorde ze Roosjes zware stem: 'Hij heeft zijn volgende slachtoffer te pakken. Dat die Lucia zo naïef is. Ongelofelijk!'

'Een lekkere vakantiewip is nooit weg!' antwoordde Mathilde spottend.

Johanna danste buiten de tent, temidden van een paar Leliën, die met hun blote voeten ritmes roffelden in het zand. Ze hielden hun rokken vast en lieten de stof meedansen, hun dijen ontblotend. Johanna bewoog miniem, maar met passie. Met haar ogen dicht trok ze de muziek haar lichaam binnen en liet hem daar resoneren. Als een fijnproefster probeerde ze de ritmes zoveel mogelijk te weerstaan. Haar voeten masseerden de aarde.

De Lelie naast haar wierp haar hoofd in haar nek en uitte een langgerekte kreet, die werd overgenomen door anderen. Van de ene keel naar de andere springend verdween het geluid tussen de mensen onder het tentdak, waar het werd beantwoord door de muzikanten.

Ferdinand verliet de dansvloer toen de zoete, langzame nummers werden ingezet en mannen en vrouwen in elkaars armen kropen. Het was heet in de tent. Hij had het benauwd. Zijn bloed stuwde bonkend door zijn aderen, alsof het naar een uitgang zocht. Hij moest iets drinken.

Mensen liepen af en aan tussen het voor- en achtererf. Jozef-Maria zat te roken op een stoel bij de keukendeur. Een slanke man met een ringetje door zijn wenkbrauw leunde tegen het huis en sprak hem geanimeerd toe. Jozef-Maria keek zo nu en dan kritisch op naar de man. De dominee, bezig een portie kip met cassave te verorberen, was in gesprek met het blanke echtpaar. De familie Chin A Loi uit Maatdorp had zich rond drie tafels geschaard en praatte zachtjes Chinees.

Bij de tafel waar drank werd geschonken trof Ferdinand Sophia aan. Temidden van de andere gasten zag ze er deftig uit in haar beige mantelpakje en met een kapsel als een bromfietshelm. De echtgenoot van een van de Leliën reikte haar een waterglas vol whisky aan en riep spottend: 'Alweer een dubbele whisky voor mevrouw Del Prado!'

'Inderdaad,' snaterde Sophia. 'Alweer een dubbele whisky voor mevrouw Del Prado. En het gaat u geen bal aan hoeveel dubbele whisky's mevrouw Del Prado drinkt!'

Met haar glas zwierig geheven draaide ze zich om en stond oog in oog met haar broer.

'Ha!' zei ze. 'Jou moet ik hebben! Jij moet mij iets uitleggen.'

Haar gouden armbanden rinkelden terwijl ze het glas naar haar lippen bracht, een slok naar binnen gulpte en haar mond afveegde. Lispelend stak ze van wal: 'Je bent op deze plek geboren, opgegroeid en getrouwd. Je hebt hier je leven geleefd. Je bent hier weduwnaar geworden. Straks ga je hier dood. En wat heb je al die tijd gedaan, als ik het vragen mag? Het is nog net zo'n zwijnenstal als toen pa en ma leefden. Weet je, vroeger dacht ik dat mijn grote broer iets belangrijks zou gaan doen. Maar toen je tijdens de Tweede Wereldoorlog werd opgeroepen om voor de geallieerden te gaan vechten en net deed alsof je last had van je knieën, begreep ik het. Je zou niets gaan doen. Je zou niet eens weggaan!'

Rinkelend begon ze zichzelf op de borst te timmeren. 'Ík ben degene die is weggegaan. Ík, het meisje! En ik heb iets van mijn leven gemaakt. Ik heb me uitgesloofd. En wat gebeurt er? Ik word gemeden. Niemand wil met mij praten.'

Een lichte misselijkheid bekroop Ferdinand en zijn benauwdheid verdiepte zich. Gedurende de twee dagen dat Miquel en hij bij Hector en Sophia hadden gelogeerd, had Miquel zijn tijd grotendeels in bed doorgebracht. Hijzelf had, ondanks de vermoeidheid die hij voelde sinds de dag dat de vier kinderen op de boerderij waren geweest, door de stad gezworven langs de plekken die hij met Helen had bezocht. Tijdens de maaltijden was er over koetjes en kalfjes gepraat. Pas nu zag hij dat zijn zuster danig uit haar doen was.

'Sophia,' zei hij schor, 'wie precies wil er niet met je praten?'

Sophia keek scheel in haar glas en nam opnieuw een grote slok. De hand waarmee ze over haar mond veegde trilde. Toen ze hem aankeek had ze tranen in haar ogen.

'Mijn kinderen. Mijn eigen kinderen willen niet met mij praten. Maar ze praten wel met jou.'

'O...'

'Ja.'

'Ik zal je zeggen wat ik denk, zuster. Je bent niet lief. Nooit geweest. Je kijkt niet en je luistert niet. In plaats van je kinderen te horen en te zien, hoor en zie je alleen maar jezelf.'

'Dat is niet waar!' viel Sophia uit. 'Ik heb alles gedaan voor ze. Alles! En ik heb het uit liefde gedaan!'

'Je hebt alles gedaan wat je moest doen om ze te maken zoals jij zou willen zijn. Maar ze zijn jou niet en ze willen niet wat jij wilt. Je hebt alles voor ze gedaan, behalve ze een beetje met rust laten, ze een beetje de ruimte geven. En dat doe je nog steeds niet. Daarom praten ze niet met je. Ze zijn volwassen, Sophia. Ze hebben je niet meer nodig. Als je wilt dat ze met je praten, moet je beginnen met zelf een keer je mond te houden.'

Sophia perste haar lippen op elkaar en keek verloren om zich heen.

'Wil Miquel mij daarom niet om zich heen hebben?'

'Ik denk het.'

'Heeft hij dat tegen je gezegd?'

'Nee. Miquel praat niet veel. Hij loopt wat rond. Hij denkt. Hij leeft in zichzelf. Hij is eenzaam, Sophia.'

'Dat vind ik vreselijk om te horen. Echt vreselijk. Waarom mag ik hem nou niet helpen?'

'Ik geloof niet dat iemand zijn eenzaamheid kan verlichten. Dat kan nou eenmaal niet.'

Er viel een stilte.

'Ik heb echt geprobeerd om het goed te doen, Ferdinand,' zei Sophia triest. 'Ik wilde zo ver mogelijk wegkomen van deze plek, dit leven. Zo ver mogelijk. Weet je dat de kast in Hectors oude spreekkamer helemaal vol ligt met schriften? Stapels en stapels. Vanaf het begin van ons huwelijk heb ik plaatjes en artikelen geknipt uit damesbladen uit Europa en Amerika. Ik plakte ze in schriften. Schreef er aantekeningen bij. Ik heb schriften over de opvoeding van ieder kind. Over het huwelijk. Over koken. Over woninginrichting, mode, tuinieren, lichaamsverzorging, haarverzorging en make-up. Haha! Voor de blanke huid en het gladde haar! Krankzinnig! Weet je wat ik morgen ga doen? Ik ga die schriften op een stapel in de tuin gooien en ik steek ze in brand. Weg ermee! Heeft niks geholpen! Niemand heeft het leuk gevonden. En dan ga ik zitten, rustig zitten... En iets drinken...'

Voordat Ferdinand een tegenwerping kon maken, schoot Sophia's hoofd opzij. Als een roofvogel staarde ze in de richting van de tafels. Met de armen om elkaar heen geslagen en de hoofden dicht bij elkaar liepen Pedro en Lucia uit de lichtkring op het achtererf het pad naar de kreek op. Pedro droeg een olielamp, waarvan het licht slingerend tussen de bomen verdween.

Met een venijn waar Ferdinand van opkeek, siste Sophia: 'Het is niet waar! Mijn dochter danst met haar minderjarige tuinman. En van alle beschikbare vrouwen kiest mijn zoon onze gast uit voor zijn zoveelste affaire. Maar nee hoor, ik zal er níéts van zeggen!'

Toen de band de ballades had ingezet, was Lucia in Pedro's armen gekropen met het gevoel als een rivier, na een lange tocht door landen en landschappen, in zee te stromen. Ze dansten zonder te spreken. Met haar wang tegen zijn schouder genesteld, haar hoofd van hem af gekeerd, gluurde ze een tijdlang naar de paren in de buurt. Zo nu en dan ving ze een fluwelige blik op.

Na een tijdje draaide ze haar hoofd om, legde haar wang tegen zijn sleutelbeen en sloot haar ogen. Haar andere zintuigen kwamen op scherp te staan. Overal waar zijn lichaam haar lichaam raakte, begon haar huid te tintelen. Ze ademde diep de geuren in van het wasmiddel in zijn overhemd, zijn parfum en zijn zweet. En de zoete smaak van haar speeksel, vermengd met de smaak van de rum-cola's die ze had gedronken, wekte een intens verlangen op om hem te kussen.

De herinnering kwam boven aan de keer dat ze in de Passion Fruit met hem had gedanst en met haar buik over zijn penis was gerold, verborgen achter laagjes stof. De begeerte om zijn pik opnieuw te voelen, ditmaal goed te voelen, besprong haar. Duizelig en niet in staat zich te beheersen drong ze haar onderlichaam tegen het zijne. Pedro kuste en beet haar zachtjes in haar nek. Toen ze het heuveltje voelde groeien begon ze het met haar buik te strelen. Het werd snel groot en hard. 'Jezus, Lucia!' hijgde hij. Hij liet zijn handen op haar billen glijden en duwde haar onderlichaam klem tegen het zijne.

In de pauze voor het volgende nummer bleef hij haar met een hand vasthouden, streelde met zijn andere hand haar hals en fluisterde haar toe dat hij alleen wilde zijn met haar. Dronken van verlangen keek zij hem aan en vormde lacherig met haar lippen het woord 'liefdesnest'. Hij knikte goedkeurend.

Bij het begin van het nieuwe nummer had hij haar een eindje van zich af geschoven, zodat zij na een paar minuten zedig dansen konden weglopen zonder opmerkzame gasten te choqueren.

Links van het pad lichtte de berg schedels op in de duisternis. Pedro humde goedkeurend, stond stil en balanceerde de olielamp op een witte doodskop.

Daarna keerde hij zich naar haar toe, nam haar in zijn armen en zoende haar op haar mond. Omdat het lang geleden was dat zij door een man was omhelsd, liet hij zijn eerste kus zacht en inleidend zijn.

Maar Lucia stond in lichterlaaie. Ze opende haar mond en duwde haar tong tussen zijn lippen en tanden. Haar gezicht tussen zijn handen nemend, nam hij haar passie over.

Terwijl haar hand langzaam afzakte naar zijn gulp en zijn erectie begon te strelen, zochten en vonden zijn handen haar borsten, naakt onder de als een vissenhuid aanvoelende glitterstof. Hij trok de bovenkant van haar strapless jurk naar beneden en zag ze in het zicht springen, schuin van onderen belicht door de olielamp. Lucia struikelde een stapje naar achteren door de kracht waarmee hij haar borsten beetpakte.

Zwaar ademend begon hij ze te liefkozen. Warme huid, zachte voorhof, kleine tepels, strengen en verdikkingen diep binnen in het veerkrachtige vlees. Hij kuste en likte, keek hoe de tepels overeind kwamen, nam een van die opgewonden torentjes in zijn mond en zoog erop, terwijl hij het andere tussen zijn vingers rolde en er zachtjes in kneep.

Lucia kreunde. Haar handen fladderden ongecontroleerd over zijn hoofd en schouders.

'O, Lucia, ik wil met je neuken!'

Pedro schrok van zijn eigen heftigheid en dacht opnieuw aan wat zij had gezegd op de avond dat zij Johanna hadden thuisgebracht. Rustig aan... Voorzichtig...

'Lieveling, gaat dit niet een beetje te snel allemaal?'

Ze gaf geen antwoord. Hij liet haar borsten los, legde zijn handen op haar schouders en keek haar in het gezicht, dat er bizar uitzag in het laag aanstrijkende licht van de lamp. Haar pupillen waren enorm.

'Wat is er?'

'Niets.'

'Je ziet eruit alsof je bang bent.'

'Ik ben ook bang!' Lucia klonk wanhopig. 'Ik heb net een soort houvast gevonden. Als ik met jou ga vrijen, verlies ik dat misschien weer. Maar aan de andere kant... Ik wil jou ook. Ik wil je met mijn hele lijf en mijn hele hart. Jij bent alles wat ik hier mooi vind, alles waar ik hier van hou, alles van vroeger, alles. Ik wil zo graag met je vrijen, je in me voelen!'

Pedro nam haar in zijn armen en prevelde: 'Jij en ik gaan de liefde bedrijven, wees maar niet bang. Ik zal mijn uiterste best doen om te voorkomen dat je je houvast verliest. Ik zal je helpen, dat beloof ik je. Kom, we zoeken dat verdomde liefdesnest op, daar is het comfortabeler.'

Hij pakte de olielamp op en begon te lopen. Toen hij merkte dat zij niet meeliep, keek hij om. Ze stond roerloos midden op het pad, wijdbeens, haar armen ontspannen langs haar lijf en haar hoofd ver achterovergebogen. Met de bovenkant van haar jurk rond haar middel, pronkten haar borsten hoog en rond op haar romp.

'Kijk eens, mijn lief,' zei ze zacht. 'Kijk eens wat een sterren... Je kunt de hele melkweg zien.'

Zoals zij daar stond, deed zij Pedro denken aan de boegbeelden van de schepen die, op de sterren zeilend, op zoek gingen naar de Nieuwe Wereld. Het begin van onze geschiedenis, dacht hij met een glimlach.

'Lieveling, je lijkt wel het boegbeeld van zo'n ouderwets zeilschip,' zei hij. 'Kom mee.'

De muzikanten kondigden hun pauze aan. Na een kort applaus stroomde de dansvloer leeg. Een uitgelaten stoet begaf zich naar het achtererf, waar eten en drank wachtten.

Terwijl de Leliën de een na de ander bedienden, vormde zich een kring rond Ordio, een kleine, beweeglijke man uit Maatdorp, en Gisela, de Lelie die Emma en Lucia tijdens het baden in de kreek op een verhaal had vergast. Met een luide stem gaven zij de omstanders raadsels op.

Het was de beurt aan de vrouw, die als een bruidstaart op een tafel zat, haar rokken opbollend tot onder haar ellebogen. Haar schoenen bungelden aan haar tenen, haar eeltige hielen ontblotend.

'Raad wat het is!' riep ze, en ze imiteerde een deftige dame: 'Als ik uit bed kom, ben ik in rode zijde gekleed. Als ik naar de markt ga, hul ik mij in schitterend goudbrokaat. Als ik ga slapen draag ik paarse kant. Maar een man die mij in de nacht wil bezoeken, zal mij nergens kunnen vinden.'

'Een witte vrouw!'

'Haha. Fout!'

'Zo'n eendagsbloem. Rood in de knop in de ochtend, geel en open in de middag, paars en verwelkt in de avond. 's Nachts valt ze op de grond.'

'Fout!'

'Ik weet het! De zon!'

'Goed geraden.'

'Zij bracht me op het idee met haar ochtend, middag en avond.'

'Ik kende hem al,' vertrouwde mevrouw Gummels Ferdinand toe, die stijf rechtop naast haar op een stoel zat en haar plichtmatig toelachte. Zijn longen pompten traag en moeizaam lucht naar binnen en naar buiten. Lucht die meer geroezemoes, geschreeuw en gelach leek te bevatten dan zuurstof. In zijn borstbeen stak een speer, die langzaam dieper naar binnen drong. Moest hij iets doen? Pedro zoeken en met hem spreken? Of even afwachten? Het waren de emoties van de afgelopen weken. En dan nu het feest, dat hij niet wilde bederven. Hij glimlachte nogmaals naar Bertha, die hem onderzoekend aankeek. Voordat zij hem iets kon vragen, richtte hij haar aandacht met een knikje van zijn hoofd op het volgende raadsel van Ordio.

'Raad wat het is! Een geweer wordt gericht en afgeschoten. Een vrouw wordt geraakt en ze gaat niet dood, maar komt tot leven.'

Smakelijk gelach volgde. 'Gemakkelijk! Het lekkere ding van de man.'

'Gemakkelijk? Voor jou zeker. Bij jou is ieder schot raak. Veertien kinderen!'

Gisela verhief haar stem.

'Raad wat het is! Uit een harde plank spruiten op een dag twee bloesems.'

'Een doodskist!'

'Een doodskist? Nou, ja. Sinds wanneer bloeit een doodskist?'

'Het zou best kunnen, hoor.'

'Onder de grond zeker?'

'Ik weet het, tante Gisela. Een geldkist.'

'Nee, lieve kind, dat is niet goed.'

'Arme meid, zitten er in jouw spaarpot maar twéé centjes?'

'Jullie tijd is om! Ik zeg het. Het is een jong meisje.'

'O...'

'Raad wat het is! Gele regen als hij wakker is, witte regen als hij slaapt.'

'Hè, Ordio, hou eens op! Die raadsels van jou hebben allemaal hetzelfde antwoord: het ding van de man.'

'Nee, het ding van de knaap! Maar oké, oké... Ik weet een moeilijke. Raad wat het is! Wie is de koning van de kakkerlak, de kolibrie, de tijger, de maanvis en de mens?'

'Toch niet weer zijn ding, hè?'

'Nee, ik zei toch dat dit een moeilijke was?'

'God de Heer!' riep een Lelie, die op een afstandje had staan luisteren.

Gelach volgde.
'Vadertje Dood!'
'Ja. Goed geraden!'

Terwijl de raadsels steeds meer mensen trokken, en ook anderen raadsels begonnen op te geven, hurkte Mathilde achter Eli in de wc en hield zijn schouders vast terwijl hij overgaf. Met een wit gezicht was hij op haar af komen lopen en had gepreveld dat hij zich niet lekker voelde en moest kotsen. Toen ze de bierlucht rook die uit de toiletpot opsteeg, tezamen met de geuren van halfverteerd voedsel, verdween haar ongerustheid.

'Hoeveel flesjes bier heb je gedronken, Eli?' vroeg ze zakelijk.

'Drie,' mompelde haar zoon, en hij begon opnieuw te kokhalzen.

'Tja... Wat moet ik nou tegen je zeggen? Dat je geen bier mag drinken van pappa en mij? Maar dat wist je al. Eigen schuld, dikke bult? Misschien is dat maar het beste,' zei ze, terwijl ze hem overeind sjorde en naar de gootsteen begeleidde, waar ze hem hielp zijn gezicht te wassen en wat water te drinken.

'Gaat het beter? Nee, hè? Ga maar even op het bed van oudoom Ferdinand liggen.'

De kamer van Ferdinand lag vol met spullen, maar in de kamer van Miquel was het leeg en schoon. Het bed was opgemaakt en opengeslagen. Mathilde realiseerde zich dat de Leliën dit voor Miquel moesten hebben gedaan, zodat hij tijdens het feest kon gaan rusten.

'Ga hier maar liggen,' zei ze. 'Maar als oom Miquel op zijn bed wil liggen, moet je opstaan en naar mij toe komen. Dan vinden we wel een ander plekje voor je. Je kunt altijd nog in de auto gaan liggen. Ja, kijk me maar niet zo aan. Ik ga echt niet nu al naar huis omdat jij de regels hebt overtreden. Ik vraag wel aan Emma en aan pappa om straks even bij je te komen kijken. Waar is pappa eigenlijk? Heb jij hem ergens gezien?'

'Nee,' mompelde Eli. Hij kon toch niet aan zijn moeder vertellen dat hij zijn vader en tante Lucia naar het liefdesnest had zien lopen?

Pedro lag op zijn rug op de aanlegsteiger, zijn overhemd open langs zijn flanken, en zijn broek, onderbroek, sokken en schoenen, tezamen met Lucia's sandalen, op een hoopje naast hem. Lucia lag boven op hem. Haar jurk zat opgerold rond haar middel en haar slipje lag ergens op de oever, waar het terecht was gekomen toen hij het met een groots gebaar had weggegooid. Met haar lange vingers onder zijn hoofd zoende ze hem met overgave. Haar tepels raspten over het kroezige haar op zijn borst. Hij streelde haar billen en verkende de diepe kloof ertussen.

In de verte, waar tot op dat moment geroezemoes, gepraat en gelach te horen was geweest, klonken vier verwachtingsvolle tonen op; er viel een korte, gespannen stilte en de dansmuziek barstte los. De tweede set was begonnen. Pedro's angst dat zij door feestgangers betrapt zouden worden werd minder.

'Heb je condooms bij je?' fluisterde Lucia. Haar adem streek heet over zijn wang. Op de maat van de muziek begon ze met haar bekken minieme bewegingen te maken, haar vagina over zijn penis wrijvend.

'Oeh... Lucia! Ja... Ja, ik heb condooms bij me.'

'Wíst je dat je met me zou gaan vrijen?'

'Nee. Maar ik hoopte er wel op. Ooh... Ik heb altijd condooms bij me.'

'Ook toen je met Mathilde was getrouwd?'

'Ook toen.'

'Ik wil het niet weten!' Ze kwam overeind en ging met haar volle gewicht op zijn pik zitten.

Hij lachte, greep haar bij haar bovenarmen, trok haar opnieuw over zich heen en kuste haar hartstochtelijk.

Toen kieperde hij haar voorzichtig op de planken naast zich. Hij zoende haar hals, haar borsten en haar tepels, terwijl zijn hand over haar buik en haar schaamhaar naar haar vagina zwierf. Hij betastte haar schaamlippen en verkende de vochtige, hete holte ertussen. Zijn vinger vond haar clitoris en zo zacht als hij kon opbrengen, begon hij te strelen.

Lucia trok haar rug hol en slaakte een kreetje van genot.

Daarop begon ze te kreunen. Even later bedelde ze zangerig: 'O Pedro, neuk me, neuk me, neuk me, neuk me...'

'Dat laat ik me niet zoveel keren vragen, dame.'

Hij ging overeind zitten en deed zijn overhemd uit. In de chaos van broek en schoenen zocht hij naar zijn portemonnee, waarin hij de condooms bewaarde. Onder zijn billen voelde het hout zanderig aan van de vele blote voeten die er die dag over hadden gelopen, en het gaf warmte af. Zijn handen trilden.

Lucia kwam ook overeind, vlijde haar warme lijf als een kat tegen zijn rug, kuste zijn schouders en keek naar zijn penis, die tegen de ondiepe huidplooien in zijn buik overeind stond. Toen hij de condooms had gevonden en er een uit de verpakking begon te peuteren, pakte ze zijn pik vast en zei: 'Wacht nog even, mijn lief.'

Meer dan gewillig liet hij zich achteroverzakken en keek toe terwijl zij zich vooroverboog en hem zo diep als ze kon in haar mond liet glijden. Haar lippen sloten zich strak rond zijn penis, terwijl haar tong zijn eikel streelde.

Lucia proefde zweet en voorvocht. Ze rook muskus. Traag begon ze haar hoofd op en neer te bewegen. O, god, dacht ze in vervoering, dit is lekker!

Toen hij dacht dat hij het niet meer zou uithouden, pakte hij haar hoofd tussen zijn handen. Ze liet zijn pik met een nat geluidje uit haar mond glippen en keek hem vanuit haar nederige positie met een demonische grijns aan.

'Stoor me niet, mannetje.'

'Ga liggen, griezel. Ik ga je neuken. Ik wil niet klaarkomen in je mond, ik wil klaarkomen in je poentje.'

En toen, in vervoering: 'O Lucia... Wat je met me doet... Vrouwen van hier pijpen liever niet. Ze vinden het hoerig. Maar jezus, ik vind het heerlijk!'

Hij trok haar overeind, klemde haar tegen zich aan en kuste haar ruw.

Toen hij haar losliet wurmde Lucia haar jurk over haar borsten en hoofd, gooide hem op het stapeltje kleren en schoenen en strekte zich uit op de steiger. Pedro pakte een condoom uit.

De sterren deinden in de kreek. Uit een ooghoek zag hij dat de olielamp, die hij op de tafel bij de hangmatten had laten staan en zo laag mogelijk had gedraaid, flakkerde en walmde. Toen hij de goede kant van het condoom had gevonden en het om had gedaan, spreidde zij haar benen en trok haar knieën hoog op. Hij kroop tussen haar benen en keek naar haar vagina. Daarna keek hij in haar ogen. Met een combinatie van overgave en zelfbewustzijn, van zachtheid en hardheid, keek ze terug.

Toen hij in haar binnendrong, maakte ze een klaaglijk geluid, knelde haar benen rond zijn onderlijf en duwde haar bekken omhoog, alsof ze hem nooit meer wilde laten gaan. Toen ze haar greep liet verslappen, begon hij haar te neuken.

Krachtig duwde hij zichzelf langs de steile piek van de extase omhoog. Toen de top bijna was bereikt, hief hij zijn hoofd en kreeg een schok.

Op de oever zag hij tientallen onbeweeglijke lichtknikkertjes. De honden van oom Ferdinand moesten tijdens hun vrijage uit het omringende bos zijn opgedoken. Met de kop ontspannen op de poten, rechtop zittend of op een zij liggend, keken zij toe. Resoluut sloot hij zijn ogen en duwde het besef van hun aanwezigheid weg.

Lucia werd vervuld met de sensatie van de penis, die zo krachtig in haar vagina stootte dat haar hele lichaam meedeinde. Met de intense hitte die zich tussen haar lijf en het lijf boven haar ontwikkelde. De diepe geur van seks. Haar wijd gespreide benen. Haar zwengelende borsten. Haar kut die brandde. Haar lichaam dat reikhalsde naar een orgasme.

Ze was het boegbeeld van een schip dat de golven berijdt. Ze dook en rees op, dook en rees op. Terwijl de zon haar lichaam warmde, sloeg wit schuim haar in het gezicht. Om haar heen was het uitspansel helderblauw. Voor een moment rook ze de zilte geur van de zee.

Toen ze hem hoorde klaarkomen, en het wonderlijk treurige

geluid hoorde dat hij daarbij maakte, keerde ze in de werkelijkheid terug.

Na een kort moment van onbeweeglijkheid trok hij zich terug uit haar lichaam, liet zich kletsnat van het zweet over haar heen vallen, legde zijn hand zonder iets te zeggen tussen haar benen en begon haar te vingeren, doelbewust en in een hoog tempo. Met een adembenemende hink-stap-sprong kwam ze klaar.

Pedro nam haar in zijn armen. Terwijl er beekjes zweet van hun lichamen op het hout van de steiger liepen, alsof ze oplosten in hun omhelzing, dachten zij aan niets meer.

Na een lange tijd fluisterde hij in haar oor: 'Lieveling, we hadden pottenkijkers.'

'Wát zeg je?!'

Pedro schaterde. Hij rolde om, trok haar boven op zich en wees naar de oever. Ze herkende de herkomst van de vele lichtjes die ze aan de kant zag schijnen meteen. Met een brede grijns zei ze: 'Jezus! Oom Ferdinands honden. Het is maar goed dat ik het niet wist!'

Miquel opende de deur naar zijn slaapkamer en zag Eli op zijn bed liggen, opgekruld in foetushouding. Zijn ogen waren gesloten. Het was niet waarschijnlijk dat hij sliep aangezien de band aan de andere kant van de houten wand stond te spelen en de muziek binnen bijna net zo hard klonk als buiten. Toen Miquel zijn hand op Eli's schouder legde, keek hij geschrokken op, krabbelde overeind en vroeg luidkeels: 'Moet ik weggaan, oom Miquel?'

'Nee hoor, dat hoeft niet.'

Miquel liet zich naast Eli op het smalle bed zakken. 'Wat is er met je aan de hand?' riep hij. 'Kreeg je slaap?'

'Ik moest overgeven. Ik heb drie flesjes bier gedronken.'

'Zo! Welkom in de wereld van de grote mannen.' Miquel woelde door Eli's dichte krullenbos. 'Schuif eens op, dan kom ik naast je liggen.'

'Weet u zeker dat ik niet weg moet?'

'Ik weet het zeker.'

Miquel ging liggen. Eli kroop tegen hem aan en legde zijn hoofd op zijn schouder. Miquel sloeg een arm om zijn neefje heen en sloot zijn ogen.

Vijf uur op de been in die drukte. Niet slecht. Zijn grootste zorg was echter niet geweest dat hij snel moe zou worden, maar dat hij een angstaanval zou krijgen. Tijdens de preek van de dominee, waarvoor oom Ferdinand en hij ereplaatsen hadden gekregen, had hij het moeilijk gehad.

De zalvende stem van de dikke man, de stilte van de menigte die in een cirkel om hen heen stond en de vroomheid waarmee de Leliën toehoorden, beklemden hem. In zijn hoofd waren gedachten gaan rondzingen. Als hij maar niet bang werd... Als hij maar niet op zou springen, in paniek door de muur van mensen heen zou breken en weg zou rennen... Als hij maar niet zou gaan schreeuwen... Zijn hart begon te bonken en het koude zweet brak hem uit.

Na afloop van de avondzegen had hij ongemerkt willen wegglippen. Maar voordat hij daar de kans toe kreeg, hadden de Leliën het toneel overgenomen. Ze droegen het ene gedicht na het andere voor, bewust of onbewust de gezwollen intonatie van de dominee imiterend.

Op een gegeven moment had hij Lucia's ogen ontmoet. De lach die daarin twinkelde had hem, als het knippen van vingers, uit zijn zelfhypnose gewekt. Ze gebaarde met haar hoofd in de richting van Mathilde, die verbeten voor zich uit staarde en met iedere hand de dunne arm van een kind omknelde. Aan weerskanten van hun moeder stonden Emma en Eli naar de grond te kijken, in een verwoede poging hun lachen in te houden. Met een glimlach en een diepe zucht had hij zijn fixatie op de angst laten varen.

Na dit stroeve begin had hij zich geamuseerd. Het eten was heerlijk. Hij had met Ashana, Carmen en Mathilde gedanst en met zijn vader, Johanna en Jozef-Maria's vriend gepraat. Na Carmen te hebben uitgehoord over haar affaire met Prem, had hij besloten dat het genoeg was geweest.

Volgens afspraak zouden Roosje en Mathilde, die vanwege de kinderen niet tot het einde van de avond konden blijven, hem een lift terug geven naar het huis van zijn ouders. Oom Ferdinand zou later met zijn vader en moeder terugrijden. Toen hij daarnet het huis was binnengeglipt, had hij Mathildes blik opgevangen. Met gebaren had hij haar duidelijk gemaakt dat hij moe was en ging rusten. Hij verwachtte niet dat ze nu nog lang zou blijven, mede gezien het feit dat haar zoon zich niet lekker voelde.

Eli staarde glazig voor zich uit.

'Je voelt je echt rot, hè?'

'Ja,' riep Eli. Na een korte stilte voegde hij eraan toe: 'Pappa heeft een nieuwe vriendin.'

'O,' zei Miquel neutraal.

'Tante Lucia.'

Miquel veerde op. 'Wat?! Tante Lucia? Hoe weet je dat?'

'Ik zag ze daarnet samen naar het liefdesnest gaan. Ze omhelsden elkaar.'

'Het liefdesnest?!' viel hij uit. 'Wat is dat in godsnaam?'

'Emma heeft de Lelijkerds vandaag geholpen. Ze heeft gezien dat Jozef-Maria bij de kreek een liefdesnest heeft gemaakt. Bij de hangmatten. Met kussens en bloemen en kaarsen. Alleen verliefde paartjes mogen daar komen.'

Hij had het kunnen zien aankomen. Vanaf het moment dat Lucia voet op deze bodem had gezet, had Pedro als een bronstige hond achter haar aan gelopen. Hij geloofde niet dat Pedro verliefd op haar was. Hij kende hem langer dan vandaag. Pedro had het niet kunnen uitstaan dat Lucia speciaal voor hem hierheen was gekomen en het merendeel van haar tijd aan hem zou wijden. En nadat Mathilde zijn broer het huis uit had gezet en verliefd was geworden op Roosje, had hij de onstuitbare behoefte gevoeld om te laten merken dat hij ook nog meetelde.

Hij had zich uitgesloofd voor Lucia. Veel van de plekken waar Miquel haar mee naartoe had willen nemen als hij fit was geweest, had Pedro haar laten zien. Ze hadden de Brownsberg beklommen tot aan de waterval, waar ze hadden gepicknickt en gezwommen. Bij terugkomst in de stad waren ze Chinees gaan eten in de achterkamer van weduwe Sie A Foek. Hij had haar een rondleiding gegeven door Zorg en Hoop, hun oude buurt. Daar hadden ze de Polanenschool, zwembad Oase en diverse winkeltjes bezocht. De bewoners van de aangrenzende huizen waar zij hun kinderjaren hadden doorgebracht, hadden hen binnen laten rondkijken. Daarna waren ze bij opa Alvarez, stokoud maar nog met een goed geheugen, binnengevallen en hadden herinneringen opgehaald.

Lucia had Miquel al die tijd trouw bezocht en zich zorgzaam en belangstellend getoond. Ze deed haar best, maar ze was er vaak maar half bij met haar gedachten. Wat hem betrof, liep ze in cirkels achter haar staart aan. Er was geen oplossing voor de gespletenheid waaraan zij leed. Het enige dat hielp was afstand doen van de drang om je te identificeren met mensen, landen, culturen. Afstand doen van de behoefte om thuis te zijn in meer dan alleen het huis waar je woonde. Je weg gaan als een individu.

Hij had het haar niet makkelijk gemaakt. Hij had geen behoefte aan plichtmatig begrip en medeleven. Het ging hem om iets anders. Het ging hem erom een maatje te hebben dat hem trouw zou volgen in de onafzienbare grijsheid, die klamme en neerdrukkende mist die de afgrond omwolkte waarin hij zou vallen. Hij kon deze weg niet alleen gaan. Er moest iemand meegaan. Zonder te aarzelen of te dralen. Iemand aan wie hij zich kon vasthouden.

En dus ging het niet zoals hij had gewild dat het zou gaan. Er kwam weinig terecht van zijn fantasie dat hij op de boerderij van oom Ferdinand met Lucia van de laatste periode van zijn leven zou genieten.

Een beeld als een communistisch heilschilderij doemde in hem op. Hij zag zichzelf in een ruststoel naar een spectaculaire zonsondergang kijken. Lucia zat aan zijn voeten en keek vol liefde naar hem op. Oom Ferdinand stond vierkant en stoer achter zijn stoel.

Was dat wat hij had gewild? Hoe belachelijk kwam het nu op hem over. Het leven kende geen mooie afloop, een aantal indrukwekkende slotakkoorden gevolgd door het vredig wegsterven van de muziek. Het was van begin tot eind een schrille kakofonie van daden en gebeurtenissen, abrupt eindigend met de dood. Dat had hij altijd al geweten.

Eli lag zorgelijk naar hem op te kijken. Buiten werd onder geklap en geschreeuw een nummer beëindigd. Met een zwoele stem begon de leider van de band aan een toespraakje waarin hij Ferdinand feliciteerde met zijn verjaardag en insinuerende grappen maakte over zijn harem, die zo'n mooi feest voor hem had georganiseerd.

'Tante Lucia kan nooit pappa's vriendin worden. Ze gaat over twee maanden alweer weg,' zei Miquel lamlendig.

'Maar mamma en pappa zijn elkaar vergeten. Ze komen nooit meer bij elkaar.'

'Misschien is dat wel zo, Eli. Soms moet je gewoon accepteren dat de dingen voorbijgaan. Ook de belangrijke dingen.'

Ze waren allebei even stil. Toen kwam Eli overeind en keek Miquel verlegen aan.

'Ik vind het erg dat u ziek bent.'

'Ik ook, Eli.'

'Ik wil niet dat u doodgaat.'

'Ik ook niet.'

Miquel beet zijn tranen weg. Na een korte stilte zei hij luchtig: 'Maar voorlopig ben ik er nog. Kom maar weer lekker bij me liggen, jongen.'

Eli liet zich zakken en sloeg zijn arm om zijn oom heen. Miquel sloot zijn ogen. Hij had Pedro en Lucia tijdens de langzame nummers met elkaar zien dansen. Niet in staat hun intimiteit onder ogen te zien, had hij weggekeken. Maar nu wilde het beeld van hun omstrengeling niet meer wijken. Lucia had er ontspannen en gelukkig uitgezien. Misschien was er toch meer aan de hand. Gaf Pedro haar iets dat hij haar niet kon geven. Iets dat voor Lucia belangrijk was. Hij wist maar al te goed hoe troostend de liefde van het lichaam kon zijn. Hoe helend. En hoe vervullend.

Onbeheerst begon hij te snikken. Eli veerde opnieuw overeind en keek hem angstig aan. Miquel probeerde door zijn tranen heen geruststellend te glimlachen.

Terwijl hij huilde, verdween geleidelijk aan de angstige uitdrukking van het gezicht van Eli. Hij leek een beslissing te nemen. Voorzichtig ging hij weer liggen en begon Miquel over zijn arm te aaien, terwijl hij murmelde: 'Stil maar, oom Miquel, stil maar, stil maar...'

Buiten klonk gejuich op. De band begon aan een nieuw nummer. Toen zijn huilbui was gezakt, en Eli roerloos van ernst in zijn armen lag, realiseerde Miquel zich dat hij jaloers was. Hij was stinkend jaloers op het feit dat Lucia leefde en liefhad. Dat zij een toekomst had.

Als hij niet bitter en verongelijkt wilde sterven, moest hij proberen een weg te vinden die hem in een zekere vrede door de nevels naar het ravijn zou voeren, hield hij zichzelf voor. Zonder te verwachten dat er iemand met hem mee zou gaan.

Tegen de tijd dat Roosje haar hand op zijn schouder legde om hem mee te delen dat zij, Mathilde, Miquel en de kinderen naar huis zouden gaan, voelde Ferdinand zich wat beter. Hij had zichzelf een dubbele whisky voorgeschreven, die hij voorzichtig nippend had opgedronken. Het medicijn had geholpen. De pijn in zijn borst was gezakt en hij kon vrijer ademhalen.

In de dagen na het feest zou hij zich door Pedro laten nakijken, nam hij zich voor. Daarnaast zou hij het rustiger aan gaan doen. Niet meer zoveel aan Helen denken. Gedane zaken namen geen keer. Net als Miquel zou hij iedere middag een dutje doen. Vanaf vandaag was hij een bejaarde.

Hij excuseerde zich bij Ordio, de vriend met wie hij had zitten praten, en liep met Roosje mee naar de ingang van het erf, waar Emma met rode ogen van de slaap op hen stond te wachten. Mathilde kwam de voordeur uit lopen met een vermoeide

Miquel en Eli in haar kielzog. Sophia, die met Hector had gedanst, had het bijeenkomen van een deel van haar familie opgemerkt. Ze voegde zich met Hector bij hen. Ferdinand zag dat ze wankel op haar benen stond. Toen ze hem aankeek, gaf hij haar een knipoog.

'Tijd om te gaan?' vroeg Hector.

'Ja,' zei Mathilde. 'De kinderen moeten naar bed, en Miquel heeft het gehad. Bovendien is mijnheer hier dronken.'

'Wat?' Hector was geamuseerd. 'Wat heb je gedronken, Eli?'

'Drie biertjes, opa,' mompelde Eli.

'Drie biertjes!' viel Sophia uit. 'Hoe haal je het in je hoofd, jongeman? Je bent pas acht jaar oud.'

'Nou, jij moet nodig wat zeggen! De pot verwijt de ketel dat hij zwart ziet.' Hector keek zijn vrouw geïrriteerd aan.

'Hector, ssst! Ik ben zijn oma.'

Roosje en Mathilde keken verbaasd naar Sophia.

'Ben je dronken, Sophie?' giechelde Roosje. 'Mag best hoor. Jij bent tenminste oud genoeg.'

'Ik ben absoluut niet dronken!'

'Daar zijn jullie! We zochten jullie al!' De uitgelaten stem van Lucia schalde boven het lawaai van de muziek uit. 'Kijk eens aan, de hele familie bij elkaar. O, nee. Behalve Carmen. Die is vast ergens aan het zwijmelen met Prem!'

Hun armen om elkaar heen geslagen en hun lichamen tegen elkaar aan gevlijd, kwamen Pedro en Lucia op het groepje aflopen. Haar hand rustte op zijn buik. Hij oogde loom en voldaan als een oude kater, maar in haar gloeide de vervoering nog zichtbaar na.

Op drie meter afstand bleef Lucia abrupt stilstaan. Terwijl haar blik van de een naar de ander dwaalde, veranderde haar gezicht van uitdrukking. 'Jezus...' mompelde ze geschokt.

Roosje stond Lucia misprijzend op te nemen, haar handen in haar zij en haar stevige boezem naar voren gestoken. Miquels blik was moeilijker te doorgronden. Zijn ogen stonden dof. Mathilde keek Lucia een fractie van een seconde hatelijk aan, waarna haar blik afketste naar Pedro. Ook Sophia en Eli keken naar Pedro. Sophia was verontwaardigd. Eli had een afstandelijke uitdrukking op zijn gezicht, alsof hij zijn vader met nieuwe ogen bezag. Emma had zich afgekeerd en keek pruilend naar de grond. Alleen Hector en Ferdinand glimlachten. Hector schonk zijn goedkeuring aan de dansende meute achter Lucia's rug, terwijl Ferdinand haar met zijn ogen gerust probeerde te stellen.

Pedro werd woedend: 'Luister eens even, Lucia en ik zijn volwassen en ongebonden. Ik ben bovendien niet de enige die een ander heeft. Waag het niet op deze manier naar ons te kijken!'

In eerste instantie had hij zich tot Mathilde gericht, maar even daarna omvatte zijn blik ook zijn moeder en zijn jongere broer. Hij vermeed de ogen van zijn kinderen. Roosje bestond niet voor hem.

'Wel godverdomme! Ik kijk hoe ik wil kijken!' Mathildes stem klonk schel.

'Lieve familie...' suste Ferdinand. Hij spreidde verzoenend zijn armen. 'Dit is een mooi feest, waar ik heel erg van geniet.'

Er viel een gespannen stilte.

'Ik ga,' zei Mathilde resoluut. Ze keerde zich om en begon naar haar auto te lopen. Roosje snelde achter haar aan en legde een arm om haar schouders. Na een korte aarzeling liep Emma op Pedro af en kuste hem goedenacht. Eli volgde haar voorbeeld. Nadat zij de rest van het gezelschap een verlegen, gegeneerde blik hadden geschonken, draafden de kinderen achter hun moeder en haar vriendin aan.

Lucia keek smekend naar Miquel. Hij gaf haar een snelle kus op haar wang, zei luchtig tegen Ferdinand, zijn vader en moeder dat hij hen morgenochtend thuis zou zien, negeerde Pedro en liep achter zijn neefje en nichtje aan de weg op.

'Shit, shit, shit!' riep Lucia met tranen in haar stem.

Voordat Sophia iets kon zeggen, pakte Hector haar bij de arm en zei: 'Wij hebben nog een dans af te maken, dronkenlap.'

Sophia rukte haar arm los en liep met haar man mee naar de

dansvloer. Halverwege draaide ze zich om en riep kijverig tegen de ruggen van Pedro en Lucia: 'Kijk wat jullie met die kinderen doen!'

Pedro wikkelde zijn armen strak om Lucia heen. Met een grimmig gezicht keek hij hoe Mathilde, een eind verder op de zandweg, haar auto startte, keerde en driftig optrekkend wegreed.

'Jullie doen niets verkeerds,' zei Ferdinand. En alsof er niets was gebeurd liet hij daarop volgen: 'Pedro, binnenkort kom ik bij je aankloppen voor een check-up.'

Een gedeelte van de gasten was al naar huis, maar de Leliën des Velds en hun aanhang waren nog voltallig aanwezig. Op een enkeling na stond iedereen op de dansvloer.

Eerder op de avond had de muziek onmiskenbaar Caraïbisch geklonken, maar nu kwam zij regelrecht uit Afrika. De nummers duurden eindeloos. Drums voerden gesprekken met elkaar. Rap en intens spraken zij door elkaar heen, lieten elkaar de boventoon voeren, vielen elkaar bij en overmeesterden elkaar. Dansers, de ogen gesloten, werden door de ritmes dieper en dieper meegevoerd in dromen over schepsels die in het vuur leefden, in de aarde, in het water of in de bomen. Puttend uit een puur en enkelvoudig bestaan, hadden deze wezens formidabele krachten. De witte, hete kracht van het vuur, de sensuele, meegevende kracht van het water, de sterke, geduldige kracht van de aarde, de sluwe, wispelturige kracht van het bos. In gedanste dromen spraken de feestgangers met de schepsels en dronken van hun wijsheid en kracht. Zoals zij al eeuwen deden.

Ferdinand maakte geen deel uit van de dans met de geesten. Eindelijk door de Leliën en zijn gasten vergeten, zat hij onbeweeglijk op een stoel op het achtererf. Achter hem, onder de manjaboom, zaten twee tienermeisjes uit Maatdorp met elkaar te fluisteren.

Toen hij de schim zag opdoemen op het pad naar de kreek, ver buiten de lichtcirkel op het achtererf, realiseerde hij zich dat hij haar de hele avond al had verwacht. Natuurlijk was ze gekomen. Zonder aarzelen stond hij op en begon in haar richting te lopen.

Naarmate hij de vrouw dichter naderde, kon hij haar beter zien. Ze zag er anders uit dan de eerste twee keren. Haar witte haar stond verward aan alle kanten rond haar hoofd. Haar lompen waren vuil. Er zaten scheuren in. Op haar gezicht, handen en onderarmen zaten witte vegen, die hij herkende als klei uit de kreek. Als de vier kinderen in de schoolvakanties bij Helen en hem logeerden, smeerden zij zich tijdens het spelen in de kreek vaak in met deze klei, die wit opdroogde.

Toen hij haar op ongeveer vijf meter was genaderd, hief zij haar hand. Hij bleef stilstaan. Ze keken elkaar aan. Hoewel zij eerder een timide, schichtige indruk had gemaakt, kwam ze nu over als trots en ongetemd. Ze boezemde hem ontzag in.

Plotseling lachte ze breed, pakte haar rokken vast en hief een been, gebogen en met haar knie ver naar buiten gedraaid. Haar verweerde voet stond haaks op haar geheven been en hing een centimeter of dertig boven de grond. Zonder uit haar evenwicht te raken begon ze op de maat van de muziek op haar standbeen te hoppen. Het verbaasde hem hoe hoog ze kon springen. Al hoppend draaide ze een cirkel om haar as, waarna ze met een sprongetje de stand van haar benen wisselde en langs de andere kant rond haar as begon te stuiteren. Dit dansje bleef ze herhalen.

Na een tijdje kreeg hij er genoeg van. 'Hé, stop eens! Ik wil met je praten,' riep hij.

Alsof ze hem niet had gehoord, bleef ze doorgaan met dansen.

Op het moment dat ze haar rug opnieuw naar hem toe keerde, snelde hij met een paar passen op haar af en greep haar bij een arm, die onder een losse, leerachtige huid bottig aanvoelde. Ze stopte, wankelde op haar standbeen en keek hem aan. Haar ogen gloeiden boosaardig.

'Ik móét met je praten,' smeekte Ferdinand. 'Alsjeblieft. Vertel me alsjeblieft wie je bent en waar je woont. En waarom je iedere keer mijn pad kruist.'

'Kom.' De smerige geur die uit haar tandeloze mond sloeg deed hem abrupt haar arm loslaten en een stap achteruit zetten. Ze lachte kakelend. Toen diepte ze uit haar vodden een doosje lucifers op, dat ze hem rammelend onder de neus hield. Ze streek een lucifer af, keerde zich om en begon in de richting van de kreek voor hem uit te lopen, de brandende lucifer als een kleine toorts boven haar hoofd. Iedere keer dat de lucifer uitging, wat al na een seconde of tien gebeurde, gooide ze hem weg en stak zonder stil te staan een nieuwe aan.

Terwijl hij achter haar aan liep, verbaasde hij zich over de snelheid waarmee zij zich voortbewoog. De afstand tussen hen werd razendsnel groter. Ook de bewegingen waarmee ze de lucifers afstreek en ophief waren opmerkelijk rap. Hij kreeg het gevoel dat hij naar een stomme film zat te kijken.

Of was hij het zelf? Was hij zelf zo traag? Was hij zo moe? Van het ene moment op het andere overweldigde hem een intens gevoel van onwerkelijkheid.

Toen de explosie in zijn borst plaatsvond, stond hij stil. Een doffe klap, en achter zijn ribben woedde een ziedende brand, rondvliegend puin scheurde zijn longen aan stukken, onregelmatige schokgolven daverden door zijn bloedbaan en hamerden in zijn hoofd. Hij vocht om lucht.

'Wacht!' hoorde hij zichzelf piepen. 'Wacht!'

Terwijl hij op zijn knieën op de grond zakte, zag hij hoe de oude vrouw haar laatste lucifer weggooide en zonder om te kijken door het duister werd opgeslokt. Rond het punt waar zij was verdwenen, begon de wereld langzaam en steeds sneller te tollen.

Helen, help me! Alsjeblieft, Helen!

Terwijl hij met zijn handen in zijn borst klauwde, viel hij voorover met zijn gezicht op de aarde. Het laatste dat hij zag waren de poten van een van zijn honden, die uit de richting van de kreek het pad af kwam draven en zich snuffelend over hem heen boog.

Vanaf kwart over twaalf had Sophia in de auto gezeten, op haar vaste plek naast de bestuurder. Ze had schoon genoeg gehad van het hele gedoe en wilde naar huis, maar Hector vond dat Ferdinand het tijdstip van vertrek mocht bepalen. Het was toch zijn feest? Al die tijd had ze naar de duistere tunnel van het bos zitten staren, en de rol pepermunt die gewoontegetrouw in het kastje van het dashboard lag voor de helft opgegeten.

Ze keek op haar horloge. Vijf voor halftwee. Na meer dan een uur wachten hoefde ze het niet meer te pikken! Ze zwaaide het portier open, zwiepte haar benen naar buiten en ging staan. Het kostte haar moeite om overeind te blijven. Ze greep het portier vast, schopte haar hoge hakken uit en bleef zich stevig vasthouden terwijl ze zich bukte, haar schoenen oppakte en ze achter in de auto smeet. Zo had ze een betere balans.

Hupsakee! Lopen. Geen aanstellerij.

Slingerend begon ze de meters af te leggen. Op het erf aangekomen, stond ze lange tijd vanuit de schaduwen naar de geëxalteerd dansende meute te kijken. Achterlijk volk... dacht ze.

Toen ze zeker wist dat Ferdinand zich niet op de dansvloer bevond, liep ze door naar het achtererf, dat er verlaten bij lag.

Ze strompelde via de keuken het huis binnen en wierp een blik in alle kamers. Ook daar was niemand.

Toen ze weer op het achtererf stond en hulpeloos rondkeek, kwam ze op het idee om het pad naar de kreek af te lopen. Misschien was Ferdinand een luchtje gaan scheppen bij het water. Ze pakte een olielamp van een van de tafels.

De koelte op het pad deed haar goed. Ze wierp een blik op de sterren. Haar moeder had haar op een avond, meer dan vijftig jaar geleden en op ditzelfde weggetje, Sirius aangewezen. Geen kunst. De helderste ster aan de hemel...

Een vreemd tafereel schoof de lichtkring van haar lamp binnen. Op een meter of tien afstand zaten en lagen Ferdinands honden in een onregelmatige cirkel op en rond het pad. Ze bleef stilstaan. De schurftige beesten hadden zeker een *konkoni* gevangen en stonden op het punt om hem in stukken te scheuren en met elkaar om de brokken te vechten. Links van haar zag ze in het duister de berg koeienschedels liggen. De smeerboel.

Toen de honden zich niet verroerden, begon ze voorzichtig in hun richting te schuifelen. Op het moment dat ze haar broer temidden van de beesten op de grond zag liggen, gaf ze een gil en begon te rennen. De honden sprongen geschrokken opzij en scharrelden een eindje uit de buurt.

Sophia liet zich naast het lichaam van Ferdinand op haar knieën vallen en zette de olielamp op de grond. Omdat hij op zijn gebogen armen lag, kostte het haar weinig moeite om hem op zijn rug te rollen. Zijn gezicht was grauw, zijn mond stond wijd open en zijn ogen staarden naar de sterrenhemel. Ze duwde een hevig trillende vinger in het slappe vlees van zijn hals en zocht wanhopig naar een pols. Nergens klopte het onder haar vingertoppen... Toen legde ze haar hand over zijn hart. Geen aanwezigheid binnen in de benige borstkas... Ze hield haar wang bij zijn mond. Geen warmte op haar huid...

Toen slaakte ze een langgerekte, klaaglijke kreet en begon te snikken. Voorzichtig sloot ze Ferdinands ogen en kuste hem op zijn voorhoofd en wangen. Hij was koel, maar nog niet zo koud als ze wist dat hij zou worden. Ze strekte zich naast hem uit op de grond en sloot hem in haar armen. 'O, mijn broertje, mijn broertje...' snikte ze. 'Ik heb nooit voor je gezorgd.'

Pedro zag zijn moeder de dansvloer op komen waggelen, blootsvoets, haar haar in de war en haar ogen behuild. De zijkant van haar mantelpak zat onder de vlekken. Gealarmeerd liet hij Lucia staan en snelde naar haar toe.

'Wat is er, ma? Wat is er met je aan de hand?'

Sophia begon weer te huilen. 'Ferdinand... Ferdinand ligt dood op het pad naar de kreek.'

Pedro zette het op een lopen. Een moment later snelde Sophia achter hem aan. Een ongeruste Lucia volgde, Hector met zich meesleurend. Prem, die zag wat er gebeurde, wees Carmen op de kleine uittocht. Carmen kwam aarzelend in beweging en Prem liep met haar mee. De ene na de andere roze jurk volgde. Langzaam stroomde de dansvloer leeg in de richting van het achtererf.

HOOFDSTUK 14

Geschokt staarde Lucia naar oom Ferdinand. Als een afgewaaide tak lag hij op het pad. De doodsgrijns spleet zijn ebben kop. Zolang zij hem kende, had zijn ziel gewillig, genereus en ongrijpbaar als zonlicht op de stromen en tegenstromen van het bestaan gedanst. Ook toen hij al een stramme oude man was. Deze onbeweeglijkheid was een bespotting.

Sophia knielde naast Pedro, die het lichaam onderzocht. Toen hij klaar was, legde hij zijn hand op haar schouder en zei hees dat oom Ferdinand inderdaad was overleden. Waarschijnlijk aan een hartinfarct. Reanimeren had geen zin meer. Sophia knikte gedwee.

Leliën die in de buurt stonden, begonnen te jammeren. Het geweeklaag werd overgenomen door anderen, verderop in de stoet die zich op het pad had verzameld.

Terwijl Lucia zich beklemd afvroeg wat deze onheilstijding bij Miquel teweeg zou brengen, werd zij door een paar mannen opzij geschoven. Zij tilden de dode van het pad. Langs een haag van ontstelde feestgangers droegen zij hem het huis binnen en legden hem in de kamer van Miquel op bed.

Met een lid van de familie Chin A Loi reed Pedro daarop naar Maatdorp, om het Sint Vincentius-ziekenhuis te bellen en een ambulance te bestellen. Intussen vroeg Sophia Hector om zijn zakdoek, tapte in de keuken water in een kom, kroop voorzichtig naast Ferdinand op bed, waste de aarde van zijn gezicht en kamde zijn haar met haar vingers. Ze duwde een opgerold T-shirt onder zijn kaak, legde zijn handen op zijn borst en fatsoeneerde zijn kleren. Toen haar werk gedaan was, begon ze zachtjes te huilen.

Terwijl Hector stoelen aandroeg voor Carmen, Pedro, Lucia en zichzelf, die hij rangschikte rond het bed waarop Ferdinand lag, stonden Lucia en Carmen beduusd in de woonkamer te wachten.

Twintig minuten nadat hij was vertrokken, voegde Pedro zich weer bij hen. Met z'n allen gingen zij in de kamer van Miquel op de ambulance zitten wachten. Terwijl zij af en toe met elkaar spraken, nog naar woorden zoekend om deze schokkende gebeurtenis in te vatten, dwaalden hun ogen over het gezicht van Ferdinand.

Ondertussen borgen de leden van de band hun instrumenten weg en begonnen de Leliën, bijgestaan door de overgebleven gasten, met opruimen en schoonmaken. Van alle kanten klonk gebonk, gestommel en gefluister. Zo nu en dan begon een vrouw te snikken. Ook waren er kleine uitbarstingen van gegiechel, gevolgd door gesis, te horen.

Anderhalf uur later werden op de zandweg auto's, vrachtauto's en brommers gestart. Mevrouw Gummels kwam de slaapkamer binnen om afscheid te nemen. De Leliën, hun aanhang, de gasten en de muzikanten hadden met vereende krachten opgeruimd en schoongemaakt, vertelde ze. Voor Johanna, Ashana, Jet en Prem was een lift geregeld. Als de familie de komende dagen hulp nodig had, moest ze niet aarzelen om een beroep op haar te doen. Ze keek verdrietig op Ferdinand neer en verraste de aanwezigen door zich over hem heen te buigen en hem teder op de lippen te kussen.

'Addio, Ferdi.'

Toen ook zij was vertrokken, werd het zowel buiten als binnen stil. Zo nu en dan dommelde een van de wakenden in, om korte tijd later weer wakker te schrikken. Totdat in de verte de jengelende sirene van de ziekenauto hoorbaar werd.

'Godverdomme, die idioten!' Pedro vloog op. 'Ik heb duidelijk gezegd dat hij dood was. Eerst doen ze er uren over om een afstand af te leggen die ze makkelijk in drie kwartier kunnen rijden, en dan wagen ze het om hun sirene aan te zetten!' Hij stormde naar buiten en gaf de ambulancebroeders, die met een vaart het erf op draaiden en kwiek uit de wagen sprongen, een reprimande.

Toen ze even later achter de brancard waarop Ferdinand lag vastgegespt naar buiten schuifelden, doorscheen een pauwblauwe gloed de oostelijke nachthemel. In het huis en op het erf was geen spoor meer te bekennen van het feest dat die nacht had plaatsgevonden.

Nadat zij hadden afgesproken om de begrafenisondernemer die ochtend om elf uur te bestellen en daaraan voorafgaand een familieberaad te beleggen, stapten zij in en hobbelden met drie auto's achter de ambulance aan de zandweg af, in het binnenste waarvan Ferdinand, met Sophia aan zijn zijde, aan zijn laatste rit naar de stad begon. Pedro volgde de ambulance naar het ziekenhuis, waar hij de formaliteiten in orde zou maken en Ferdinand samen met Sophia zou afleggen. Hector reed naar huis, met Carmen en Lucia in zijn kielzog, om zijn jongste zoon op de hoogte te brengen.

De ochtendzon zette de uiteenvallende houten stad in een tintelend licht. Miquel zat in kamerjas en met een beker koffie in de hand op de veranda van het huis van zijn ouders. Toen hij de twee auto's de straat in zag rijden, kwam hij overeind en zwaaide.

'Jullie hebben het wel bont gemaakt!' riep hij olijk tegen Lucia, die als eerste uitstapte. 'Was het nog zó leuk? Waar zijn mijn moeder en oom Ferdinand gebleven? Jullie hebben mijn moeder toch niet in de goot laten liggen?'

Toen zij hem een antwoord schuldig bleef, liet hij er, plotseling verontrust, op volgen: 'Lucia, wat is er aan de hand? Waar zijn mijn moeder en oom Ferdinand?'

Hector wierp een blik op Lucia, die met een vertrokken gezicht naar Miquel stond op te kijken, passeerde haar en snelde de trap op. Boven aangekomen hijgde hij: 'Er is iets naars gebeurd, Miquel. Iets heel erg naars. Bereid je voor op een schok. Ga zitten.'

Miquel verroerde zich niet. Hector haalde diep adem en vervolgde: 'Het gaat over oom Ferdinand. Hij heeft vannacht een hartinfarct gekregen en is overleden.'

Miquel staarde zijn vader aan. Zijn spieren werden hard. Met een scherpe tik zette hij zijn koffiebeker op het glazen blad van het verandatafeltje, richtte zich op en riep: 'Dat kán niet! Dat kán helemaal niet!'

Hector pakte hem bij zijn schouders en duwde hem met kracht op de rotanbank. Hij ging naast hem zitten. Terwijl Carmen en Lucia zich behoedzaam in rieten stoelen lieten zakken, begon hij het verhaal te vertellen. Miquel luisterde met een gesloten, afwijzende uitdrukking op zijn gezicht toe, de armen strak om zichzelf heen gewikkeld. Toen zijn vader klaar was, herhaalde hij mechanisch: 'Maar het kán gewoon niet. Het kán niet. Hij had nergens last van.'

'Hij was al oud, Miquel,' prevelde zijn vader. 'Een hartinfarct komt meestal onverwachts. Maar wees niet bang, lieve jongen, we vinden een goede oplossing voor jou. Echt...'

Miquels stem vloog de hoogte in: 'Daar gaat het niet om!' Hij verborg zijn gezicht in zijn handen en kermde: 'O, nee...'

Er viel een stilte. Toen Lucia voorzichtig haar stoel naar achteren schoof en opstond om hem te troosten, keek Miquel op en zei bezwerend: 'Niet doen, Lucia. Alsjeblieft, niet doen!'

Hij hees zich overeind, vluchtte het huis binnen en trok zich terug in de logeerkamer.

Terwijl Hector Mathilde en de begrafenisondernemer ging bellen, vertrokken Carmen en Lucia naar huis. Vermoeid pelden zij zich uit hun feestjurken en stonden lange tijd onder de douche.

Terwijl Lucia zich inzeepte, doemden temidden van de herinneringen aan de verdrietige gebeurtenissen van die nacht beelden op van haar vrijpartij met Pedro. Gewetensvol als ze was, probeerde ze tevergeefs de wellustige voorstellingen uit te bannen.

Carmen vroeg zich tijdens het douchen af of het waar kon zijn dat zij zich onder dit nieuwe sterfgeval zo rustig voelde. Ze had van oom Ferdinand gehouden en zou hem zeker missen, maar dit keer zou de dood haar leven niet verstoren, bedacht ze.

Stemmig gekleed troffen zij elkaar een uur later in de eetkamer. Nadat Johanna hen had gecondoleerd en hun een stevig ontbijt had voorgeschoteld, gingen zij op weg naar Carmens ouders.

In de kerk tegenover het huis luidden de klokken. Over de zandpaden aan weerszijden van de weg stroomden kerkgangers toe, die elkaar voor de deur van het godshuis begroetten. Carmen en Lucia, die een eind verderop in de straat een parkeerplaats hadden weten te bemachtigen, liepen temidden van de gelovigen naar het huis van Hector en Sophia.

Uit de verte zag Lucia Pedro en Mathilde op de veranda zitten. Jet leunde in de deuropening, gekleed in een witte katoenen jurk, witte nylonkousen en witte schoenen. Haar grijze haar was gevlochten en ze droeg een witte hoofddoek.

'Kijk! Jet draagt traditionele rouwkleding.'

'Jet?' lachte Carmen. 'Dat is mijn moeder!'

Carmen omhelsde Sophia en gaf haar een compliment met haar ouderwetse dracht. Sophia nam het met een zoetzure glimlach in ontvangst. Ze voelde zich beroerd. Bovendien hield ze er niet van als mensen haar van commentaar voorzagen. 'Ferdinand en ik zijn met deze tradities opgevoed,' mompelde ze kortaf, en ze vervolgde: 'Nu jullie er zijn, moeten we maar meteen beginnen. Er moet ontzettend veel geregeld worden.'

Lucia klopte op de deur van de logeerkamer en informeerde voorzichtig of Miquel bij het familieberaad aanwezig wilde zijn.

'Kom maar binnen, Lucia.'

Miquel zat op bed, zijn voeten naast elkaar op de vloer en zijn handen gevouwen in zijn schoot, als een brave schooljongen die in de kamer van de bovenmeester zit te wachten op diens komst. Er ging een zo grote verlatenheid van hem uit dat het Lucia de adem benam.

'Gaat het?' vroeg ze voorzichtig.

'Nee.' Miquel glimlachte verontschuldigend, stond moeizaam op en liep zonder iets te zeggen met haar mee naar de woonkamer.

Nadat Sophia koffie had ingeschonken en koekjes had uitgedeeld, opende zij het beraad. Breedvoerig begon ze haar plannen uit te leggen en taken te verdelen.

Ferdinand zou de volgende dag, of anders de dag daarop, begraven worden. Sophia nam het regelen van de begrafenis op zich. Hector moest zorgen dat op de radio en in de krant bekend werd gemaakt dat Ferdinand Maximiliaan Nelom was overleden. Na het overleg met de begrafenisondernemer zou Sophia naar het mortuarium rijden en Ferdinand kleden, zodat hij die avond nog kon worden opgebaard. Jet zou verantwoordelijk worden gemaakt voor de bijeenkomst na de begrafenis. Bij hen in huis zou de gasten iets te eten en te drinken worden aangeboden. Carmen moest Johanna en Ashana vragen om Jet op die bewuste middag te helpen.

Bot onderbrak Pedro de alleenspraak van zijn moeder. Zich nadrukkelijk tot het gezelschap richtend, vroeg hij: 'Wat zullen we met het huis doen?'

Er viel een geschokte stilte. Terwijl Sophia zich geërgerd naar haar oudste zoon keerde, richtten de blikken van de anderen zich op Miquel, die zich afvroeg of zij van hem verwachten dat hij ter plekke zou beslissen of hij op de boerderij wilde blijven wonen of niet. Aangezien hij er nooit alleen zou kunnen bivakkeren, keek hij met lege ogen terug.

Hector haastte zich te zeggen: 'We moeten rustig de tijd nemen om te bedenken wat we met het huis doen. Dit is niet het moment om dat te beslissen.'

'Maar dit is wél het moment om te beslissen wat we met de dieren gaan doen!' zei Sophia, die de uitwisseling had gemist, kribbig. 'Want wat er ook met het huis gebeurt, niemand wil die beesten erbij hebben. Of wel soms?'

Ze keek de kring rond en toen niemand iets zei, vervolgde ze:

'En geen van ons gaat er iedere dag heen rijden om ze te voeren. Dus moet er zo snel mogelijk onderdak voor ze worden gevonden. En ik...'

Pedro onderbrak haar opnieuw en stelde voor om de varkens aan Ordio te geven, die een goede vriend van Ferdinand was geweest en een boerderij had aan de andere kant van Maatdorp. De familie Chin A Loi, waarvan de grootvader eveneens een vriend was geweest, zou de kippen wel willen hebben. Hij bood aan om nog diezelfde dag naar de boerderij te rijden om de overdracht te regelen.

'Maar voordat ik op pad ga, zal ik de hondenvanger bellen en hem vragen om vandaag of morgen langs te gaan,' zei hij.

'Om wat te doen?' vroeg Lucia argwanend.

'Om de honden af te maken.'

Toen Pedro haar gezicht zag, liet hij erop volgen: 'Lucia, het zijn schurftige straathonden! Ze zijn verwilderd en ongesneden. Als hij ze zou vangen, zou hij ze aan de straatstenen niet kwijtraken. Troost je, er zullen zeker een paar ontsnappen. Die moeten in het wild zien te overleven.'

Toen de hondenvanger ter sprake kwam was Miquel opgeveerd. Paniekerig zei hij: 'Wacht even! Ik wil Marsalis houden, mijn puppy. Voordat die man komt, moet hij daar weg zijn!'

'Komt in orde. Ik neem hem wel mee terug,' stelde Pedro Miquel gerust. 'Alhoewel... Ik weet niet welke het is. Denk je dat je zelf mee kunt gaan? Stel je voor dat ik de verkeerde puppy meeneem.'

Miquels gezicht vertrok opnieuw.

'Ik ga wel mee,' zei Lucia snel. 'Ik ken Marsalis goed. En hij mij.'

'Graag. Jullie moeten ook wat van mijn kleren en spullen mee terug nemen.'

'Zeg zo maar wat je nodig hebt.'

Pedro, die uit zijn borstzakje een pen had gevist en op de achterkant van een rondslingerende envelop een lijstje begon te maken, vroeg: 'Moet ik verder nog iets doen op de boerderij? Of meenemen?'

'Ja.' Met stemverheffing nam Sophia opnieuw de regie in handen. Ze telde de punten op haar vingers af en hield het kort. 'Die beesten moeten weg. Het meubilair moet naar binnen. In huis moet alles worden opgeruimd wat kan bederven. Neem waardevolle spullen mee en sluit goed af. Ik ga later wel opruimen. O, ja... Jullie moeten kleren meenemen om hem in te begraven, dat wil zeggen ondergoed, sokken en een schoon overhemd. Hector, jij moet ook regelen dat zijn pak wordt gestoomd. Het moet eind van de middag klaar zijn.'

'Maar dat kan helemaal niet op zondag!'

'De nicht van Bertha Gummels heeft een stomerij. Bel haar. Misschien wil zij het vandaag voor ons doen. Pedro, kijk ook wat we hem in de kist kunnen meegeven. Foto's, wat dierbare spulletjes. En, dat is belangrijk, neem zijn verzekeringspapieren mee, als je die kunt vinden. Was hij eigenlijk verzekerd?'

'En Leo?'

'Leo kan wachten. Tenzij Ordio of de Chin A Loi's hem willen hebben. Anders moet je hem later maar naar de schroothoop brengen.'

Er viel een stilte. Buiten stopte het luiden van de kerkklokken. De dominee, wiens stem door luidsprekers werd versterkt, hief zijn dienst aan met een absurd langgerekt: 'Geméééénte.' Lucia giechelde.

Met een blos op haar wangen richtte Carmen zich tot Miquel: 'Heb je al nagedacht over bij wie je wilt logeren totdat we een permanente oplossing voor je hebben gevonden? Als je wilt, kun je bij mij komen.'

Verbaasd keek Miquel zijn zuster in de ogen.

'Je kunt toch hier blijven?!' riep Sophia uit. Na een korte stilte corrigeerde ze zichzelf echter. De pijn was in haar ogen zichtbaar. 'Maar als je liever bij Carmen en Lucia wilt zijn...'

'Ik wil graag bij Carmen en Lucia zijn.'

'Dat is dan mijn taak,' glimlachte Carmen, terwijl Sophia

naar haar handen keek, die in haar schoot lagen. 'Ik regel vandaag met Johanna dat je bij ons kunt komen. Zal ik je aan het eind van de middag komen ophalen?'

Miquel knikte dankbaar, waarop Carmen zich tot haar moeder wendde: 'En dan nog iets, mamma. Misschien wil Miquel je helpen, bijvoorbeeld met het aankleden van oom Ferdinand. Van ons allemaal stond hij het dichtst bij hem, dat moeten we niet vergeten.'

De monotonie van de weg, die zich tussen de duinen van de savanne ontrolde en schijnbaar nergens heen voerde, deed Pedro en Lucia hun vermoeidheid voelen. Met de vrijpartij op de steiger nog vers in hun geheugen, voelden zij zich bovendien ongemakkelijk in elkaars gezelschap.

Nadat zij een aantal obligate opmerkingen over de dood van oom Ferdinand hadden uitgewisseld, gaapte Lucia en kondigde aan dat ze op de achterbank een dutje wilde doen. Zou Pedro de boerderij halen zonder achter het stuur in slaap te vallen? Hij lachte opgelucht en zei dat hij nachtdiensten gewend was en zeker wakker zou blijven.

Voordat hij in de berm kon stoppen om haar te laten overstappen, zag hij haar in haar stoel omkeren en met haar hoofd naar voren naar de achterbank duiken. Wat zij had bedoeld als een handige manoeuvre, ontspoorde toen ze vast kwam te zitten. Haar korte jurk schoof op en Pedro had uitzicht op een degelijke witte onderbroek. Hij kon zich niet beheersen en trok hem naar beneden, haar billen ontblotend. Ze gaf een gil, hees haar broek weer op en duwde zich af met haar voet tegen de voorruit, waardoor zij losschoot en op de achterbank plofte. Hij schaterde.

'Jezus, maniak! Zorg dat je wakker blijft!'
'Was dat je rouw-onderbroek?'
'Gaat je niks aan!'
'Welterusten, lief.'
Met brandende wangen strekte ze zich uit op de achterbank.

Terwijl de wind zachtjes langs haar ledematen roffelde, suste het geluid van de motor haar binnen enkele minuten in een diepe slaap.

Lucia werd wakker toen de auto op het erf van de boerderij tot stilstand kwam en de honden er blaffend tegenop sprongen.
'Ze hebben honger,' mompelde ze slaapdronken.
Pedro keerde zich naar haar toe. 'Zo, schoonheid. Heb je lekker gedut? Weet je, dit was de eerste keer dat je bij me hebt geslapen. En zeker niet de laatste...'
'Slijmerd!'
'Word maar even rustig wakker. Ik ga alvast kijken of ik iets te eten voor die beesten kan vinden. Anders blijven ze ons de hele middag lastig vallen. Dit wordt trouwens hun galgenmaal. Morgenochtend komt de hondenvanger.'
Terwijl zij zich geradbraakt overeind hees en Pedro nakeek, die met twee lege weekendtassen in de hand en omringd door springende honden naar het huis liep, drongen de gebeurtenissen voor het eerst in hun volle omvang tot haar door.
Oom Ferdinand was in het holst van de nacht scheepgegaan. Snel en zonder gerucht was hij weggezeild. Zij hadden geen afscheid kunnen nemen, elkaar geen vertrouwelijkheden en bedankjes kunnen toefluisteren en niet bij elkaar te biecht kunnen gaan. En hij had meer meegenomen dan alleen zichzelf. Ook uit deze plek, doordesemd van herinneringen aan de magische dagen van hun kindertijd, zou het leven wegtrekken. De honden zouden worden gedood, de varkens en kippen worden opgehaald, het huis worden opgeruimd en afgesloten. Na verloop van tijd zou het er net zo bij staan als het huis van Ernst en Shanti.
De tranen begonnen over haar wangen te lopen. 'Dag lieve, lieve oom Ferdinand,' fluisterde ze. 'Je was de enige goede mens die ik in mijn leven ben tegengekomen, echt waar.'

Toen Lucia de keuken binnenkwam, vond ze Pedro in de weer met een jutezak rijst en twee grote pannen. Hij wees op een paar blikken bonen en vroeg: 'Lucia, als de rijst gaar is, wil je hem dan mengen met deze bonen? Als het eten is afgekoeld, kun je het aan de honden geven. Ik ga intussen naar Maatdorp. Wil je ook een begin maken met de klusjes in en om het huis? Ik heb alles op papier staan. Denk je dat je het redt?'

'Tuurlijk. Ga maar.'

'Hé, heb je gehuild? Kom eens hier, meisje.'

Pedro nam Lucia, die opnieuw begon te snikken, in zijn armen. Zonder te spreken stonden ze tegen elkaar aan. Toen zij was uitgehuild, nam hij afscheid en reed het erf af.

Lucia ging de woonkamer binnen, waar de bougainville die voor de ramen groeide het deed schemeren. Terwijl de rijst kookte, had ze een weekendtas met kleren en spullen van Miquel gevuld. Ze was de kamer van oom Ferdinand binnengelopen om zijn kleding uit te zoeken, en had een schok gekregen bij de aanblik van de berg onuitgepakte cadeautjes die op zijn bed lag. Nadat ze het eten voor de honden had klaargemaakt, was ze op zoek gegaan naar de waardevolle spullen, de verzekeringspapieren en de memento's die tante Sophia haar broer wilde meegeven in zijn kist.

Het was stil in huis. Ze was voor het eerst alleen op de boerderij. In de voorzaal van tante Helen leek de tijd te verstrijken als stroop die langs een flessenhals druipt.

Ze liet haar blik over de portretjes op het bijzettafeltje gaan. De huwelijksfoto zou ze meenemen. Maar de sombere foto van tante Helen liet ze staan. Zo ook de foto waarop zij met Carmen, Pedro en Miquel stond. Doodzonde om die prijs te geven aan het graf. Ze zou tante Sophia vragen of ze hem mocht meenemen als ze terugging naar Nederland.

Ze slofte naar de houten kast tegen de achterwand en opende de deur. Een dompige geur kwam haar tegemoet. Her en der zochten kakkerlakken en spinnen een goed heenkomen.

De bovenste plank was gereserveerd voor stapels vergeeld linnengoed, waar het weer in was geslagen. Op de twee planken daaronder bevond zich tante Helens nette serviesgoed en op de onderste plank stond een aantal schoenendozen. Daarnaast lagen een stapeltje boeken, waaronder de bijbel, een ouderwetse medische encyclopedie en een uit het Duits vertaald etiquetteboek, een mapje met luchtpostpapier en enveloppen en twee fotoboeken.

Lucia's hart maakte een sprongetje. Ze bukte zich en pakte de albums uit de kast, liet zich in een rotanstoel glijden en begon in het bovenste boek te bladeren. In het schemerlicht moest ze naar de kiekjes turen.

Op de eerste bladzijden waren geboortekaartjes en babyfoto's geplakt van Carmen, Pedro en Miquel. Bij ieder nieuw kind had tante Helen boven het geboortekaartje een roze of blauw strikje bevestigd en eromheen poëziealbumplaatjes geplakt. Onder de foto's had ze tekstjes geschreven als: 'Nog geen twee maanden en al dik en rond', en: 'Meisjelief met de mooiste ogen'. Tot haar verbazing trof ze na de pagina's die aan Miquel waren gewijd drie bladzijden aan met haar eigen geboortekaartje, opgesierd met een roze strikje en albumplaatjes, en een paar babyfoto's van zichzelf. Tante Helen moest ze van haar moeder hebben gekregen.

Na de babyfoto's volgden foto's uit hun peuter- en kleuterjaren. Op geen daarvan waren hun ouders te bekennen. De rest van het boek was gevuld met kiekjes van hun logeerpartijen op de boerderij.

Terwijl ze met een brok in haar keel de zwart-witplaatjes bestudeerde, hoorde ze buiten de honden aanslaan. Uit de richting van Maatdorp kwamen meerdere voertuigen aanrijden.

Pedro's auto, de vrachtwagen van Ordio en het busje van de familie Chin A Loi draaiden het erf op. Lucia begroette Ordio en twee neven Chin A Loi, die zij zich vagelijk van het feest kon herinneren, en wisselde condoléances met hen uit. Pedro duwde haar een blikje koud bier in de hand. Aan hun uitgelaten stemming te beoordelen hadden de mannen zich in Maatdorp al te goed gedaan.

Toen Ordio en de twee neven met rieten manden op weg gingen naar het kippenhok en Pedro de honden te eten ging geven, trok Lucia zich schielijk terug in het huis. Ze had er geen behoefte aan om te zien hoe de kippen in die paar manden zouden worden gestouwd.

Terwijl buiten een panisch gekakel opklonk, liet zij zich op de vloer voor de kast vallen en opende een voor een de kartonnen dozen die op de onderste plank stonden. Uit de hoeveelheid stof die haar in het gezicht sloeg maakte ze op dat ze in geen jaren waren aangeraakt.

Er was een doos met naaigerei, gebruikte ritsen, antiek elastiek en een indrukwekkende hoeveelheid oude knopen, een medicijndoos en een doos met ingedroogde schoenpoets, poetsdoeken en een borstel.

In de vierde doos zaten ansichtkaarten. Ze vond een kerstkaartje dat zij in het eerste jaar na de landverhuizing had opgestuurd. 'Lieve oom Ferdinand en tante Helen. Pretige kerstdagen en gelukkig Nieuwjaar. Het heeft gesneeuwd. Dat vond ik heel mooi! Liefs van Lucia Mac Nack.' Op de bodem trof ze een juweliersdoosje aan, waarin tussen laagjes watten een paar gouden sieraden lagen. Ze legde het apart.

In de stroom geluid die van buiten kwam, klonk plots het gekrijs van een varken op. Terwijl Ordio het beest probeerde te overstemmen, barstten Pedro en de neven Chin A Loi in lachen uit.

Lucia krabbelde verontwaardigd overeind, liep naar het raam en gluurde tussen de takken van de bougainville door naar het erf. Met z'n vieren probeerden de mannen Pa Agoe, de enorme beer, in de laadbak van de truck te tillen. Slap van het lachen, lukte het hun niet om het beest, dat verwoed tegenstribbelde, meer dan een paar centimeter van de grond te heffen.

'Hij zal moeten gaan lopen,' giechelde Pedro.
Lucia riep: 'Hé, doe een beetje voorzichtig met dat beest!'
'Bemoei je er niet mee, Greenpeace!' antwoordde Pedro.
Kribbig keerde Lucia terug naar haar werk.

In de laatste doos die ze opende, zaten zakelijke papieren waaruit zij geen wijs kon worden. Iemand die beter op de hoogte was dan zij moest het verzekeringscontract maar zoeken, besloot ze.

Onderin stuitte ze op een grote envelop waarin brieven zaten in handschriften die ze niet kende. Er zat ook een dik schrift in. De tekst op het etiket deed Lucia de onrust op het erf vergeten. In kinderlijke letters stond er geschreven: 'Dagboek van Helen. Verboden toegang. (Ferdi, ik zal het weten!)'

Toen ze het schrift opensloeg, viel er een pakje papieren uit dat met een elastiekje bijeengehouden werd. In hetzelfde kinderlijke handschrift waren op het buitenste vel de woorden 'Stamboom familie Nelom' gepend.

Lucia rolde het elastiekje weg en vouwde de vellen open. Namen kropen over de pagina's, verbonden door een wirwar van lijntjes. Tussendoor waren wetenswaardigheden opgeschreven, waar kringen omheen waren getrokken. Pijltjes wezen van de kringen naar de personen over wie de aantekeningen gingen. Bij de handgeschreven papieren was een stapeltje kopieën van uittreksels uit het bevolkingsregister en pagina's uit archieven gevoegd. Ze begon te lezen:

Trijntje (Jaba) 1832-1889 – slavin plantage Ordentelijkheid. Kreeg in 1848 een zoon van slaaf Geerten (Jaw), geheten Pieter (Kwami). Werd in 1849 onwillig in concubinaat genomen door plantage-eigenaar Hendrik Johannes van der Molen en kreeg twee kinderen van hem, Cornelis (1850) en Cornellie (1852). Jaw vlucht in 1852 met Kwami. Cornelis en Cornellie in 1857 door Van der Molen vrijgemaakt. Hij heeft ze achternaam Nelom gegeven, omkering van eigen naam.

Lucia kreeg kippenvel. Ze wilde verder lezen, maar werd tegelijkertijd bevangen door het gevoel dat ze zonder toestemming binnendrong in een geschiedenis die oom Ferdinand, tante Sophia en hun familie toebehoorde.

Snel vouwde ze de vellen op, bond ze samen en legde ze terug in het dagboek. Samen met de twee fotoboeken en het juweliersdoosje wurmde ze de doos met papieren in de weekendtas. Ze zou aan tante Sophia vragen of ze haar de stamboom wilde uitleggen, en of ze het dagboek van tante Helen mocht lezen.

Terwijl het gebrom van de truck en het busje in de verte wegstierf, zwaaiden Pedro en Lucia de jongste neef Chin A Loi uit, die was aangewezen om met Pa Agoe naar Maatdorp te lopen. De knaap sloeg het varken met een twijg op zijn achterwerk en maande hem in het Chinees tot opschieten.

Pedro keerde zich af, beende naar het huis en liet zich op het trapje voor de voordeur vallen. Grauw van vermoeidheid verzuchtte hij: 'Een kaal erf, lege stallen, dode honden... Ordio gaat de troep uit de stallen naar de vuilstort brengen en heeft aangeboden om gelijk die schedels mee te nemen. Ik kon het niet over mijn hart verkrijgen. Laat de gekte van oom Ferdinand hier nog maar een tijdje rondwaren.'

Hij nam zijn hoofd in zijn handen en steunde: 'O, ik had niet zoveel moeten drinken. Ik ben kapot...'

Even dacht Lucia dat het zijn beurt was om tranen te plengen, maar na een korte stilte rechtte hij zijn rug, keek haar aan en zei: 'Buiten is alles klaar. Ben jij binnen klaar?'

Lucia knikte.

Pedro blikte langs zijn lichaam omlaag. 'Jezus, wat ben ik smerig. Ik denk dat ik voor we terugrijden even ga baden in de kreek. Ga je mee?'

Lucia aarzelde. 'Oké,' zei ze. 'Lekker.'

Over een onnatuurlijk stil achtererf liepen ze naar de steiger, kleedden zich uit en lieten zich in het water glijden.

Allebei waren ze te doorgedraaid om zin te hebben in intimiteit. Ze hielden afstand van elkaar, wasten zich zwijgend, zwommen een stukje, lieten zich op het water drijven en koesteren door de zon. Maar naarmate de tijd verstreek, ontspanden ze zich en begonnen over koetjes en kalfjes te praten. Intussen cirkelden ze, als in een trage draaikolk gevangen, in steeds kleiner wordende kringen om elkaar heen, totdat Lucia het initiatief nam, verlegen lachend de weg door het midden koos en hem in haar armen sloot.

Lucia stond haar slaapkamer met het uitzicht op de rivier, waar de hele dag koele lucht naar binnen stroomde, af aan Miquel. Ze trok in de kleine kamer naast de studeerkamer, waar ze uitkeek op de voortuin en de bomen die de afscheiding vormden met de tuin van de buren.

De tweede nacht dat Miquel in het huis aan de rivier logeerde – Ferdinand zou de volgende dag begraven worden – schrok zij wakker van zijn angstkreten. Beneden in de keuken sloeg Marsalis aan. Zijn ijle geblaf werd onmiddellijk beantwoord door het gebas van de hond van de wachter.

Lucia ging rechtop zitten. Toen het gejammer opnieuw opklonk, sprong ze uit bed en schoot een T-shirt aan. De deur naar de gang openend, zag ze Carmen, spookachtig in een mouwloos wit nachthemd, voor Miquels deur staan, op het punt om naar binnen te gaan.

'Ik kijk wel wat er aan de hand is, Lucia,' zei ze beslist. 'Ik denk dat hij gedroomd heeft. Roep jij Marsalis tot de orde? En zeg ook even tegen Immanuel dat de kust veilig is.'

Lucia knikte verbouwereerd. Carmen glipte Miquels kamer binnen en trok de deur achter zich dicht. Verontwaardigd draafde Lucia de trap af. Zij was de Atlantische Oceaan overgestoken om Miquel tot steun te zijn en Carmen schoof haar doodleuk terzijde. En deelde nog bevelen uit op de koop toe.

Nadat ze Marsalis had gekalmeerd en met Immanuel had gesproken, klom ze weer naar boven. Toen ze langs Miquels slaapkamer liep, hoorde ze Carmen praten. Kort daarop begon Miquel te huilen.

Lucia kroop weg onder het laken. Ze voelde zich buitengesloten. Ze wilde iets doen, maar Carmen was haar voor. Carmen eiste haar plaats op in het leven van Miquel. Eindelijk... En dat was goed. Ze moest zich niet aanstellen.

Toen Lucia de volgende dag wakker werd, was het eerste dat ze deed Miquel opzoeken. Hij lag in bed, een mager lichaam onder een smetteloos wit laken.

Ze vroeg hem wat er die nacht was gebeurd. Hij vertelde dat hij had gedroomd dat hij door zalen liep waar op met fluweel beklede tafels de verminkte lichamen van mensen werden tentoongesteld. Alsof hij verwachtte een antwoord te vinden op kwellende vragen, had hij de ledematen, rompen en schedels bestudeerd. Terwijl tot hem doordrong dat hij niets anders vinden zou dan de verschrikking van glanzend vlees, weekdierachtig weefsel, stinkende botten en rafelige pezen en spieren, had een intense angst hem besprongen. Half wakker, half slapend, had hij om hulp geroepen.

Carmen had hem wakker gemaakt, zijn gezicht gebet met een natte handdoek en hem water te drinken gegeven. Ze kwam naast hem liggen en nam hem in haar armen, zoals zij vroeger deed als hij het moeilijk had. Hij had het uitgesnikt. De scherven bevroren pijn die zich in zijn ingewanden hadden gevormd op het moment dat hij had gehoord dat oom Ferdinand dood was, zo vlijmscherp en koud dat hij zijn adem moest inhouden om niet aan flarden te worden gescheurd, waren langzaam gesmolten.

Nu voelde hij zich rustig. Hij wilde niet praten. Het enige dat hij wilde was slapen. En naar de rivier en de wolken kijken, als hij wakker was. Haar onzekerheid aanvoelend, prevelde hij: 'Lucia, trek het je alsjeblieft niet persoonlijk aan...'

In navolging van Sophia stak de familie zich voor de begrafenis van Ferdinand in het wit. De meeste gasten kwamen uit eigen beweging in die kleur opdraven.

Na de dienst, waarin Hector een korte toespraak hield, die hij afsloot met het eerbetoon in herinnering te roepen dat Ferdinand op zijn verjaardagsfeest ten deel was gevallen, defileerden de aanwezigen langs de kist.

Sophia had haar broer netjes in het pak gestoken en ze was erin geslaagd een vredige uitdrukking op zijn gezicht te boetseren. Liggend op wit kant werd hij omgeven door de spulletjes die zij had uitgekozen. Zijn handen rustten op een pakje foto's, Helens beeltenis bovenop. Terwijl zij werkte, had Miquel toegekeken, zo nu en dan het gezicht of de handen van zijn oom strelend.

Nadat iedereen afscheid had genomen van de overledene, werd de kist onder luid gejammer gesloten en dichtgeschroefd. Zes dragers namen hem op de schouders en droegen hem het mortuarium uit, dat zich aan de rand van het kerkhof bevond. Op het omheinde grasland groeide boom noch struik. Het werd doorkruist door zandpaden en was onregelmatig bezet met grafstenen en grafhuisjes. Met de zes mannen voorop toog de witte stoet dansend en zingend op weg naar het graf.

Terwijl zij dansten, legden de dragers een grillige route af. Ze draaiden naar links of naar rechts, verlieten het pad en slingerden een eindje het grasveld op, om kort daarna weer op het pad terug te keren en de normale weg te vervolgen. Of ze stonden abrupt stil en beschreven een hele cirkel. Of ze keerden achterwaarts een paar meter op hun schreden terug, waardoor de mensen in de stoet moesten terugwijken en op elkaars tenen trapten. Het gevolg was dat Ferdinand in zijn kist net zo door elkaar werd geschud als toen hij in Leo over de zandweg reed.

Op een vraag van Lucia legde Pedro uit dat de dragers hun onnavolgbare weg gingen om de geest van oom Ferdinand in de war te maken, opdat hij zou verdwalen als hij de weg terug naar huis zou zoeken. Zo dwongen ze hem om te rusten in plaats van te spoken. Sommige van de liederen klonken treurig, en andere vrolijk, omdat de mensen niet alleen rouwden om de dood van oom Ferdinand, maar tevens vierden dat hij een goed leven had gehad.

'Nou ja, hij was verschrikkelijk arm,' zei Emma mismoedig.

Weken geleden had de regentijd moeten aanbreken, maar hoewel het zo nu en dan had gegoten, was het dagelijks terugkeren van slagregens uitgebleven. In de dagen na de begrafenis van Ferdinand kwam daar verandering in.

Rond het middaguur trok aan de horizon een voorhoede van donkergrijze wolken samen. De temperatuur daalde. Windstoten gingen vooraf aan de buien, die hoorbaar kwamen aansnellen. Gedurende een paar uur trok de wolkenmacht over het huis aan de rivier in de richting van de stad, een gestaag bombardement van druppels afwerpend. Zo overrompelend als de aanval was ingezet, zo plotseling stopte hij. Witte cumuluswolken joegen langs de zon, waardoor de intensiteit van het licht voortdurend veranderde.

Lucia zat aan het eikenhouten bureau in Nelsons studeerkamer. Meteen nadat de regen was gestopt, had zij het raam opengezet. De frisse geur van planten stroomde naar binnen.

Voor haar lag een wit vel papier, waarop zij datum en plaats had geschreven, en een paar regels daaronder: 'Lieve Jason'. De rest van het blad was leeg gebleven.

Met een zucht legde ze haar pen neer en keek naar de druipende Griekse beelden in de tuin.

Nog voordat ze Carmen en Prem zag, hoorde ze hun stemmen. Ze waren op weg naar het overwoekerde bloembed rond de sokkel van de discuswerper, midden op het grasveld. Marsalis drentelde achter hen aan.

Met een zakelijke uitdrukking op haar gezicht gaf Carmen Prem aanwijzingen, terwijl Marsalis het voetstuk besnuffelde en van het ene moment op het andere als een dolle in het bloembed begon te graven. Carmen gilde: 'Marsalis! Af!' Het hondje, niet gewend aan het verschijnsel opvoeding, verstarde. Hij keek zijn nieuwe bazin een paar seconden in de ogen, blafte en begon toen rondjes in de voortuin te rennen.

Carmen glimlachte en vervolgde haar betoog. Prem, die Marsalis geen blik waardig had gekeurd, luisterde ernstig toe en knikte zo nu en dan. Toen ze klaar was, strekte hij zijn arm uit en streek voorzichtig een haarlok uit haar gezicht. Hij zei iets dat Lucia niet kon verstaan. Carmen pakte zijn hand, die op haar wang was blijven liggen, en keek Prem weemoedig in de ogen. Daarna liet ze zijn hand vallen, draaide zich zonder iets te zeggen om en liep terug naar het huis, Prem met een ongelovige uitdrukking op zijn gezicht achterlatend. Marsalis draafde achter haar aan.

Lucia wendde het hoofd af. Sinds Miquel in huis was, had ze Carmen niet meer met Prem naar boven zien gaan.

Ze zuchtte opnieuw. Jason zou een kaartje van haar krijgen. Ze zocht er een uit het stapeltje dat ze had ingeslagen en schreef op de achterkant: 'Je had gelijk, Jason! Het leven wordt niet op het toneel geleefd. Te veel verhalen om te vertellen. Miquels oom is een week geleden overleden. Je hoort er alles over als ik terugkom. Áls ik terugkom! (Grapje!) Liefs van Lucia.'

Ze vroeg zich af hoe het zou zijn om weer in Nederland te zijn. Ze was bang geweest om naar Suriname te komen. Gedurende de eerste weken van haar verblijf was ze zo in verwarring geraakt dat ze hartgrondig had terugverlangd naar huis.

Maar Pedro's omhelzingen en de dood van oom Ferdinand hadden haar wortel doen schieten. Op de dag dat ze aankwam had Pedro haar verzekerd dat haar ziel haar zou weten terug te vinden. Dat was gebeurd. Het had lang geduurd, maar het was gebeurd. Sindsdien leek het leven hier meer werkelijk dan het leven daar. Zou ze haar oude bestaan weer kunnen oppakken, of zou het moeilijk zijn na alles wat zij te weten was gekomen over zichzelf?

Ze adresseerde de ansichtkaart aan Jason en schreef een paar kaarten naar vriendinnen. Daarna begon ze voor haar ouders aan een kort verslag van het overlijden van oom Ferdinand, waarin ze werd gestoord door geklop op de deur.

Carmen kwam de kamer binnen, Marsalis op haar hielen.
'Hallo,' zei ze zacht. 'Stoor ik je?'
'Nee, hoor. Ik heb alle tijd van de wereld.'

Carmen ging op een stoel zitten en wierp een korte blik op het portret van Nelson, dat boven het bureau hing en de wereld een kleine, gezette bruine man toonde met een stierennek en een heerszuchtige blik. Marsalis wierp zich op de vloer en sloot kreunend de ogen.

'Ik heb een plan,' zei Carmen. 'Ik kan het alleen niet uitvoeren zonder jouw hulp en die van Johanna. Daarom praat ik eerst met jullie twee. Mocht je er niets voor voelen, dan moet je niet aarzelen dat te zeggen. Dan houd ik er verder mijn mond over.'

'Carmen... Je maakt me nieuwsgierig!'

'Het gaat zo slecht met Miquel. Als hij wakker is, ligt hij voor zich uit te kijken. Hij wil niet praten. Ik heb de indruk dat hij het heeft opgegeven. Daar heb ik de afgelopen dagen over lopen nadenken. Toen hij terugkwam, wist hij precies wat hij wilde. Op de boerderij bij oom Ferdinand de laatste periode van zijn leven doorbrengen. Hij voelt zich daar het meest thuis. Hij heeft een keer tegen mij gezegd dat het de plek is waar zijn navelstreng begraven ligt. En nu, behalve dat hij oom Ferdinand is kwijtgeraakt, is hem ook de boerderij afgenomen. En daarmee het gevoel dat hij macht heeft over zijn leven, denk ik. Hij is volledig afhankelijk geworden van ons, van zijn familie. Ik weet dat hij dat verschrikkelijk vindt. Ik zou het ook vreselijk vinden. Wat wij voor hem kunnen doen, is hem de boerderij teruggeven. Wat zou je ervan denken als jij en ik er met hem gaan wonen?'

'Wat?' Lucia was even stil. 'Heb je er al met hem over gepraat? Ik bedoel, weet je zeker dat hij het wil?'

'Ik wilde eerst weten of mijn plan uitvoerbaar is.'

'Maar wat gebeurt er als ik wegga? Ik ben hier nog maar twee maanden.'

'Ik heb aan Johanna gevraagd of zij wil komen als jij weggaat. Ze doet het. Mijn moeder zal ook wel willen helpen.'

'Als Miquel het echt wil, lijkt het mij wel een goed idee,' zei Lucia aarzelend. 'Ik ben ook graag op de boerderij. Het zal alleen wel een vreemd gevoel zijn om daar te bivakkeren zonder oom Ferdinand.'

Carmen begon opgewonden te ratelen. 'Ik denk dat we de boel een beetje moeten laten opknappen. Een ploegje werkmannen inhuren. Elektriciteit laten aanleggen, een douchecel in de keuken laten bouwen en er wat geriefelijk meubilair, een ijskast en een wasmachine heen verhuizen. En er moet een auto komen. Ik heb geld genoeg... Jij zou in oom Ferdinands slaapkamer kunnen slapen en voor mij zetten we een bed in de woonkamer neer. Miquel moet volgende week naar het ziekenhuis voor een bloedtransfusie. Tegen de tijd dat hij daarvan is opgeknapt, zeg halverwege de week daarop, zou alles klaar kunnen zijn en dan kunnen we verhuizen!'

'Carmen, halt! Je gaat veel te snel. Laten we eerst met Miquel praten. En met Pedro, je moeder en de rest van de familie.'

HOOFDSTUK 15

Vier weken later, op een zondagmiddag gedurende de siësta, lag Lucia in een hangmat bij de Stille Kreek, die door de hevige regenval van de afgelopen tijd buiten zijn oevers was getreden. De aanlegsteiger was overspoeld. Hij schemerde bruinoranje onder het oppervlak van het snelstromende water, en verdween geleidelijk in de duisternis.

Loom liet zij een been buitenboord vallen, boorde de bal van haar voet in het vochtige zand en zette zich af. De hangmat kwam kreunend in beweging. Boven haar hoofd begonnen takken, bladeren en het zonlicht heen en weer te zwiepen.

Terwijl zij zich met regelmaat afzette, liet zij de afgelopen periode aan zich voorbijtrekken, waarin zij zich, in tegenstelling tot de eerste weken van haar verblijf, had kunnen ontspannen en haar gevoelens simpel en eenduidig waren geweest.

Toen Carmen Miquel had gevraagd of hij met haar en Lucia naar de boerderij wilde terugkeren, had hij uit de grond van zijn hart 'ja' gezegd. In de familie had niemand bezwaar gemaakt.

Gelijktijdig met een ploegje werklieden waren kort daarop Carmen, Lucia, Mathilde, en Roosje met een paar van haar vriendinnen, begonnen met het opknappen van het huis. Tot ieders verbazing had Sophia het zonder opgaaf van redenen laten afweten.

Mathilde, met Roosje in haar kielzog, wierp zich op de bouwval met een venijnigheid die getuigde van de moeite waarmee zij zich al die jaren had weten in te houden. Carmen probeerde haar dadendrang in banen te leiden. Zij wilde dat Miquel de boerderij nog zou herkennen. Aangezien zij het geld in handen hield, kreeg zij haar zin. Moe van het gekibbel en met haar gedachten bij haar minnaar, koos Lucia echter, nog voordat de strijd was beslist, het hazenpad.

Pedro en zij hadden hun affaire, waarin na de begrafenis een adempauze was gevallen, weer opgepakt. Bijna iedere nacht bracht zij door in zijn ongemeubileerde huis.

Na zijn werk haalde hij haar op. Terwijl de zon naar de horizon snelde, Bengaalse vuren in de wolken ontstekend, haalden zij eten en bier bij de Chinees. In de korte tijd dat zij in het restaurant verbleven viel de nacht.

In Pedro's slaapkamer, waar lakens voor de ramen hingen en het peertje nog steeds een wit licht verspreidde, aten en dronken zij op het matras. Daarna pelden zij elkaar uit de kleren en bedreven hongerig de liefde.

Zonder het te willen of te weten hielp Pedro Lucia haar greep op het verleden en haar houvast aan het heden te verstevigen.

De fotoboeken van tante Helen hadden hun weg gevonden naar zijn huis. Tussen vrijpartijen in bekeken zij de vergeelde zwart-witkiekjes en haalden herinneringen op. Zij vroegen elkaar uit, vulden elkaar aan en gingen met elkaar in discussie als hun versies van de gebeurtenissen te veel verschilden.

Spotlachend veegde Pedro de roze sluiers weg die zij als puber over het verleden had gedrapeerd, de exotica die zij er als volwassene omheen had gelegd, en de lijkwade waaronder zij het, sinds zij hier was aangekomen, van het leven had proberen te beroven. Geleidelijk aan hervonden de chaos, uitzichtloosheid, kleinburgerlijkheid, het vuil en de hitte, die haar de voorgaande weken hadden beklemd, ook in haar jeugdherinneringen hun plek. Het niemandsland tussen heden en ver verleden, moerassig en vol dwaallichten, werd door Pedro drooggelegd en aan het daglicht prijsgegeven.

En als hij haar met zijn zangerige Surinaamse accent vroeg of zij de volgende dag kaartjes voor het volkstoneel voor hen, Emma en Eli wilde gaan kopen, haar onder druk zette om een keer voor hem te koken of geile praatjes in het oor fluisterde, en zij hem in diezelfde tongval antwoord gaf, voelde zij zich niet langer een buitenstaander, die wee van verlangen vanuit de coulissen het leven in haar moederland gadesloeg. Ze maakte er deel van uit. Het gevolg was dat zij overdag in haar eentje de stad in ging om winkels en markten af te lopen en kennissen van vroeger te bezoeken.

Maar het grootste geschenk dat Pedro haar gaf, was dat hij haar deed ontpoppen. In Nederland had zij een buitensporige gevoeligheid ontwikkeld voor het verstrakken van mensen als zij ergens opdook waar zij niet een, twee, drie een negerin verwachtten; sommigen omdat zij discrimineerden, anderen omdat zij bang waren om te discrimineren. Gaandeweg had zij zich een pantser aangemeten, haar lichaam in kracht, vaardigheid en een uitdagende expressiviteit gehuld. Zacht en weerloos kon en wilde zij niet zijn.

Nu bedreef zij voor het eerst van haar leven de liefde met een Surinaamse man. En in het liefkozen met Pedro, wiens huid dezelfde kleur had als haar eigen huid en de huid van haar vader en moeder, en het haar dezelfde textuur, scheurde de cocon waarin zij zichzelf had ingesponnen. Als hij in haar binnendrong, onstuimig in haar lichaam doorstootte terwijl zij zich met haar handen tegen de muur schrap zette om hem beter te kunnen voelen, als zij in de naweeën van zijn klaarkomen het gewicht van zijn lichaam torste of als hij haar met zijn vingers een orgasme schonk en keek hoe zij klaarkwam, ervoer zij, als een sonore ondertoon van de lust, het gevoel alsof zij een vlinder was die haar kersverse vleugels ontvouwde. Huiverend sloeg zij haar naaktheid gade. Het fluwelige bruin, zwart, oranje en roze schenen haar ondraaglijk mooi en kwetsbaar toe.

Op een avond praatte zij erover, vertelde hem hoe zij van seks hield, er iedere dag naar had verlangd, maar zich er niet aan had kunnen overgeven.

'Weet je, als ik seks had gehad, voelde ik mij daarna als een schildpad die uit zijn schild is getrokken. Ik voelde mij alsof ik geen huid meer had, alsof ik geen gewicht meer had, alsof een windvlaag mij kon optillen en wegdragen,' zei zij. 'Ik raakte ervan in de war.'

Pedro liet zich in het kussen vallen en lachte haar uit. 'Je had gewoon een echte man nodig, baby!'

Het verontwaardigde geluid dat Lucia bij de herinnering aan deze woorden ontsnapte, bracht haar terug in het hier en nu. Ze remde het schommelen van de hangmat af, kwam overeind en keek om zich heen.

Ze overwoog te gaan zwemmen. Het water was een stuk kouder dan in de droge tijd. Het vergde enige moed om erin te duiken. Ze besloot om nog even te wachten. Terwijl zij zich liet terugzakken in de plooien van de hangmat, begon in het huis de nieuwe wasmachine te centrifugeren.

Een week nadat Miquel uit het ziekenhuis was ontslagen, waren zij naar de boerderij verhuisd. Ze had ertegen opgezien om samen met Carmen voor hem te zorgen. Niet dat ze bang was haar handen uit de mouwen te steken, maar het vooruitzicht om dag en nacht met hem samen te zijn beklemde haar. Er was geen ontsnapping mogelijk op deze geïsoleerde plek.

Toen zij eenmaal op de boerderij bivakkeerden, ontdekte zij echter dat Miquel was veranderd. Opmerkelijk in zichzelf gekeerd, bracht hij het grootste gedeelte van de dag in bed door. Niet langer leek hij met betrekking tot haar verwachtingen te koesteren. Ook bracht hij geen teleurstelling of verwijten meer op haar over. Hij scheen weinig meer te verlangen dan dat Carmen en zij hem zouden helpen in zijn lichamelijke behoeften te voorzien.

Daarbij kwam dat Carmen de taak die Lucia zichzelf had gesteld toen zij hierheen kwam – Miquels maatje te zijn – naar zich toe had getrokken. Met haar vermogen zich ondergeschikt te maken en te zwijgen, was zij er geknipt voor. Bovendien scheen zij zich thuis te voelen in de wereld waarin Miquel was terechtgekomen, een wereld die Lucia zoveel angst inboezemde dat zij hem er niet in kon volgen.

Hoewel het haar verdriet deed dat haar band met Miquel minder hecht was geworden, was ze niet langer jaloers op Carmen. Ze hielp waar ze kon. En al gauw betrapte zij zichzelf op het gevoel dat er een gewicht van haar schouders was gewenteld.

De dagen dreven voorbij, snel en onverstoorbaar als de bladeren op het water van de kreek. Pedro kwam bijna iedere dag na zijn werk langs en bracht de nacht door op de boerderij. Vroeg in de ochtend ging de wekker. Hij kuste haar slaperig en blies een onfris ruikende groet in haar gezicht. Voor het bed staand gaf hij zijn ochtenderectie een kleine afstraffing voordat hij de kamer verliet en naar de keuken slofte. Terwijl hij onder de douche stond, viel zij weer in slaap, om wakker te worden als hij zijn auto startte of, een stuk later, als Carmen of Miquel naar de wc ging.

Na het ontbijt hielp Carmen Miquel bij het douchen en aankleden, ruimde zijn kamer op en verschoonde zijn bed. Lucia nam de resterende klusjes in huis voor haar rekening. Als het om een uur of twaalf begon te regenen, maakten zij samen de lunch klaar, aten en gingen daarna op bed liggen lezen of een dutje doen.

's Middags wandelde Lucia met Marsalis naar Maatdorp voor de boodschappen. Bij terugkomst ging zij zwemmen. Carmen hield zich bezig met het bewerken en beplanten van de kale plekken op het achtererf waar het kippenhok en de varkensstal hadden gestaan. Als Miquel het wilde, las een van hen voor.

Met het vallen van de avond gingen zij koken. Onder het afdak zittend en van een glas whisky nippend, wachtten zij Pedro's komst af. Als hij was gearriveerd, kwam Miquel zijn bed uit om met hen mee te eten.

Aan tafel in de keuken, zich bewust van het feit dat zij wederom met z'n vieren op de boerderij waren, zoveel jaren ouder en zonder oom Ferdinand en tante Helen, voerden zij luchthartige gesprekken. Alles wat pijn kon doen werd omzeild.

Ongetwijfeld kwamen bij alle vier herinneringen boven aan de dagen die zij als kind op de boerderij hadden doorgebracht, maar zij spraken er niet over. Omspoeld door de numineuze sfeer van het oerwoud, veroorzaakt door het leven dat in ontelbare vormen werd geboren, groeide en stierf, waarbij het een niet-aflatende stroom geluid voortbracht – geluid zoals op andere plekken wordt veroorzaakt door de wind of de zee –, wilden zij niet ook nog eens ondergedompeld worden in het verleden.

Dus vertelde Lucia verhalen over haar leven in 'het paradijs aan de overkant', zoals zij Nederland in navolging van Johanna was gaan noemen. Ook Miquel deed zo nu en dan een duit in het zakje. Pedro diste anekdotes op uit het ziekenhuis, kaartte de politieke toestand in het land aan of vertelde moppen. Carmen praatte over Johanna en Immanuel, en verraste hen op een avond door over Nelson te beginnen. Hij was plaatselijk directeur geweest van een groot houtbewerkingsbedrijf uit Amerika en door de voortvarende manier waarop hij het bedrijf leidde, gecombineerd met het feit dat hij zwart was, was hij in menige komische verwikkeling met zijn Surinaamse werknemers geraakt.

Na het eten hielp Pedro Miquel naar bed en onderzocht hem als het nodig was. Carmen en Lucia deden de afwas en sloten het huis af voor de nacht. Korte tijd later troffen Pedro en Lucia elkaar in de slaapkamer van oom Ferdinand, waar zij in het bed sliepen dat hij met tante Helen had gedeeld.

Omdat ze zich maar al te goed realiseerde dat haar verblijf in deze hof van Eden van korte duur was, had Lucia zichzelf aangeleerd om haar gedachten stop te zetten als ze in de richting gingen van haar vertrek. Niet dat het in haar opkwam om te blijven. Suriname kende geen theatercultuur van betekenis. Ze zou hier niet kunnen werken en haar talenten ontplooien. Ook koesterde ze geen illusies over wat er zou gebeuren als Pedro en zij zouden besluiten hun relatie te bestendigen. Als hij dat al zou willen. Ze wist zeker dat ze terug zou gaan. Haar leven lag in Nederland.

Ze wilde niet denken aan haar vertrek, omdat ze bang was dat het afscheid pijn zou doen. En hoewel ze beter wist, vreesde ze bij terugkomst net zo verweesd te zullen zijn als de eerste keer dat ze er was aangekomen.

Ze besloot dat het tijd was om te gaan zwemmen, hees zich uit de hangmat, trok haar jurk over haar hoofd en stapte uit haar broekje. Snel waadde ze door het water naar de aanlegsteiger en draafde rillend van de kou tot aan haar knieën de kreek in. Onder het slaken van een kreet dook ze van het plankier in het water. Om de kou op te vangen trappelde ze met haar benen en woelde met haar armen. Toen ze was gewend, begon ze met krachtige slagen tegen de stroom in te zwemmen.

Zonder te denken luisterde Miquel naar het afnemen en stoppen van het gegier van de centrifuge, de stoel van Carmen die over de vloer schraapte, haar geslof, het openklikken van het deurtje van de wasmachine, het ploffen van het wasgoed in de wasmand, het gerammel van het knijperblikje en het opengaan van de keukendeur.

Sinds de stemmen in zijn hoofd, die hem een groot gedeelte van zijn leven hadden begeleid, waren stilgevallen, verloor hij zich keer op keer in zijn gewaarwordingen.

Toen hij elf jaar oud was, een paar maanden na het vertrek van Lucia, kreeg hij van zijn balletlerares een boek over de Russische danser Vaslav Nijinski cadeau. Hij keek er iedere dag in. Vooral de foto's uit het ballet *Le Sacre du Printemps* fascineerden hem. Voor de spiegel van zijn moeder probeerde hij Nijinski's groteske poses na te doen.

In diezelfde tijd ontdekte hij dat de kinderen van Oase, het zwembad waar zijn ouders lid van waren, hem 'Tutu Del Prado' noemden. Waarom moet iedereen hetzelfde zijn, vroeg hij zich gekwetst af. Waarom houden mensen niet van iemand die anders is? En waarom moeten jongens zijn zoals Pedro?

'Pedro speelt de baas,' was in zijn hoofd de stem van Nijinski opgeklonken. 'Alleen mensen die de baas spelen, willen dat iedereen hetzelfde is. Dan kunnen zij beter de baas spelen. Mensen die zich onderwerpen, zijn laf. Zij hebben geen karakter.

Net als koeien voelen ze zich alleen veilig in een kudde. Iemand die anders is, maakt hen bang. Ze moeten nadenken over wie zij eigenlijk zelf zijn. Misschien zijn ze wel niemand. Jij bent iemand. Jij gaat een beroemde danser worden. Laat de bazen en de lafaards toch in de stront zakken!'

Nijinski was bij hem gebleven. Hij deed Miquel inzien dat de weigering om zich aan te passen hem eenzaam maakte, maar hem ook veel ruimte gaf. Niet langer gegeneerd, leende hij in de bibliotheek en van zijn balletlerares boeken over ballet, en ging hij overal waar in zijn omgeving dans werd beoefend kijken.

Het was een bevrijding om weg te gaan uit Suriname. In Nederland kon hij openlijk homoseksueel zijn, en hij vond er alle mogelijkheden om zich aan zijn passie te wijden.

Al tijdens zijn eerste jaar op de opleiding werd hij door de danssector opgemerkt. Hij liep stage bij gerenommeerde gezelschappen in Keulen en Frankfurt. Meteen na zijn afstuderen vertrok hij naar Brussel met een contract voor twee jaar op zak.

Tijdens een engagement in Londen, een jaar of wat later, kwam hij in aanraking met een groep dansers uit Jamaica, Trinidad en India. Zij inspireerden hem om terug te keren naar Rotterdam, waar hij was opgeleid, en een eigen gezelschap op te richten, waarvan de kern werd gevormd door zeven zwarte dansers. Hij noemde de groep naar zijn eerste choreografie: 'Clocks tick differently for black and white men', afgekort tot 'Clocks'. De recensies loofden hem als een vernieuwend, intercultureel choreograaf.

Meteen na zijn vertrek uit Suriname had Nijinski gezelschap gekregen. In zijn hoofd had zich een hele vergadering van adviseurs, critici, verhalenmakers en toekomstdenkers gevormd. Hij had nooit de moeite genomen om de stemmen te identificeren, maar naast Nijinski voerden er een aantal zo sterk de boventoon dat ze als vanzelf een gezicht kregen. Er was een bejaarde creoolse man, die hem aan oom Ferdinand deed denken. Samen met een indiaans kind en een Hindoestaanse jongeling sprak deze man met Miquel over het heel houden van zijn identiteit.

Een in het pak gestoken Hollander, uitgekookt en ongeduldig, assisteerde hem bij het opbouwen van zijn carrière. En bij het maken van zijn balletten werd hij geïnspireerd door zijn geliefde Nijinski, een agressieve zwarte Amerikaan, thuis in rap, hiphop en breakdance, en een Afrikaanse medicijnman, die prachtige verhalen kende en de wereld in trance dansend aanbad.

Alleen met zijn lichaam kon hij de stemmen het zwijgen opleggen. Als hij danste, zijn bewegingen zo zuiver uitvoerde dat ze de ruimte doorkliefden, waarbij zijn spieren rekten als elastiek of zich samenbalden tot kabels, zijn borstkas zuurstof pompte en de hitte in zijn lichaam het zweet uit zijn poriën deed gutsen, was het stil. En ook als hij zich overgaf aan de stevige seks waarvan hij hield, zwegen zij. Maar was de extase eenmaal weg gehijgd, dan pakten zij hun vertogen weer op.

De stemmen waren gestopt met praten op het moment dat zijn vader hem had verteld dat oom Ferdinand was overleden. Een tijdlang hadden de mannen en jongens in zijn hoofd versuft voor zich uit gekeken. Toen hadden zij een voor een hun stoelen naar achteren geschoven en met een droevige glimlach afscheid genomen van elkaar. Hun werk zat erop.

Het was niet meteen tot hem doorgedrongen dat zij voorgoed waren verdwenen. In het begin had hij de stilte in zijn hoofd toegeschreven aan de schok. Wat later aan zijn verdriet, dat soms zo hevig was dat het als kots uit zijn ingewanden omhoogspoot. De dood van oom Ferdinand kon niets anders zijn dan een grap, de macabere grap van een God die zich op de knieën sloeg van het lachen.

Maar toen het ook na zijn terugkeer op de boerderij stil bleef in zijn hoofd, had hij zich eindelijk gerealiseerd hoe diep de dood van oom Ferdinand had ingesneden in zijn bestaan. Zonder het bedisselen van de stemmen lukte het hem niet langer om er zin en samenhang aan te geven. Als hij terugkeek op zijn leven, zag hij, als in geschifte melk, stukjes en brokjes van zijn persoonlijke geschiedenis ronddobberen in een lege, uitgestrekte tijd. Zijn fascinatie met dans en zwarte cultuur was verdwenen, zijn ambities kwamen hem pretentieus voor, en de bescheiden idealen die hij had aangehangen hadden hun betekenis verloren. Hij keek ernaar zonder interesse, zonder spijt, en concludeerde dat hij, zonder het zich te realiseren, voorbij het einde van zijn verhaal was gereisd.

Bijna alle tijd bracht hij door in zijn bed. Dankzij de bloedtransfusie had hij weinig last van koortsaanvallen, maar hij voelde een uitputting waarvan hij het bestaan niet had kunnen bevroeden.

Op een ochtend betrapte hij zichzelf er voor het eerst op dat hij lag te luisteren naar een gesprek over boodschappen dat Lucia en Carmen in de keuken voerden, als was het muziek. Ongestoord door het gepraat in zijn hoofd, stroomde de werkelijkheid door hem heen.

Het overkwam hem vaker. Het geklinkklank van pannen of bestek tijdens het koken of afwassen werd een melodie. Zo ook de regen die iedere middag op het zinken dak stortte. De smaak van verse muntthee. De kleur van de bougainville voor het raam. De warmte van Marsalis tegen zijn bovenbeen, de grover wordende haartjes onder zijn hand, de natte tong die zijn vingers likte.

En zo begon voorzichtig in hem het gevoel te groeien dat doodgaan misschien geen ravijn was waarin hij te pletter zou vallen. Wellicht was het het tot stilstand komen van alle streven en betekenis geven, het uiteenvallen van zijn lichaam in de peilloze vermoeidheid die hij voelde, het verdwijnen van zijn ik in de zinsbegoochelende werkelijkheid. Doodgaan was het enige logische dat hij kon doen.

Maar er was geen haast. Het ging vanzelf. Hij wilde nog wel een tijdje kijken, luisteren, horen, proeven en voelen. Mondjesmaat, in kleine beetjes en geleidelijk aan steeds minder...

Op weg naar de waslijn, de wasmand op haar heup en het knijperblik in haar hand, glimlachte Carmen toen zij Lucia in de verte een schreeuw hoorde geven, gevolgd door een plons. Ze zette de wasmand op de grond en viste er het ene kledingstuk na het andere uit, dat zij met een klap uitsloeg voordat ze het aan de lijn knijperde.

Als door de bliksem getroffen bleef ze stilstaan, een verknoedeld laken in haar handen, en keek op haar horloge.

Het was de zeventiende van de maand, en ze was bijna drie weken over tijd. Door de drukte rond de verbouwing en de verhuizing was het haar niet eens opgevallen dat ze niet ongesteld was geworden. O, god, dacht ze ontzet, ik ben toch niet zwanger?

Toen zij dertig was, en Nelson veertig, hadden zij besloten om een kind te nemen. Ze was gestopt met de pil. Twee jaar later was ze nog niet in verwachting. Nelson drong aan dat ze een keer mee zou reizen naar Amerika, om in de beste kliniek onderzoek te laten doen. Zij had de trip steeds opnieuw weten uit te stellen. Intussen had zij Johanna geconsulteerd. Die was met allerlei huismiddeltjes aan komen dragen, maar zonder resultaat. Toen was Nelson gestorven. In de jaren die volgden had Carmen aangenomen dat zij degene was die onvruchtbaar was. Ze had er niet eens over nagedacht om voorbehoedsmiddelen te gebruiken met Prem.

Ze liet het laken in de wasmand vallen, liep naar de stoel naast de keukendeur en plofte erop neer.

Het kwam vaak voor dat de menstruatie uitbleef in tijden van verandering, redeneerde ze. En dat er de afgelopen periode veel was veranderd, stond vast. Het uitblijven van haar ongesteldheid kon ook een eerste teken van de menopauze zijn. Zij was veertig. Sommige vrouwen begonnen vroeg. Zeker als ze vroeg waren gaan menstrueren, en dat was ze.

Met trillende handen betastte ze haar borsten. Vroeg in de zwangerschap kon je gezwollen en pijnlijke borsten krijgen, had ze gehoord. Haar borsten waren gezwollen en pijnlijk, maar dat waren ze ook voordat ze ongesteld werd. Als ze een menstruatie had overgeslagen, zou ze volgende week weer ongesteld worden. Was ze de afgelopen tijd misselijk geweest? Nee. Ja – nu misschien een beetje.

Ze zag het gezicht van haar moeder voor zich als zij hoorde dat haar dochter een kind van de tuinman zou krijgen.

Vervolgens dacht ze aan Prem. Toen oom Ferdinand was overleden en Miquel bij haar in huis was komen wonen, had ze hem uitgelegd dat haar hoofd en hart overliepen. Hij moest even geduld hebben totdat zij aan de nieuwe situatie was gewend. Maar de uitvoering van de plannen om naar de boerderij te verhuizen had haar nog minder ruimte gelaten hem te ontmoeten. Op de dag dat zij verhuisden, werkte hij niet. Zij was weggegaan zonder afscheid te nemen, en al die tijd dat ze hier zat had ze niets van zich laten horen.

Schuldgevoel bekroop haar. Aan de andere kant... Prem kon toch niet hebben gedacht dat hun verhouding tot een serieuze relatie zou uitgroeien?

Het duizelde haar. Ze moest een zwangerschapstest doen. Nee, ze moest niet overdrijven. Ze had gewoon een menstruatie overgeslagen. Het feit dat haar borsten pijn deden, wilde zeggen dat ze volgende week ongesteld zou worden. Hoe dan ook, ze moest de volgende week afwachten.

Toen Pedro in de deuropening naast haar opdook, slaakte ze een kreet en sprong op uit haar stoel.

'Jezus, Carmen... Sorry!'

Op zijn onderbroek na was Pedro naakt. Zijn gezicht was verkreukeld door de slaap en had een ongeruste uitdrukking.

'Ik weet het niet...' zei hij aarzelend. 'Misschien heb ik het wel gedroomd, maar ik hoorde Lucia gillen. Heb jij ook iets gehoord?'

'Lucia is aan het zwemmen,' antwoordde Carmen nerveus. 'Ze gilt altijd als ze in het water springt.'

'O, dan is het goed.'

De irrationele angst dat Pedro als arts aan haar zou kunnen zien dat ze zwanger was, golfde door Carmen heen. Gejaagd liet ze weten dat ze de was aan het ophangen was, draaide zich af en snelde naar de waslijn.

Ik ben niet zwanger, dacht ze, terwijl ze met haar rug naar

haar broer driftig het laken uitsloeg. Absoluut niet! Stel je niet aan! Loop morgen met Lucia en Marsalis mee naar Maatdorp, ga zwemmen, zorg dat je ongesteld wordt!

Pedro wendde zijn blik af van zijn zuster en ging het huis binnen. Voor de zoveelste keer in zijn leven bedacht hij dat ze niet helemaal goed bij haar hoofd was.

In de keuken aarzelde hij. Toen liep hij naar Miquels slaapkamer en tikte zachtjes met zijn zegelring op de deur, opdat zijn broer het lichte, scherpe geluid alleen zou horen als hij wakker was.

'Ja?'

Pedro stak zijn hoofd om de deur. Het was schemerdonker in de kamer, waar de jaloezieramen op een kier stonden. Vanaf het bed keken Miquel en zijn hond vragend naar hem op.

'Ik ga iets te drinken maken. Wil je ook iets?'

'Ja.'

'Wat wil je?'

'Wat ga je maken?'

'Maakt niet uit, zeg jij maar wat je wilt.'

'Zuurwater?'

'Komt eraan.'

Na een katoenen short te hebben aangeschoten liep Pedro terug naar de keuken en pakte een paar citroenen van de fruitschaal. Met de citruspers, een van de nieuwe aanwinsten in het huis, maakte hij sap, dat hij in een kan schonk en aanlengde met water. Hij deed er suiker en ijsblokjes bij, roerde en schonk drie glazen vol.

Terwijl hij hiermee bezig was, bedacht hij dat Miquel de laatste tijd moeilijker te doorgronden was dan ooit. Het was te begrijpen dat hij verdriet had om de dood van oom Ferdinand. Maar waarom hij zich zo afsloot, was een raadsel. Carmen en Lucia stonden de hele dag voor hem klaar, maar zelfs Lucia, over wie Miquel had gezegd dat zij de enige was met wie hij kon praten, gaf toe dat ze weinig contact met hem had.

'Carmen, in de keuken staat een glas zuurwater voor je!' riep hij, door de deur naar buiten kijkend. De wasmand stond nog onder de lijn, maar zijn zuster was nergens te bekennen. Hij riep nogmaals. Toen hij geen antwoord kreeg, haalde hij zijn schouders op en pakte twee glazen.

'Een glas ijskoud zuurwater!'

Miquel kwam overeind. Pedro reikte hem het glas aan en liet zich op de stoel naast het bed vallen. Uit zijn ooghoeken zag hij dat Miquel even vermoeid zijn ogen sloot, als was het hem te veel dat zijn broer in de kamer bleef hangen. Hij negeerde het signaal.

'Hoe gaat het met je?' vroeg hij, nadat hij zijn glas voor de helft had leeggedronken en het op het tafeltje van tante Helen had gezet.

'Hetzelfde als gisteren.'

'Nee, ik bedoel: hoe voel je je?'

'Waarom vraag je dat?'

'Je praat met niemand. Ik wil graag weten wat je voelt. Ben je verdrietig, boos, angstig?'

Na een lange stilte, waarin hij met een strak gezicht voor zich uit staarde, zei Miquel koeltjes: 'Als ik vertel hoe ik mij voel, vertel jij dan ook hoe jij je voelt?'

Pedro voelde ergernis opkomen. Onder geen omstandigheid zou zijn broer het hem makkelijk maken. Hij duwde zijn irritatie weg en zei, zich realiserend dat hij later in het gesprek Miquels wedervraag zou moeten beantwoorden: 'Afgesproken.'

Miquel nam een slok. Terwijl hij voor zich uit bleef kijken, zei hij: 'Het is moeilijk om uit te leggen hoe ik mij voel. Ik ben verdrietig. Om alles... Maar ik voel mij ook rustig. Ik vind het niet zo erg meer om dood te gaan. Ik heb ontdekt dat ik eigenlijk al een eind op weg ben en niet meer terug zou willen. Daar komt het op neer.'

Hij keek Pedro aan en zei, zich opnieuw tegen hem afzettend: 'En... begrijp je dat, grote broer?'

Pedro liet zich niet van de wijs brengen. Miquels woorden hadden hem geraakt.

'Ja. Misschien beter dan je denkt. Ik heb veel patiënten zien vechten met de dood. Sommigen zijn woedend. Anderen verdrietig of bang. Maar er zijn ook patiënten die in een soort vrede gaan. Daartussen zitten natuurlijk mensen die ervan overtuigd zijn dat ze naar de hemel gaan of dat er een volgend leven op ze wacht. Maar er zitten ook mensen tussen die nergens in geloven. Ze hebben zich neergelegd bij het feit dat ze gaan sterven en hebben er vrede mee. Ik heb altijd bewondering voor ze gehad. Ze gaan het grote Niets met open ogen binnen. Dat maakt ze eenzaam. Ze zijn in wezen veel eenzamer dan die patiënten die bang zijn voor de dood, of boos of verdrietig. Die klampen zich tot op het laatste moment aan het leven vast, terwijl die andere patiënten tijdens hun leven de dood al een beetje binnengaan. Zoals jij ook zegt.'

Miquel liet toe dat het ijs brak. Hij keek zijn broer in de ogen en zei mistroostig: 'Ja, dat lijkt wel een beetje op wat ik voel. Alleen... ik weet niet of mijn gevoel tot het einde zal blijven. En ik weet ook niet of je het vredig kunt noemen.'

Voorzichtig legde Pedro zijn hand op Miquels schouder, liet hem over zijn bovenarm glijden en in het kuiltje van zijn elleboog tot rust komen.

'Ik denk dat je een goede dood zult sterven. Want je bent al heel lang een van de mensen die ik bewonder,' zei hij, zonder scrupules oorzaak en gevolg omkerend.

Miquel glimlachte.

Pedro trok zijn hand terug. Na een korte stilte vroeg hij: 'Zou je minder eenzaam willen zijn?'

Miquel beet op zijn lip. Met trillende stem zei hij: 'Ik weet het niet. Ik denk het eigenlijk niet. Het is wel goed zo...'

Marsalis leek zich bewust te worden van de sfeer in de kamer, hief met een ruk zijn kop en keek gealarmeerd in het rond. Miquel streelde hem geruststellend over zijn flank. Daarop liet hij zich vanuit zijn zittende positie languit in bed glijden en nestelde zich op zijn zij, zijn gezicht naar Pedro gekeerd.

'Nu jij,' zei hij dromerig. 'Eerlijk antwoord geven.'

Pedro voelde zijn energie weglopen. Eerlijk antwoord geven? Hij wist niet eens wat het antwoord was! Niet nadenken, droeg hij zichzelf op, en hij begon te praten.

'Tja... Hoe ik mij voel. Er is zoveel gebeurd. Na de scheiding ben ik maar doorgegaan en doorgegaan. Maandenlang. Werken, 's avonds naar de Passion Fruit om te drinken en vrouwen te versieren, diep in de nacht naar bed. Of hierheen rijden om jou te bezoeken en laat op de avond weer terug naar huis. In de weekends slapen en met Emma en Eli op stap. Ik kan je niet zeggen hoe ik mijn gezin heb gemist. Nog steeds, iedere dag, mis.'

Hij zweeg en bestudeerde zijn handen aan de binnen- en buitenkant.

'Ja... En toen kwam Lucia. Vanaf het begin ben ik onder haar bekoring geraakt. Ze is zo anders.'

Pedro zag Lucia voor zich, die tegen hem praatte, naar hem luisterde, hem van repliek diende. Nooit eerder had hij een vrouw ontmoet die het leven zo belangrijk vond dat ze over alles wat ze meemaakte moest nadenken en praten.

'Nog wat later kwam ik erachter dat Mathilde een verhouding had met Roosje en dat Roosje bij Mathilde en de kinderen was ingetrokken. Dat maakte mij woedend. Dat dat mens meer tijd doorbrengt met mijn kinderen dan ik vreet aan mij.'

Pedro stokte.

'Jezus, Miquel... Je denkt toch niet dat ik een hekel heb aan Roosje omdat ze lesbisch is? Of dat ik het daarom erg vind dat ze met Emma en Eli woont? Dat heeft er niets mee te maken, echt niet!'

'Pedro, al hád het er wat mee te maken. Vergéét nou een keer dat ik homo ben!' zei Miquel ongeduldig. 'Ga door.'

Pedro wreef over zijn voorhoofd.

'Nou, ja... Toen ging oom Ferdinand dood. Op dezelfde nacht dat Lucia en ik een verhouding kregen. Er is veel gebeurd, Miquel, té veel. Ik ben vreselijk moe.'

'Is het leuk met Lucia?'

'Ja. We hebben lekkere seks. Ze kan er geen genoeg van krijgen, na al die jaren zonder. En we praten veel.'

Opnieuw ging er een schok door Pedro. 'Heb je het trouwens erg gevonden dat ik iets met haar begon?' vroeg hij benauwd.

Miquel staarde zijn broer ongelovig aan. 'Is dit de eerste keer dat je je dat afvraagt?'

Toen Pedro nauwelijks waarneembaar knikte, liet Miquel zich hartstochtelijk ontvallen: 'Ongelofelijk! Wel, eerlijk gezegd kon ik je wel vermoorden! Werkelijk. Ik had het gevoel dat je haar van mij afpakte.'

Na een moment in tweestrijd te hebben verkeerd zuchtte hij en zei: 'Dat was op de avond van het feest, toen ik er net achter kwam. Daarna had ik wel wat anders aan mijn hoofd. En nu... Nu vind ik het niet erg meer.'

'Echt niet? Waarom niet?' vroeg Pedro, zichtbaar geschokt door Miquels woorden.

'Het is voor Lucia zo belangrijk dat ze jou heeft. Je kunt het aan haar zien, aan haar merken... Wat het voor jou betekent weet ik niet precies. Maar zij kon jou niet laten lopen. Moet ik daar boos over zijn? Mijn verhaal is ten einde, maar jullie verhaal gaat gewoon door.'

'Dat moet je niet zeggen. Je bent er nog.'

'Ik zeg het niet om de tragische held uit te hangen. Mijn verhaal is écht afgelopen. Ik ben er nog, maar het enige dat ik zal doen is in bed liggen.'

'Het spijt mij vreselijk, meer dan ik kan zeggen, als ik Lucia van je heb afgenomen,' zei Pedro met tranen in zijn stem.

'Dat heb je niet,' zei Miquel beslist. 'En hou op met je te verontschuldigen; het staat je niet. Vertel verder.'

Een dankbaar lachje ontsnapte zijn broer.

'Als je wilt weten wat Lucia voor mij betekent... In deze tijd, die zo grijs is, brengt zij kleur. En warmte. Ik geniet van haar. En het is waar wat je zegt: ons samenzijn betekent veel voor haar. Ze is zo blij met wat ik haar geef, zo dankbaar. Dat raakt me. Dat raakt me echt.' Spottend onderbrak hij zichzelf. 'Het komt nu eenmaal niet vaak voor dat vrouwen tevreden zijn met mij.' Opnieuw ernstig ging hij verder: 'En al die tijd blijft ze op haar eigen benen staan. Ze laat er geen twijfel over bestaan dat ze weer weggaat. Weet je wat mij ook raakt? Dat ze geen sprookjes vertelt over zichzelf, en dat ze van mij geen sprookjes wil horen. Als ik iets zeg dat nonsens is, prikt ze het meteen door.'

Nu was het zijn beurt om stil te zijn en voor zich uit te staren. 'Eigenlijk is ze mij in die korte tijd heel dierbaar geworden,' mompelde hij. Waarna hij mismoedig een einde breide aan zijn relaas: 'Als ze straks weg is, moet ik nodig gaan uitrusten. Ik ben echt heel moe. En ik moet gaan nadenken over hoe het verder moet met mij.'

Toen zij Lucia neuriënd het huis hoorden binnenkomen, keken Pedro en Miquel elkaar aan en zwegen. Ze hoorden haar de kamer van oom Ferdinand binnengaan. 'Pedro, waar ben je?' mompelde zij, de stem van een klein meisje opzettend. De deur van de kast piepte toen ze hem opendeed. Meteen daarop hoorden zij haar naar de keuken lopen. In de nieuwe douchecel begon het water te stromen.

HOOFDSTUK 16

'Als je in het verleden van de familie Nelom duikt, is de eerste persoon die je tegenkomt mijn overgrootmoeder Trijntje,' begon Sophia te vertellen, haar stem verheffend om boven het getrommel van de regen op het golfplaten dak uit te komen. 'Over háár moeder, mijn betovergrootmoeder, is alleen bekend dat ze met een van de laatste slaventransporten hierheen is gebracht, dat ze een Coromantijn was en in 1830 is overleden, toen Trijntje vijf jaar oud was.'

Sophia was naar de boerderij gekomen om Carmen te vervangen, die vroeg in de ochtend naar de stad was vertrokken voor een afspraak en de nacht in het huis aan de rivier zou doorbrengen. Op Lucia's verzoek had zij de stamboom en het dagboek van tante Helen meegebracht.

In de door de gesloten jaloezieramen verduisterde kamer zat zij op de stoel naast het bed waarin Miquel tegen de kussens leunde. Haar handen rustten op het stapeltje papieren in haar schoot, met de vingers bezwerend gespreid.

Vanaf haar zitplaats op de planken vloer sloeg Lucia haar geïntrigeerd gade. In de weken na de dood van haar broer was Miquels moeder veranderd. Gekleed in een eenvoudige katoenen jurk, op platte schoenen en met haar grijze haar in vlechtjes, zag ze eruit zoals de meeste oudere vrouwen hier. En haar gezicht, dat voordien vaak een masker was geweest van doelgerichtheid, liet emoties door. Het was voornamelijk verdriet dat Lucia zag.

'Bij Trijntjes geboorte heeft haar moeder haar de naam Jaba gegeven. Maar zoals jullie misschien weten, wilden slavenhouders niet dat slaven Afrikaanse namen droegen. Het waren heidense namen. Bovendien probeerden ze al het eigene dat de slaven uit Afrika hadden meegebracht te vernietigen. Dus werd Jaba in de registers van plantage Ordentelijkheid opgenomen als Trijntje. Ze bleef zichzelf echter tot aan het einde van haar leven Jaba noemen, eerst in het geheim en later, na de afschaffing van de slavernij, openlijk. Ma Jaba... Ze zeggen over Coromantijns dat ze trots en moedig zijn.

Trijntjes dochter, mijn grootmoeder Cornellie, was gek op Ferdinand. In de laatste jaren van haar leven heeft ze hem veel verhalen verteld over haar moeder, die ze halsstarrig Trijntje bleef noemen, als om het onrecht dat haar tijdens de slavernij was aangedaan te benadrukken. 's Avonds, als we in bed lagen, vertelde Ferdinand haar verhalen aan mij. Ze maakten erg veel indruk. Ik moet toen een jaar of zes, zeven zijn geweest. Toch was ik veel vergeten. De aantekeningen van Helen hebben die tijd, en de verhalen van Ferdinand, weer in mijn herinnering teruggebracht.

Toen Trijntje vijftien was, werd ze verliefd op een van de slaven, met wie ze een hut ging delen. Een jaar later kreeg ze een kind. En alweer... De vader staat te boek als Geerten, het kind als Pieter, maar Trijntje noemde haar man heimelijk Jaw en haar zoon Kwami.

Toen Kwami een jaar oud was, liet de plantage-eigenaar, Hendrik Johannes van der Molen, een man van in de veertig, zijn oog vallen op Trijntje. Hij verkocht Jaw aan een plantage ver uit de buurt en begon haar iedere nacht in het slavenkwartier te bezoeken.'

Sophia duwde haar leesbril tegen haar neus en inspecteerde de stamboom. Lucia zag haar handen trillen.

'Even kijken... Ja, hier staat het. 'Werd in 1842 onwillig in concubinaat genomen.' Twee kinderen werden geboren, in 1843 een zoon en in 1845 een dochter. Van der Molen liet ze dopen als Cornelis en Cornellie. Deze kinderen hebben trouwens geen Afrikaanse namen meegekregen van hun moeder.

Vlak na de geboorte van Cornellie is Jaw gevlucht van de plantage waaraan Van der Molen hem had verkocht. Voordat hij het binnenland in trok om zich bij de marrons te voegen, is hij in het holst van de nacht Trijntjes hut binnengedrongen om haar en Kwami, die toen vier jaar oud was, op te halen. Het verhaal gaat dat Jaw zich in het bos rond de plantage heeft uitgekleed om onzichtbaar te zijn in het donker en zich met olie heeft ingesmeerd om uit grijpende handen te kunnen glippen. Ja, denk maar niet dat slaven niet van elkaar konden houden!

Jaw wist niet dat Trijntje intussen twee kinderen van Van der Molen had gebaard. Een zuigeling en een kind van twee vormden op de vlucht een te groot risico. Trijntje moest dus kiezen... Ze wilde haar twee jongste kinderen niet alleen op de plantage achterlaten. Dus heeft ze Kwami aan Jaw meegegeven en is zelf achtergebleven.

Toen Van der Molen hoorde dat Jaw was gevlucht en erachter kwam dat Kwami was verdwenen, heeft hij Trijntje laten afranselen. Ze was daarna zo wild en vreemd als hij haar kwam bezoeken dat hij een andere slavin heeft genomen, die hij zonder twijfel ook zwanger maakte.'

'Noem haar toch Jaba, tante Sophia,' zei Lucia.

'Lieve kind, dankzij Cornellie zijn we eraan gewend geraakt om haar Trijntje te noemen. En ik begrijp Cornellie wel. In de naam Trijntje ligt alles besloten wat er is gebeurd. "Jaba" was gewoon niet de werkelijkheid...

Toen Cornelis zeven jaar oud was en Cornellie vijf, heeft Van der Molen ze vrijgemaakt. Hij wilde kennelijk niet dat zijn kinderen in slavernij leefden. Bij hun manumissie heeft hij ze zijn naam gegeven, maar dan omgekeerd. Zo is mijn familienaam ontstaan, Molen werd Nelom. Zwart, het omgekeerde van wit.

Kort daarop heeft hij ze naar de stad gebracht en in een katholiek weeshuis achtergelaten, waar ze een christelijke opvoeding kregen. Cornellie ging naar de meisjesafdeling, Cornelis naar de jongens.

Toen haar ook deze kinderen waren afgenomen, is Trijntje

ziek geworden. Ze heeft een halfjaar in haar hut gelegen. Daarna heeft Van der Molen haar, misschien omdat hij medelijden had, als huisslavin gebruikt. Het werk van huisslaven was lichter dan dat van veldslaven.'

Sophia keek opnieuw in de papieren. 'Ja... Dan maakt het verhaal een sprong van twaalf jaar, naar 1863, als de slavernij wordt afgeschaft. Cornelis en Cornellie zijn twintig en achttien jaar oud, en hebben in het weeshuis een vak geleerd. Cornelis is timmerman geworden en Cornellie naaister.

Het eerste dat Trijntje in vrijheid doet, is haar kinderen opzoeken, die nog in het weeshuis wonen en de kost verdienen door voor de nonnen te werken. Ze stelt voor om met z'n drieën een optrekje te huren in de stad. Terwijl Cornelis op zoek gaat naar een huisje, keert Trijntje terug naar de plantage.

En dan komt er een wending in het verhaal, waarover ik als kind veel heb gefantaseerd. Van der Molen, drieënzestig jaar oud, valt van de trap en breekt zijn nek. In de archieven staat dat hij door een ongeval om het leven is gekomen, zoals ook uit deze papieren blijkt. Maar mijn fantasie was dat Trijntje net zo lang heeft gewacht totdat zij haar kans schoon zag. Dat ze Van der Molen, toen hij boven aan de trap stond, een duw heeft gegeven, met alle kracht die zij in zich had. Dat alle ex-slaven op het erf stonden toe te kijken terwijl hij van de trap buitelde en dat nooit iemand iets heeft gezegd...'

Tranen blonken in Sophia's ogen.

'Ma...' zei Miquel bezorgd.

'De geschiedenis is zo beschamend! Er móéten slaven zijn geweest die iets terugdeden, desnoods stiekem... Dat móét gewoon.'

Sophia wreef onder haar neus.

'Hoe dan ook, Trijntje en haar twee kinderen zijn gaan samenwonen. In 1865 ontmoet Cornelis een vrouw en verlaat het huis om een gezin te stichten. Hij is in het westen van het land gaan wonen, waar je vandaag de dag nog een hoop Neloms schijnt te kunnen aantreffen.

Cornellie blijft bij Trijntje wonen. Gedurende de jaren die volgen, trekt Trijntje meerdere keren voor lange tijd het binnenland in om naar Jaw en Kwami te zoeken. Ze zal ze nooit vinden. Misschien hebben ze de marrons niet bereikt of hebben ze de vlucht niet overleefd. In 1882 sterft ze, zevenenvijftig jaar oud. Cornellie is dan zevenendertig.

Mijn oma Cornellie was een onaangename vrouw, bitter en achterdochtig. Haar hart was gebrandmerkt door de vroege scheiding van haar moeder en broer, en door de tijd die ze doorbracht bij de witte nonnen, die de zwarten godvrezendheid, tucht en kuisheid bijbrachten. Als haar vader eens per jaar geld kwam brengen voor hun kost en inwoning, en haar bij zich liet brengen om te zien of ze goed verzorgd werd, smeekte zij hem om haar en Cornelis mee terug te nemen naar hun moeder.

In de tijd dat ze samenwoont met Trijntje, die ze adoreert, werkt Cornellie hard en gaat met weinig mensen om. Na de dood van haar moeder is ze van het ene moment op het andere alleen. Ze zoekt troost bij een ex-slaaf, ene Paulus Vrede, over wie alleen bekend is dat hij in een smederij werkte. Deze man heeft haar zwanger gemaakt en is nog voor de geboorte van mijn vader, in 1883, met de noorderzon vertrokken.

Wonderlijk genoeg noemt Cornellie haar zoon naar haar vader, Hendrik Johannes Nelom... Hendrik heeft zijn hele jeugd alleen met zijn moeder gewoond, die goed voor hem zorgde, maar hem weinig liefde kon geven.

In de laatste jaren van haar leven hield Cornellie zich bezig met wat we afgoderij noemen. Jullie weten hoe de mensen hier hun voorouders vereren. Een lange, lange rij voormoeders en voorvaders, de *bere* oftewel "buik van de familie" geheten, beschermt en begeleidt het nageslacht.'

Sophia sloot haar ogen en begon met een hese stem te zingen:

Langa lo, tje langa lo
Tje, i baka mu ebi o
Langa lo, tje langa lo

Tje, i baka mu ebi o
Te ju wan njan' a famiriman
Tje langa lo, tje i baka mu ebi o

Nadat zij was gestopt, opende zij haar ogen en liet een stilte vallen. Daarop vervolgde zij haar verhaal.

'Cornellie was ervan overtuigd dat zij verloren was omdat haar vader, en met hem al haar witte voorouders, weigerden haar te kennen. De buik van mijn familie is gescheurd, zei ze.

In 1929, toen Ferdinand tien was en ik vijf, is ze gestorven. Ze is vierentachtig geworden. Mijn vader zei altijd dat zij de liefde die ze hem niet had kunnen geven aan haar kleinzoon gaf. Alles wat ik jullie nu vertel, kan ik vertellen omdat zij het aan Ferdinand heeft toevertrouwd.'

Er viel opnieuw een diepe stilte. Aan het vallen van de regen was te horen dat de bui spoedig over zou zijn. Het was heet in de schemerige kamer. Miquels ogen schitterden en hij had blosjes op zijn wangen.

'Kun je je oma Cornellie herinneren, ma?' vroeg hij.

'Ja, heel goed. Ik was bang voor haar. Ze was licht van kleur, lichter dan mijn vader of Ferdinand en ik. Toen ze jong was, schijnt ze mooie groene ogen te hebben gehad. Maar later kreeg ze staar en hadden haar ogen een griezelige witte kleur. Als oude vrouw zat ze hoopjes fruit en groente te verkopen voor de deur van het huisje waar ze met Trijntje en mijn vader had gewoond.'

'Het kwam veel voor dat slavenhouders kinderen verwekten bij slavinnen, hè?' vroeg Lucia. 'Ook in de aderen van mijn familie, de Mac Nacks, vloeit blank bloed. Schots.'

'Gaandeweg de slaventijd werd ons volk steeds lichter. Het is dat zwart zo'n koppige kleur is, anders waren we misschien wel helemaal wit geworden.'

'Ik had een Reginald Reteig in mijn dansgroep, en Dave Saam heeft een tijdje stage bij ons gelopen. Gieter en Maas,' lachte Miquel. 'En niet te vergeten... Behalve omkeringen, had je ook grappen. Die arme mijnheer Mijnzak, die ons wiskundeles moest geven.'

Lucia schuifelde op haar billen en ging verzitten. 'Godallemachtig,' mompelde ze.

Sophia ritselde met de papieren. Nadat ze had gekeken of ze opnieuw de aandacht van haar gehoor had, pakte ze de draad op.

'Nou, dat was de geschiedenis van mijn familie van vaderszijde. Dan nu mijn familie van moederszijde. Dat is een kort verhaal. We weten bijna niets over de familie van mijn moeder.

De vader van mijn moeder was een van de contractarbeiders die na de afschaffing van de slavernij in India werden geronseld. Jonge mannen kregen te horen dat ze hier voor een paar jaar konden werken en dan weer naar India konden terugkeren. Maar toen ze hier aankwamen, ontdekten ze dat ze onder omstandigheden die nauwelijks beter waren dan de slavernij tewerkgesteld werden, en dat er van terugkeren geen sprake was.'

Sophia zocht in haar papieren. 'Even kijken... Ja, hier heb ik het. Dit is een uittreksel uit het Koloniaal Verslag van 1881. Mijn grootvader wordt hier beschreven als "Badoola, zoon van Lalloo, geboren in Biteh Katrah in Mainpore, Brits Indië, Mahomedaan, vijfentwintig jaar oud, donkerbruin, veld of fabrieksarbeid". Geen achternaam...'

'Was uw grootvader moslim?' vroeg Lucia verbaasd.

'Dat staat hier.'

Sophia ging door met de papieren te raadplegen en eruit te citeren. 'Badoola vertrok op 16 december 1880 uit Calcutta op het schip The British Statesman en kwam op 14 maart 1881 aan. Hij had een contract met plantage Morgenstond. Na acht jaar te hebben gewerkt stierf hij op 23 september 1889 op de plantage aan "verval van krachten". Hij was toen drieëndertig jaar oud.

Badoola had zijn vrouw en kind, een baby van een jaar, bij zich toen hij zich inscheepte. Zijn vrouw, wier naam wij niet kennen, is tijdens de overtocht gestorven. Zijn dochter, mijn moeder, heette Zainab. Badoola en Zainab gingen zwaar ziek van boord. Ze zijn in het hospitaal opgenomen, waaruit zij drie maanden later zijn ontslagen. Badoola werd naar plantage Morgenstond gebracht en Zainab werd toegewezen aan een kindertehuis van de Evangelische Broedergemeente.

Het enige dat we verder nog weten over Badoola is dat hij Zainab eens in de zoveel tijd kwam opzoeken. Het was een hele reis vanaf de plantage. Maar Zainab had Sranan en een beetje Nederlands leren praten, en hij sprak alleen Urdu. Ze konden elkaar niet verstaan. Mijn moeder kon zich haar vader herinneren als een magere man met een baard, die onverstaanbare klanken uitstootte en huilde als hij wegging. Op een gegeven moment kwam hij niet meer.

Toen mijn moeder uit het kindertehuis vertrok, heeft ze de voornaam van haar vader als achternaam aangenomen.

Zo is het gegaan... Toen Zainab Badoola en Hendrik Nelom trouwden, hebben zij dit stuk land gekocht en dit huis gebouwd. Ferdinand en ik zijn hier geboren. Dat is het verhaal van mijn familie.'

Sophia legde met een vermoeid gebaar de stamboom op Miquels bed.

'Hoe stonden uw ouders tegenover het verleden?' vroeg Lucia.

'Mijn vader weigerde erover te praten. Ik denk dat hij meer dan genoeg had gehoord van zijn moeder Cornellie. Wat is geweest, is geweest, zei hij altijd. Maar hij waarschuwde ons wel om uit de buurt van blanke mensen te blijven. Mijn moeder praatte wel over haar vader en moeder. Zij had ze graag gekend. Ze was ook geïnteresseerd in India.'

Sophia zweeg.

'Net als mijn vader,' zei zij zacht, 'heb ik mij niet willen vereenzelvigen met de geschiedenis. Ik heb juist alles gedaan om zo ver mogelijk weg te komen van die misère. Zo ver mogelijk. Ferdinand vond dat ik te ver ben gegaan.'

Na een korte stilte begon Miquel te lachen en zei tegen Lucia: 'En dan hebben we de familie van mijn vader nog. Daar treffen we Portugese joden aan, uit Brazilië gevlucht voor de jodenvervolging, indianen en wegens hoererij uit de gemeenschap gestoten negers. Te fantastisch voor woorden!'

'Wat?' Lucia was zo blij dat Miquel haar als vanouds uitnodigde om met hem te lachen dat zij haar geschokte gevoelens vergat. 'Wegens hoererij uitgestoten negers?! Hier begin ik de familie te herkennen!'

Sophia keek verbolgen op haar neer.

'Ja,' vervolgde Miquel, 'Wij hebben een oudoom die uit de Evangelische Broedergemeente is gezet. Nota bene toen hij tweeënvijftig was!'

'Wat had hij gedaan?'

'Gul was hij meerdere vrouwen ter wille... En gul verwekte hij meerdere kinderen!'

In de stilte die viel, hoorden zij dat het gestopt was met regenen. Sophia kwam overeind, stapte over Lucia's blote benen heen en liep naar het raam. Ze deed de jaloezieramen en de luiken open, zodat het licht de kamer vulde.

'Mmm,' zei ze. 'Frisse lucht...'

Lucia kon geen genoeg krijgen van haar verhalen. 'Volgens mij heb ik uw ouders nooit ontmoet,' zei ze. 'Zijn ze jong gestorven?'

Sophia opende het andere raam, keerde zich om en leunde tegen de vensterbank.

'Nee. Het huwelijk van Hendrik en Zainab is lang kinderloos gebleven. Ik heb trouwens nooit de indruk gekregen dat ze dat erg vonden. Ze leefden een teruggetrokken en simpel bestaan. Toen Ferdinand ter wereld kwam was mijn moeder achtendertig en toen ik geboren werd drieënveertig. Mijn vader was een paar jaar jonger dan zij. Ze waren al in de zestig toen Ferdinand met Helen thuiskwam.

We hebben hier toen een tijd met z'n vijven gewoond. Mijn ouders sliepen in deze kamer, Ferdinand en Helen in de kamer hiernaast en ik op een veldbed in de voorkamer. Ik kan mij nog goed herinneren dat ik Helen 's nachts hoorde, als ze gemeenschap had met Ferdinand. In het Engels! Die vrouw was zonder schaamte. Om gek van te worden!'

Met een schok vroeg Lucia zich af of Carmen en Miquel 's nachts naar Pedro en haar lagen te luisteren, hoewel zij hun best deden om zo stil mogelijk te vrijen. Ze wierp een blik op Miquel, die vermoeid languit in bed was gaan liggen en haar vanaf zijn kussens toegrijnsde. Het schaamrood kroop naar haar kaken.

'Het huis was niet alleen te klein, de boerderij leverde ook te weinig op om vijf volwassen mensen te onderhouden. Bovendien zag het ernaar uit dat Helen binnen de kortste keren zwanger zou zijn. We wisten toen nog niet dat het lot anders had beslist... Dus hebben mijn ouders een huis gehuurd in de stad. Een krot in een achterbuurt. Ze verkochten loten op straat om het beetje geld dat Ferdinand hun kon geven aan te vullen. Kort voordat zij verhuisden ben ik Hector tegengekomen. Toen ik eenmaal met hem was getrouwd, kon ik ze zoveel geld geven dat ze konden stoppen met werken. In het jaar dat Carmen geboren werd, zijn ze kort na elkaar gestorven, allebei in de zeventig.'

Miquels stem klonk uitgeput. 'Ma, Lucia... Als jullie het niet erg vinden... Ik word ineens zo vreselijk moe. Het is tijd voor mijn middagslaapje.'

Lucia en Sophia keken geschrokken naar hem. Hij zag er verhit uit. De zweetdruppels stonden op zijn voorhoofd.

'Zijn we te lang gebleven?' vroeg Lucia schuldbewust terwijl zij snel overeind krabbelde.

'Welnee, ik ben blij dat ik het verhaal van de familie Nelom heb gehoord. Het stemt tot nadenken over wat wij met ons leven hebben gedaan, vind je niet?' Miquel keek Lucia plagerig aan.

Lucia antwoordde, opnieuw dankbaar dat hij weer contact met haar maakte: 'Zo is dat! Ga nu maar gauw slapen, lieverd.'

Met de stamboom en het dagboek in de hand liep Sophia achter Lucia aan naar de keuken. Ze vroeg kleintjes: 'Het gaat niet goed met Miquel, hè?'

'Nee, tante. Maar vandaag viel het mee. Hij was vrolijk. Dat is hij in lange tijd niet meer geweest.'
'Ferdinands dood was een klap voor hem.'
'Inderdaad.'
Lucia opende de ramen en daarna de deur. Toen keerde ze zich naar Sophia, die verloren bij de keukentafel stond, en zei: 'Pedro heeft een lang gesprek met hem gehad. Daarin heeft hij gezegd dat hij zich erbij heeft neergelegd dat hij gaat sterven. Het enige dat hij wil in de tijd die hem nog rest is rust.'
'En geven jullie hem die?'
'Zoveel mogelijk.'
Lucia kreeg medelijden. 'Als ik straks weg ben, neemt u mijn plaats in. Dan kunt u bij hem zijn. Het leven is hier zo heerlijk kalm. Iedereen komt tot rust.'
'Met wie had Carmen een afspraak?'
'Ik weet het niet. Ze deed erg geheimzinnig over haar bezoek aan de stad.'
'Behandelt Pedro je goed?'
'Ja. Hij is het beste dat mij kon overkomen.'
'Het is niet waar...' somberde Sophia.
Het over een andere boeg gooiend, vroeg Lucia opgewekt: 'Tante Sophia, wilt u wat drinken?'
'Laat eens kijken, hoe laat is het?' Sophia keek op haar horloge. 'Drie uur. Een beetje vroeg, maar vooruit dan maar... Na het verhaal over mijn familie kan ik wel een beetje medicijn gebruiken. Geef maar een whisky, puur, met twee blokjes ijs.'
Lucia aarzelde. Zij vond het nog te vroeg voor alcohol, maar ze kon het niet over haar hart verkrijgen om Sophia alleen te laten drinken.
'Ik neem er ook een. Zullen we buiten gaan zitten?'
'Ja, laten we aan het water gaan zitten.'
'Dat kan niet. De kreek is zo ver buiten zijn oevers getreden dat we de hangmatten hebben moeten binnenhalen. Pedro zei laatst dat hij die stapel schedels zou gaan verplaatsen als het water nog hoger kwam. Gekkie! Ik vind het jammer, want ik durf

niet zo goed meer te gaan zwemmen. Een deel van het bos staat nu in de kreek. Ik heb het idee dat al het ongedierte, met name de slangen, vrolijk met mij in het water rondspartelt.'

'De meeste slangen kunnen niet zwemmen. Het meeste ongedierte ook niet. Ze vluchten juist voor het water. Grote kans dat je ze op een gegeven moment in huis aantreft.'

'Alstublieft, tante Sophia, bewaar me... Zullen we onder het afdak gaan zitten? Gaat u maar alvast, dan maak ik de drankjes.'

Terwijl Lucia de glazen uit de kast pakte, liep Sophia naar buiten, waar de druppels die van de bladeren gleden een zwakke echo van de regen vormden.

Terwijl zij de ijsblokjesvorm met water vulde en in de vriezer schoof, kwam de gedachte aan haar vertrek bij Lucia op. Nog twee weken en ze zou teruggaan naar Nederland.

Ze wist niet wat haar meer beklemde: dat ze voorgoed afscheid moest nemen van Miquel of dat zij Pedro moest loslaten. Of dat zij zou terugkeren naar een leven dat op haar lag te wachten als een jurk waarvan ze betwijfelde of hij haar nog paste, nu het wicht met de strikken uit haar kerkers was ontsnapt en in nog geen tien weken tijd was uitgegroeid tot een volwassen vrouw met onverzorgd kroeshaar.

En terwijl ze een flinke hoeveelheid whisky in de glazen schonk, realiseerde ze zich dat de verhalen van Sophia een nieuwe dimensie toevoegden aan haar onrust over de terugkeer naar haar oude bestaan. Superioriteit en paternalisme van Nederlanders ten aanzien van Suriname hadden haar altijd al tegengestaan, maar nu zou ze het niet langer kunnen verdragen.

Tevergeefs probeerde ze haar gedachten uit te bannen. Ze wilde de ontspanning en het genoegen waarin zij zich sinds de verhuizing naar de boerderij had gekoesterd zo lang mogelijk vasthouden.

Met een klap zette ze de glazen op het dienblad, pakte een zakje cassavechips uit de kast, scheurde het open, strooide de chips in een schaaltje en snelde naar buiten, waar zij afleiding hoopte te vinden door met Sophia, die ze mocht en aan wie zij zich verwant voelde, te praten en te drinken.

'Om aan al je wensen tegemoet te komen, kind, dan nu het dagboek van tante Helen,' zei Sophia, nadat ook Lucia op een van de ligstoelen had plaatsgenomen die Carmen van thuis had meegebracht, en zij op Miquel hadden geproost.
'Er valt niet zoveel over te vertellen. Je moet het zelf maar lezen. In het begin schrijft ze met grote tussenpozen, van soms wel een jaar, over steeds hetzelfde onderwerp. Dat ze niet zwanger wordt. Daar heeft ze erg onder geleden. Dat gaat zo een tijd door, totdat jullie iedere vakantie op de boerderij komen logeren. Vanaf dat moment schrijft ze over jullie alsof jullie haar eigen kinderen zijn. Toen je dat fotoboek vond, is je vast al iets dergelijks opgevallen. Haar dagboek staat vol verhaaltjes; over wat jullie deden, wat jullie zeiden, wat jullie karakter was en hoe verkeerd ik jullie opvoedde. Nou ja, Carmen, Pedro en Miquel dan.'
Sophia was even stil en barstte toen uit: 'Iedereen schijnt te vinden dat ik mijn kinderen verkeerd heb opgevoed! Terwijl je je kunt afvragen wat er van hen terecht was gekomen als ik het anders had aangepakt. Miquel had gelijk met wat hij daarnet tegen je zei, over dat de geschiedenis te denken geeft over jullie levens. Eigenlijk ben ik degene die een brug heeft geslagen tussen de armoede en ellende van mijn voorouders en, hoe moet ik het zeggen... de kennis, beschaving en rijkdom van mijn kinderen.'
Lucia onderdrukte een giechel.
'Ik denk dat Miquel iets anders bedoelde, tante.'
'O.'
'Ik hoop niet dat u het mij kwalijk neemt dat ik het zeg, maar... We weten dat u uw uiterste best hebt gedaan. U hebt meer uw best gedaan dan goed was voor uzelf of uw kinderen. Ik weet er alles van. Ik heb ook zo mijn best gedaan. Op een verkeerde manier, die dingen kapotmaakt. Wat u zou moeten doen, tante Sophia, is ontspannen. Het liefst zonder hulp van de whisky. Zie uw kinderen voor wie zij zijn. Prijs hen... Uiteinde-

lijk zijn zij verantwoordelijk voor wie zij zijn geworden, en niemand anders. Zeker Miquel. U moest eens weten wat een prachtige, authentieke dansvoorstellingen hij heeft gemaakt.'

Ineengedoken in haar stoel dronk Sophia haar glas voor de helft leeg. Daarna keek ze voor zich uit en zweeg onheilspellend.

'Ben ik te ver gegaan?' vroeg Lucia kleintjes.

'Nee, nee... Je hebt gelijk. Ik weet heel goed wat ik heb gedaan.'

'We zijn allemaal maar mensen, tante. Klein en dom, zoals Johanna een tijdje geleden zei.'

'Mm,' zei Sophia.

Na opnieuw een lange stilte probeerde Lucia: 'Vond u het erg dat tante Helen zich uw kinderen toe-eigende?'

'Nee. Eerlijk gezegd was ik altijd blij als de kinderen een paar weken weg waren. Het is vermoeiend om kinderen te hebben.'

'Nu we het toch over tante Helen hebben... Van Pedro weet ik dat hij u na de dood van oom Ferdinand heeft ingelicht over die middag. Die bewuste middag dat oom Ferdinand ons alles over de moord op Ernst en de dood van tante Helen heeft verteld. Was het voor u ook zo'n schok om zeker te weten dat tante Helen zelfmoord heeft gepleegd?'

'Welnee... Ik wist het allang! Ferdinand heeft zichzelf al die tijd voor de gek gehouden met zijn gewik en geweeg tussen een ongeluk, moord of zelfmoord. Helen was op het laatst doodongelukkig. Dat kon iedereen zien. De moord op die gek deed haar twijfelen aan de goedheid van haar God. Haar menopauze stond voor de deur, waardoor het een zekerheid werd dat ze geen kinderen zou krijgen. Jullie kwamen niet meer, jij was vertrokken en mijn kinderen raakten in de puberteit en wilden hun vakanties niet meer op de boerderij doorbrengen. Ook Shanti en Satish was ze kwijt. En hoewel Ferdinand altijd lief voor haar is geweest, gaf hij haar geen enkele hoop op een beter leven. De een na de ander spatten haar zeepbellen uit elkaar...

Toen Ferdinand kwam vertellen dat ze verdronken was, wist ik meteen dat ze een einde had gemaakt aan haar leven.

Weet je... Toen ze hier thuis lag opgebaard, heeft Ferdinand Carmen, Pedro en Miquel apart genomen. Met een goudkleurige draad heeft hij hen opgemeten. Op de juiste lengte knipte hij die draad af. Miquel mat hij twee keer op, om ook voor jou een draad te hebben. Toen heeft hij die vier draden opgerold en in Helens kist gelegd. Hij heeft haar in het oor gefluisterd dat jullie met haar meegingen. Tegen mij zei hij dat hij wilde voorkomen dat ze jullie zou gaan lastig vallen, omdat ze jullie niet kon loslaten. Ferdinand wist hoe ze zich voelde. Hij wist dat ze zelfmoord had gepleegd, hij kon die wetenschap alleen niet verdragen.'

'Tante Sophia, waarom valt u de mensen toch zo hard, uzelf incluis...? Ziet u dan niet hoeveel pijn zij hebben geleden?'

'Natuurlijk zie ik dat! Waar ik kijk, zie ik pijn. Maar moeten we dan niet verder? Ik heb geprobeerd er iets van te maken op de enige manier die ik kon bedenken!'

Anderhalf uur later werd Miquel wakker van gerinkel, gevolgd door gegiechel. De geluiden kwamen uit de keuken, en gingen vergezeld van de geur van gebraden kip.

Hij draaide zich op zijn rug. Uit het openstaande venster viel een dieporanje licht naar binnen. Lucia vergat blijkbaar dat de ramen in huis moesten worden gesloten voordat de zon onderging, om muskieten en andere insecten buiten te sluiten. Het was een werkje dat Carmen iedere avond verrichtte. Ook zijn moeder dacht er kennelijk niet aan.

Toen hij overeind kwam, werd hij zich bewust van het suizen in zijn hoofd. Zijn T-shirt en onderbroek waren nat van het zweet. Dat betekende dat de koorts was teruggekomen.

Hij kroop uit bed en knikkebeende naar het raam dat op het voorerf uitkeek. De zon stond pal boven het bos langs de weg en goot haar achttien-karaats licht uit over bladeren, takken en stammen. Ook het zand werd verguld.

Overal om hem heen namen insecten afscheid van de dag. Het zingen van de *siksi joeroe's*, die hun lied voor dit moment bewaarden, vermengde zich met de altijddurende samenzang, die was aangezwollen en een extatisch karakter had gekregen.

Tegen het licht in kijkend kneep Miquel zijn ogen half dicht en liet zich opgaan in de zinderende, vurige wereld buiten.

Na een tijdje viel hem de gedachte in aan zijn betovergrootmoeder Trijntje, wier verhaal hij vandaag voor het eerst had gehoord. Toen hij zich een beeld van haar probeerde te vormen, zag hij een oude vrouw voor zich, met wit kroeshaar dat in plukken rond haar hoofd stond. Ze droeg een armoedige, groezelige witte jurk, waarvan de zoom aan de voorkant op haar blote voeten viel en aan de achterkant over de grond slierde. Haar gezicht en hals waren gerimpeld, haar ogen oud als de wereld. Toen hij het roodgouden zonlicht door haar haardos zag filteren, realiseerde hij zich dat zij een paar meter voor hem op het erf stond.

Zijn hart begon te bonzen toen de vrouw hem een schelmse glimlach schonk. Hij zoog zijn adem naar binnen. Terwijl zij hem bleef aankijken, hief zij langzaam haar hand tot op borsthoogte en draaide de palm naar buiten. Haar glimlach verdiepte zich. Na secondenlang zo te hebben gestaan, keerde zij zich abrupt om en snelde naar de zandweg, waar zij werd opgeslokt door het felle tegenlicht. In een floers zag Miquel haar de weg af gaan, waarbij ze zich met een vreemde, huppelende tred leek voort te bewegen.

Hij sloot zijn ogen en schudde zijn hoofd. Toen hij zijn ogen weer opendeed, waren het erf en de weg leeg.

'Wat dacht je dan? Je bent aan het ijlen, man!' fluisterde hij, terwijl een kietelende vrolijkheid hem begon te vullen.

Nadat hij de zon achter de kruinen van de bomen had zien zakken en het licht op het erf van kleur had zien veranderen totdat het grijs was, sloot hij de ramen.

Hij kroop in bed, waar hij zich diep voldaan opkrulde en bleef liggen totdat zijn moeder de kamer binnenkwam om te vragen of hij kwam eten.

Ook over het huis aan de Suriname-rivier, zestig kilometer verderop, was de nacht gevallen. De wachter liet zichzelf en zijn hond binnen en sloot het hek achter zich. Toen hij de oprijlaan af liep en het huis in zicht kwam, zag hij in de keuken licht branden. 'Dag, koningin Johanna,' mompelde hij vertederd.

Johanna hoorde het schelpenzand onder Immanuels schoenen knerpen. Ze liep naar het raam en zwaaide. Daarna ging zij verder met waar zij mee bezig was: het garneren van een huzarensalade met plakjes ei, tomaat en augurk. Ze bestrooide het gerecht met aromat en fijngesneden peterselie. Van een afstandje keurde ze haar creatie goed, bekleedde de schaal met vershoudfolie en schoof hem in de ijskast.

Terwijl ze haar handen waste en afdroogde, vroeg zij zich af waar zij de tafel zou dekken: in de woonkamer of in de keuken. Ze koos voor de keuken.

Gisteren had Carmen gebeld. Nadat ze kort had verteld hoe het Lucia, Miquel en haar was vergaan in de vier weken dat zij nu op de boerderij verbleven, deelde ze mee dat ze vandaag in de stad zou zijn om boodschappen te doen en naar de dokter en de kapper te gaan, en de nacht thuis zou doorbrengen. Ze wilde Johanna spreken en had haar verzocht om langer te blijven en iets te eten klaar te maken.

Johanna had niet gezegd dat ook zij Carmen moest spreken.

Na haar verhuizing was Prem zonder tegenbericht weggebleven van zijn werk. Een week later dook hij midden op de dag in de keuken op. Gekleed in een spijkerbroek en een wit overhemd zag hij er niet uit alsof hij van plan was te gaan werken. Nadat hij haar beleefd had gegroet, informeerde hij of zij wist wanneer mevrouw Carmen thuis zou zijn.

Johanna smeet haar vaatdoek in de gootsteen en zette haar handen in haar zij.

'Jongen, ik weet best wat jullie hebben uitgespookt! Noem haar dus niet "mevrouw Carmen" waar ik bij sta. Waarom ben je niet op je werk gekomen? En waarom heb je niet afgebeld? Je denkt toch zeker niet dat je geen plichten hebt als zij hier niet is?'

Prem herhaalde zijn vraag, ditmaal het 'mevrouw' weglatend. Geïrriteerd dat hij niet de moeite nam om haar een verklaring te geven voor zijn afwezigheid, snauwde Johanna: 'Ik weet niet wanneer Carmen thuis is! Voorlopig staat ze in ieder geval niet tot je dienst. Maar dat wil niet zeggen dat jij niet in haar dienst bent.'
Droefgeestig kondigde Prem aan dat hij dan bij haar, Johanna, zijn ontslag zou indienen.
Johanna schrok. 'Wat?! Ga je weg?' Met spijt dat zij zo streng was geweest, voegde zij er sussend aan toe: 'Prem, Carmen is erg op je gesteld. Maar je weet dat haar broer ziek is. Je moet een beetje geduld hebben. Je verwacht toch niet dat ze jou laat voorgaan?'
Op dezelfde toon ging Prem verder: 'Het is tijd om aan mijn toekomst te denken. Mijn oom heeft een rijstplantage in Nickerie. Hij kan alle hulp gebruiken. Bij hem kan ik het vak van rijstbouwer leren, zodat ik later een eigen plantage kan beginnen. Ik ga bij hem wonen. Er wonen daar veel Hindoestanen. Misschien kom ik een meisje tegen. Tussen Carmen en mij kan het toch nooit iets worden.'
Johanna was stil. Toen zei ze vriendelijk: 'Ik denk dat je gelijk hebt. Je moet aan je toekomst denken. Maar waarom wacht je niet tot ze er is? Dan kun je het haar zelf vertellen. Ik denk dat zij dat prettig zal vinden.'
'Nee!' zei Prem hartstochtelijk. 'Het is beter dat ik nu wegga!'
'Je bent toch niet verliefd op haar?' vroeg Johanna ongerust.
'Zij is ermee begonnen! Voor mij was ze gewoon mevrouw Walker. Een deftige dame, twintig jaar ouder dan ik. Maar als ik 's morgens in het orchideeënhuis kwam om mijn gereedschappen te pakken, stond ze daar. In het donker bij de orchideeën. Ze had haar haar los en droeg geen beha. Soms hield ze een orchidee tussen haar vingers en streelde zachtjes de blaadjes. Ze keek mij aan met van die ogen... Ik vond haar zo lekker! En zo lief. Maar ineens besta ik niet meer. Ze zegt dat ik moet wachten. En dan gaat ze weg zonder mij te groeten. Zonder mij te vertellen

wanneer ze weer terugkomt. Ik wil niet op haar wachten! Ik ga nu weg!'

Johanna hoefde niet nog meer details te horen. Bovendien had hij gelijk. Carmen verdiende niet beter.

'Dat is een verstandige beslissing, jongen,' zei ze resoluut. En in een opwelling voegde zij eraan toe: 'Luister... Je hebt geld nodig voor de reis. Ik zal je deze en volgende maand uitbetalen. Hoeveel kreeg je per week?'

Prem bloosde. Nadat hij een bedrag had genoemd, pakte Johanna de gevulde portemonnee die Carmen had achtergelaten uit de keukenkast en gaf hem zijn geld.

'Moet ik nog iets tegen haar zeggen?' vroeg ze.

'Leg haar uit waarom ik ben weggaan.'

'Verder niets?'

'Nee.'

'Veel geluk, Prem.'

'Blijf goed, Johanna. En heel erg bedankt voor het geld. Ik gooi de sleutel van het hek wel in de brievenbus.'

Sindsdien was Johanna iedere dag alleen in het grote huis. In het begin deed ze trouw haar werk. Maar op een ochtend voelde ze, toen ze de trap naar de keuken beklom, tegenzin. Haar gevoel werd niet alleen veroorzaakt door de afwezigheid van haar werkgeefster. Nu het Carmen zoveel beter ging, kon zij de toewijding waarmee zij zich voorheen van haar taken had gekweten, niet langer opbrengen. Met een lichte verwondering over het feit dat zij het niet eerder had gedaan, gaf zij toe dat zij oud en moe was.

Vanaf die dag deed zij alleen het hoognodige. Tijdens het schoonmaken liet zij zich soms diep in gedachten verzonken op Carmens bed zakken en staarde naar de andere oever van de rivier, terwijl de koele lucht haar wangen streelde. Op een andere dag kwam ze met schokje tot zichzelf en realiseerde zich dat ze al een halfuur in Nelsons bureaustoel zat, haar ellebogen op het houten blad, haar kin op de stofdoek in haar handen en haar ogen gefixeerd op het schilderij van haar overleden werkgever.

Hoewel ze eerder ontzag had gehad voor Carmens verdriet, ergerde ze zich nu aan de portretten en de twee glazen die nog steeds op het muurtje stonden en er onder invloed van het weer en de voortwoekerende flora en fauna waren gaan uitzien als voorwerpen uit een voodooritueel. In de glazen stond een stinkende bruine drab waarin muskietenlarven zwommen en waaruit bleke plantjes ontsproten. De foto's krulden uit de omgevallen en verroeste lijsten en de mensen die erop stonden waren onherkenbaar geworden. Als je afstand wilt doen van het verleden, ruim die rommel dan op, dacht ze. En op een middag had zij zich niet langer kunnen inhouden, was de tuin in gemarcheerd en had de hele boel in de vuilnisbak gemikt.

Aan het begin en het eind van de dag losten Immanuel en zij elkaar af. Op een ochtend kwam hij haar niet zoals gewoonlijk tegemoet lopen toen ze het huis bereikte. Ze riep, maar kreeg geen antwoord. Terwijl zij zich ongerust afvroeg of ook hij de benen had genomen, liep ze het orchideeënhuis binnen. Opgelucht hoorde ze de oude man snurken. Toen haar ogen aan de schemering gewend waren, zag zij hem diep in slaap op de grond liggen, opgekruld rond zijn fles. Ze boog zich over hem heen en schudde zijn arm. Geschrokken ging hij overeind zitten en staarde haar aan door aangekoekte oogleden, een kegel in haar gezicht blazend terwijl hij haar meerdere malen verzekerde dat hij pas in slaap was gevallen toen de zon al op was.

'Immanuel, ga je ogen en je mond wassen in de bediendenkamer,' zei ze. 'En kom dan in de keuken koffie en brood halen.'

Zij aten en dronken in stilte. Voordat hij wegging, bedankte hij haar uitvoerig. In een opwelling zei ze dat hij iedere ochtend kon komen ontbijten.

Een paar dagen later vroeg zij hem: 'Immanuel, hoe oud ben je?'

'Drieënzeventig.'

'Voel je je niet te oud om te werken?'

'Ik moet werken om te leven. Ik heb niemand. Maar als ik niet zou werken, zou ik ook het grootste deel van de nacht wakker zijn en rum drinken. Dus...' Hij lachte. 'Nee, ik ben niet te oud om de wacht te houden. Maar wat er gebeurt als er een dief komt, weet ik niet. Ik zal hem vriendelijk verzoeken om mij niets te doen, uit respect voor mijn ouderdom, en weg te gaan. Als hij dan niet weggaat, zal ik hem dreigen dat ik een boze geest op zijn nek zal zetten en opdragen er nooit meer vanaf te gaan. Als hij dan nog niet weggaat, geef ik mij over.'

Johanna giechelde. 'Ik zal God voor jou en mevrouw Walker bidden dat er nooit een dief komt.'

Die ochtend nam ze de beslissing. Ze was zeventig. Het werd tijd dat zij met werken stopte. Tot de terugkeer van Carmen wilde ze het huis nog wel bijhouden. Maar de belofte om over twee weken, na Lucia's vertrek, door de week op de boerderij te gaan helpen, zou ze verbreken. Niet dat ze Miquel niet wilde bijstaan, maar er was altijd wel iets waardoor de familie Del Prado niet buiten haar kon. Eens moest het afgelopen zijn. Meneer en mevrouw Del Prado moesten Lucia maar vervangen.

Ze praatte met Ashana, die haar baan in het mooie huis aan de rivier graag wilde overnemen. Als Carmen erin zou toestemmen om haar een pensioen te geven, iets waar zij na een heel leven in dienst te zijn geweest van de familie Del Prado recht op meende te hebben, zouden zij, Ashana en de kinderen het redden. Johanna zou thuis voor de huishouding en haar achterkleinkinderen zorgen. Misschien zou het haar kleine gezin dan wat beter gaan.

Na de tafel te hebben gedekt ging ze in de schommelstoel op Carmen zitten wachten. Zij was nerveus. Carmen, die geraakt zou zijn door het vertrek van Prem, zou een drama kunnen maken als ze hoorde dat ook Johanna haar ging verlaten. Haar grootste angst was echter dat Carmen bezwaar zou maken tegen het uitbetalen van een pensioen. Als dat zou gebeuren, zou zij zich vernederd en gebruikt voelen.

'Johanna, ik ben zo blij om je te zien!' Carmen, die haar weelderige haar kort had laten knippen, stond onder aan de trap naar de keuken, een voet rustend op de eerste trede en een hand met autosleutels op de leuning. Ze keek naar haar op met een gezicht dat verwrongen was van de emotie.

Johanna las angst, verwarring en een bede om hulp. Ze wapende zich. Terwijl Carmen traag de trap begon te beklimmen, viel haar op hoeveel dikker ze was geworden. Terwijl zij eerder in het bezit was geweest van een geheimzinnige schoonheid, zag zij er vanavond uit als een aangeslagen, vermoeide vrouw van middelbare leeftijd. Met een gevoel van mededogen spreidde Johanna haar armen.

Boven gekomen klampte Carmen zich aan haar vast en hijgde in haar oor: 'Johanna, er is iets ongelofelijks gebeurd. Ik ben zwanger! Ik ben zwanger van Prem!'

Geschokt maakte Johanna zich los en keek Carmen in het gezicht, haar bij de volle bovenarmen vasthoudend.

'Wat?!'

'Ja... Ik kan me voorstellen dat je het niet gelooft. Ik kan het zelf bijna niet geloven. Ik ben zwanger. Echt zwanger. Bijna acht weken! Het is tijdens het feest van oom Ferdinand gebeurd. Het was dus Nelson die onvruchtbaar was. O, Johanna, er gaan nieuwe tijden aanbreken voor ons!'

'Voor jou, lieve kind,' zei Johanna rustig. 'En voor mij ook, maar dan op een heel andere manier dan jij in gedachten hebt.'

Carmen keek haar gealarmeerd aan.

'Kom,' zei Johanna, 'Laten we naar binnen gaan. We hebben heel wat te bepraten. Ik heb een lekkere huzarensalade klaargemaakt. Gefeliciteerd, dochterlief. Gefeliciteerd! God heeft besloten om je te helpen!'

HOOFDSTUK 17

Toen Carmen naar de stad vertrok, had ze beloofd de volgende dag omstreeks elf uur terug te zullen zijn op de boerderij. Om kwart voor een keek Sophia, die met Lucia had afgesproken te blijven totdat Carmen er was, geïrriteerd op haar horloge en zei dat ze niet langer wilde wachten. Terwijl zij haar spulletjes ging pakken, klonk in de verte het geluid van een motor op. Lucia liep naar de voordeur.

Carmen sprong met een nerveus lachje uit haar auto. 'Sorry dat ik zo laat ben!' riep ze. Ze opende het achterportier en begon plastic tassen met boodschappen uit te laden. Lucia hielp haar een handje. Intussen wierp ze een verbaasde blik op Carmens nieuwe kapsel en zei, ongeneerd liegend, dat ze het mooi vond.

'Mamma, wacht nog even!' riep Carmen naar Sophia, die met haar weekendtas naar buiten kwam en naar haar auto liep. 'Ik moet jullie iets vertellen! Is Miquel wakker? Hij moet er ook bij zijn!'

In de slaapkamer van Miquel kondigde Carmen met een mengeling van trots en benauwenis aan dat ze zwanger was van Prem.

Er viel een diepe stilte.

Lucia begon uitbundig haar verbazing en vreugde te uiten. Enigszins confuus liet Miquel zich door haar meevoeren. Maar Sophia deed er met een stroeve glimlach en haar armen voor de borst gekruist het zwijgen toe.

'En hoe heeft Prem op het grote nieuws gereageerd?' vroeg Lucia schalks.

'Prem is verdwenen,' antwoordde Carmen sip. 'Hij heeft bij Johanna zijn ontslag genomen en is zonder een adres achter te laten vertrokken. Ik denk dat hij boos is. Ik heb hem de laatste tijd nauwelijks aandacht geschonken. Maar ja, wat had ik anders moeten doen? Het was zo'n drukke periode. Hij heeft Johanna verteld dat hij naar Nickerie ging. Hij wil zich daar vestigen, als rijstbouwer werken en later zelf een plantage beginnen.'

Carmen zweeg een moment. 'Er was zoveel om over na te denken, ik heb vannacht geen oog dichtgedaan. Maar wat Prem betreft, er is echt te veel verschil tussen ons. Niet alleen de leeftijd. Ik ben al die tijd gek op hem geweest, maar dat is niet genoeg. Dus heb ik besloten om het kind alleen te krijgen. Later zal ik wel proberen om via zijn ouders aan zijn adres te komen en hem op de hoogte stellen. Misschien wil mijn kind zijn vader ooit leren kennen. Maar voorlopig wil ik het voor mijzelf houden.'

Er brak een zonnigheid door op haar gezicht die Sophia herkende van haar jaren met Nelson. 'O Miquel, ik had nooit gedacht dat ik zo blij zou zijn,' vertrouwde ze haar broer toe. 'Zo verschrikkelijk blij!'

Miquel, die zich realiseerde dat het niet waarschijnlijk was dat hij de geboorte van het kind nog zou meemaken, dwong zichzelf om te glimlachen.

Carmen wendde zich tot Sophia. 'Nou, kom maar op met je kritiek!'

Sophia's gezicht vertrok. 'Jullie hebben ook geen hoge dunk van mij! Ik ben blij voor je. Echt waar,' sputterde ze tegen. Maar het lukte haar niet om haar boosheid voor zich te houden. 'Het spijt mij dat ik het zeggen moet, Carmen, maar ik vind het onvoorstelbaar dat je het aanlegt met iemand die bij je in dienst is, en ook nog eens twintig jaar jonger is dan jij! En dat je je niet beschermt tegen zwangerschap! Typisch voor de manier waarop het hier altijd toegaat.'

'Met dat verschil dat ik geld heb, mamma. En ik was er werkelijk van overtuigd dat ik onvruchtbaar was. Maak je nou maar geen zorgen. Enne... Als je echt blij voor mij bent, laat het dan zien!'

Geforceerd koket opende Carmen haar armen. Sophia keek haar dochter afkeurend aan, zuchtte, stond op en omhelsde haar stijfjes.

Toen haar moeder weer was gaan zitten, liet Carmen gejaagd weten dat ze nog meer nieuws had. 'Ik heb gisteravond een lang gesprek met Johanna gehad. Ze heeft besloten om te stoppen met werken. En ze vindt dat ze recht heeft op een pensioen. Ik kan haar geen ongelijk geven. Dus zijn we overeengekomen dat ze de helft van haar loon krijgt doorbetaald. Misschien kunnen jullie ook wat bijdragen, mamma, al is het maar een symbolisch bedrag. Tot aan het einde van deze maand werkt ze Ashana in, die haar baan wil overnemen.'

Met een spijtig lachje gaf ze toe: 'Ik vind het vreselijk dat ze juist nu weggaat, maar ze heeft me nogal hardhandig duidelijk gemaakt dat ze oud en moe is, en dat het hoog tijd is dat ik op mijn eigen benen ga staan.' Ze zuchtte diep. 'Ik zal het dus met Ashana moeten doen.'

'Nou ja, Ashana is een schat!' zei Miquel. 'En ze is een ervaren moeder.'

'Natuurlijk. Ik moet niet overdrijven.' Carmen kwam ter zake. 'Het enige werkelijke probleem dat we hebben, is dat Johanna na Lucia's vertrek haar plek op de boerderij niet zal kunnen innemen. Aangezien ik niet alleen voor Miquel kan zorgen, zullen we een oplossing moeten vinden. Ik denk dat Miquel, Pedro en ik eerst moeten overleggen. Maar mamma, misschien moet jij alvast met pappa praten. Het lijkt mij namelijk het beste als jij en hij het doen. Een prettige bijkomstigheid daarvan zou zijn dat de druk op Pedro afneemt als pa hier veel zou zijn. Hij is tenslotte ook dokter.'

Toen ze zag met hoeveel intensiteit Sophia en Miquel voor zich uit staarden, viel Carmen stil. Met een klein stemmetje beëindigde ze haar betoog. 'Voordat ik uit de stad wegreed, heb ik Pedro in het ziekenhuis gebeld om hem het nieuws te vertellen. Hij komt vanavond langs. Dan kunnen we erover praten...'

Lucia zat op het stenen trapje voor het huis. Carmen en Miquel waren gaan slapen, nadat Sophia was vertrokken. Met regen verzadigde wolken dompelden het erf in schemerlicht. In de verte onweerde het. Een rusteloze wind ritselde door het gebladerte.

Het was zover. Ze ging naar huis. In de ogen van Carmen, Miquel en tante Sophia, ongerust vooruitkijkend naar een toekomst waarvan zij geen deel meer zou uitmaken, had ze het einde van haar verblijf gelezen.

Het was onontkoombaar dat zij zich ging voorbereiden op de terugkeer naar Nederland. Opnieuw vroeg zij zich af of ze in de huid wilde kruipen van de vrouw die ze was geweest. En of ze, als ze dat niet zou doen, zou kunnen werken en presteren zoals ze had gedaan voordat ze naar Suriname ging.

Plotseling opstandig, somde ze voor zichzelf op wat ze in ieder geval niet meer wilde. Ze wilde niet langer vervuld zijn van een onbestemde vrees voor de witte massa's, een vrees die ertoe had geleid dat zij krampachtig op haar gedrag was gaan letten en zich angstvallig had aangepast. Ze wilde niet langer zo hard werken dat er geen ruimte overbleef om te leven en lief te hebben. Ook wilde ze niet langer op discriminatie reageren door te laten zien hoe ontzettend leuk ze was. Ze zou niet langer zwijgen als Nederlanders zich zelfgenoegzaam en meewarig uitlieten over wat er van Suriname was terechtgekomen. Of engelachtig glimlachen als zij zich lieten voorstaan op hun hoogstaande cultuur. En ze weigerde zich nog langer allochtoon te laten noemen, of zich als zodanig te laten behandelen.

Aan het getrommel op de bladeren hoorde ze dat de regen er aankwam. Ze kreeg het koud, krabbelde overeind en sloeg haar armen om zichzelf heen.

De gedachte aan het duistere, benauwde huis, en Carmen en Miquel die daar diep in slaap lagen, stond haar tegen. Dus draafde ze naar Leo, die door Pedro in een hoek van het voorerf was geparkeerd, rukte het portier open en klom naar binnen.

Een knallende donderslag weerklonk. De regen begon op het dak te kletteren en langs de ramen te stromen. Ze vouwde haar armen op het stuur en legde haar hoofd ertussen.

Terwijl Pedro, Carmen en Miquel die avond met elkaar overlegden, zat Lucia onder het afdak, een olielamp op de balustrade en een muskietenkaars aan haar voeten, en probeerde zich op haar boek te concentreren.

Pedro verscheen in de deuropening. Hij zag grauw van vermoeidheid. Met een scheef lachje nodigde hij haar uit om het bed met hem te delen.

Lucia klapte het boek dicht. 'Wat hebben jullie beslist?' vroeg ze.

'Dat er niets anders op zit dan mijn ouders te vragen of zij willen inspringen. Carmen blijft de dagelijkse zorg voor Miquel doen.'

Uitgestrekt in het bed van oom Ferdinand viel Pedro meteen in slaap. Lucia lag nog lang wakker.

In haar droom stond ze aan de reling van een *partyship*, dat langzaam het Noordzeekanaal af voer, terwijl aan boord een Surinaams feest werd gehouden. De zon scheen. Het water, dat wit schuimde bij de boeg en zo nu en dan opspatte in druppels die de kleur hadden van teer groen glas, was in de verte staalgrijs. De dijken, gestoffeerd met een groen tapijtje, werden omzoomd door donkergrijze keien. Boven haar hoofd was de hemel helderblauw, aan de horizon rookgrijs.

Op nog geen twee meter afstand van haar gezicht krijsten meeuwen. Vliegend en zwevend met de snelheid van het schip stonden zij stil in de lucht, en observeerden met het onbewogen oog in de zijkant van hun kop de menigte feestgangers op het dek.

Zij bevond zich in de bomvolle zaal. Aan de bar werden glazen bier en borden met eten uitgereikt. Op de muziek van een band dansten mannen in kleurige, loshangende hemden met vrouwen in glanzende jurken, en ze keken elkaar daarbij lachend in de ogen.

Het was drukkend heet. Bemanningsleden kwamen de zaal binnenlopen om de ramen open te doen. Zij waren de enige blanken aan boord en hadden zich tot op dat moment niet laten zien. Zonder op of om te kijken deden zij hun werk. Daarna losten zij weer op in het niets.

Tussen de dansende meute door liep Lucia naar een raam. De avond viel. In het laag invallende licht zaten op de dijk blonde mannen te vissen. Roerloos keken de massieve gestaltes naar het voorbijglijdende schip, waaruit negermuziek over het water schalde, de vettige geur van eten opsteeg en waarop een massa zwarten aan het dansen was.

Een warme hand werd op haar rug gelegd. Lucia draaide zich om. Ze schrok toen zij tante Helen zag staan. Zij was gekleed in haar groene jurk met rode bloemen, droeg een rood hoedje op haar hoofd en klemde haar roze handtas tegen haar borst. Onderzoekend keek zij Lucia aan en vroeg in haar zangerige, Engelse accent: 'Hoe heet jij ook alweer, meisje?'

Met een scherpe inademing schrok Lucia wakker. Ze staarde in de diepe duisternis in de slaapkamer.

Het pruttelende gesnurk van Pedro stelde haar gerust. Ze draaide zich op haar zij, kroop tegen zijn rug aan en sloeg haar arm om zijn middel. Onder haar vingertoppen krulden de haartjes op zijn borst. Terwijl hij zijn billen in de holte die werd gevormd door haar bekken en dijen nestelde, mompelde hij onverstaanbare woorden.

'Ik heet Lucia, Lucia Mac Nack, tante Helen,' fluisterde ze verdrietig.

Het was bloedheet in bed. Lucia stond op en wankelde in de richting van de deur, die ze op de tast vond.

'Plassen?' vroeg Pedro slaapdronken.

'Ja.'

'Kom gauw terug.'

In de keuken deed ze met een hand voor haar gezicht het licht aan en liet haar ogen aan het felle schijnsel wennen door het tussen haar vingers door te laten filteren. Ze ging naar de wc. Daarna bette ze haar gezicht, hals en nek met koud water, schonk een glas water in uit de ijskast en ging op een stoel aan de keukentafel zitten.

'Hoe heet jij ook alweer, meisje?' Tante Helens vraag bleef in haar hoofd rondspoken.

Ze stond bruusk op van haar stoel, pakte de olielamp waarbij ze die avond had zitten lezen, stak hem aan, deed het licht in de keuken uit en glipte naar buiten. Ze sleepte een ligstoel naar een plek op het achtererf waar het uitzicht op de nachthemel niet werd belemmerd door boomkruinen, draaide de olielamp uit en ging liggen.

Hoe meer haar ogen aan de duisternis wenden, hoe meer sterren er boven haar hoofd verschenen. Lange tijd keek ze naar de nachthemel en deed een poging om zich te ontspannen. Ze hield zichzelf voor dat de tijd wel zou leren op welke manier zij haar leven in Nederland zou voortzetten.

Om zichzelf af te leiden probeerde ze de hardnekkige illusie af te leggen dat ze tegen de met lichtjes bezaaide koepel van een immens operagebouw zat aan te kijken en de werkelijkheid te zien – te zien dat ze in een peilloze, niet te bevatten diepte blikte.

Achter haar klonk het tikken van nageltjes. Marsalis was door de keukendeur ontsnapt, die ze open moest hebben laten staan, dacht ze. Ze verwachtte tekenen van aanhankelijkheid: dat hij kwispelend haar hand zou likken, zich tegen de stoel aan zou vlijen of op schoot zou springen. Toen er niets gebeurde, het stil bleef en haar neusgaten zich vulden met een smerige geur, keek ze gealarmeerd om.

Een van de honden van oom Ferdinand stond achter haar, ontsnapt aan de hondenvanger. Diepliggende, duistere ogen staarden haar aan. Het beest was zo mager dat ze het skelet kon uittekenen waarover zijn schurftige huid was gespannen. In zijn voorpoot zat een etterende wond, waarvan de stank die ze had geroken, afsloeg.

Een onbeheerste snik ontsnapte haar. Ze kwam overeind en stak een trillende hand uit naar het scharminkel, dat zijn tanden ontblootte en gromde. Het beest jankte kort en fel, keerde zich krabbelend van haar af en vloog het bos in. Terwijl in het huis Marsalis begon te blaffen, smeekte Lucia: 'Kom dan... Kom terug... Ik haal iets te eten voor je!'

Toen de hond wegbleef, begon zij te huilen.

'Lucia, wat is er? Waarom huil je? Lucia...' In pyjama en met zijn haar in de war stond Miquel in de deuropening naar de keuken.

'Het doet zo'n pijn!'

Miquel begon in haar richting te lopen. 'Kom hier,' zei hij zacht, en hij spreidde zijn armen.

'O, Miquel.' Lucia stond op, liep op hem af en liet zich door hem omhelzen. 'Ik droomde dat tante Helen mijn naam was vergeten!'

Terwijl Miquel haar zachtjes over haar rug begon te wrijven, prevelde hij: 'Stil maar, stil maar... Kom, laten we naar binnen gaan.'

'En daarnet zag ik een van de honden van oom Ferdinand,' snikte ze. 'Hij zag er vreselijk uit. Broodmager, ziek. Ik wilde hem iets te eten geven. Maar hij vluchtte. Ik kan mij zo goed voorstellen dat hij bang voor ons is. Dat hij ons haat. We hebben hem keihard laten stikken!'

'Rustig, Lucia. Rustig. Weet je wat? Ik ga een glaasje water voor je inschenken. Of wil je misschien iets anders?'

'Ik ben zo bang om terug naar Nederland te gaan!' jammerde ze.

In de keuken duwde Miquel Lucia in een stoel en schonk een glas water voor haar in, dat zij naar binnen gulpte. Toen zij was gekalmeerd, nam hij haar mee naar zijn kamer, waar zij zich naast Marsalis op het bed liet vallen. Miquel ging aan de andere kant zitten en sloeg een arm om haar schouders.

'Heb ik je wakker gemaakt met mijn gehuil, of werd je wakker van dappere Dodo hier?' murmelde Lucia.

'Ik was al wakker.'

'Lag je te piekeren over de tijd na mijn vertrek?'

'Laten we het niet over mij hebben. Wat is er toch met je aan de hand? Je was zo gelukkig.'

Lucia begon weer te huilen. 'Ik ben zo bang om terug te gaan.'

'Maar waar ben je dan bang voor?'

'Waar ik bang voor ben...' hikte Lucia. 'Eigenlijk komt het erop neer dat ik bang ben voor mijzelf. Bang voor de spanning die ik altijd en eeuwig met mij meedraag. Bang voor mijn oplettendheid, mijn neiging om te behagen en de nietsontziende dwang om alles goed te doen. Ik wil zijn zoals jij was. Vrij en autonoom!'

Miquel glimlachte. 'Ik heb mijzelf als kind al aangeleerd om het af te kunnen zonder de goedkeuring van de goegemeente,' zei hij parmantig. 'Maar jij staart je volgens mij blind op wat Nederlanders van je vinden en op hoe ze op je reageren. Waarom zouden die mensen je zoveel kunnen schelen?'

'Ik woon tussen ze in, ik leef met ze en ik werk met ze,' zei Lucia klaaglijk.

'Dat weet ik, maar je gaat me toch niet vertellen dat je het met alle witte mensen moeilijk hebt? Dat zou toch onzin zijn?'

'Nee, natuurlijk heb ik het niet met alle witte mensen moeilijk!'

'Nou, dan. Het eerste dat veel Nederlanders aan jou opvalt is steevast dat je zwart bent. Allochtoon. Dat is ontzettend vervelend. Ik weet er alles van. Maar ook jij kunt geen moment vergeten dat je zwart bent. Het lijkt wel alsof je voortdurend door iedereen op je gemak wilt worden gesteld. Dat is niet reëel. Ook als je blank zou zijn temidden van de blanken, zou je het merendeel van de mensen om je heen als onaangenaam ervaren.'

'Is het zo simpel?' vroeg Lucia gekwetst.

'Nee lieverd, natuurlijk is het niet zo simpel. Er wordt in Nederland gediscrimineerd. Dat gebeurt zelden op de openlijke manier waarop het vroeger gebeurde, maar dat onderhuidse dédain is des te vervelender. Het enige dat ik wil zeggen, is dat je je niet moet blindstaren op iets dat voor iedereen onbereikbaar is: een allesomvattend gevoel van geaccepteerd zijn, veilig zijn, thuis zijn.'

Er viel een lange stilte.

'Toen ik je daarnet zag huilen, schoot het door mij heen dat de verhalen van mijn moeder je zo van streek hebben gemaakt. Is dat zo?' vroeg Miquel aarzelend.

'Weet ik niet. Het zou best kunnen. Ik ben er erg mee bezig geweest. Toen ik je moeder gisteravond na het eten vroeg om mij wat meer te vertellen over de *bere*, vertelde zij dat er zeven generaties voorouders toe worden gerekend. Elk van die generaties heeft een eigen aanspreektitel. Ze nam Emma als voorbeeld. Zijzelf, en natuurlijk ook Mathildes moeder, zijn Emma's oma, oftewel *granma*. Zainab is Emma's *afo*, Cornellie haar *totro* en Trijntje haar *totro totro*. Trijntjes moeder, de zevende generatie, is Emma's *profen* of *kabra*. Omdat voorouders die daarvóór leefden te ver verwijderd zijn in de tijd om nog vereerd te kunnen worden, hebben zij geen titel meer. Nou, gisteravond in bed bedacht ik dat de slavernij tweehonderdvijftig jaar heeft geduurd. Dat zijn ongeveer twaalf generaties van slaven en slavenhouders. Ik realiseerde mij dat de slavernij bijna twee keer zo lang heeft geduurd als de schijnbaar eindeloze periode die door de *bere* wordt overspannen. Dat is lang, Miquel...

En na de afschaffing van de slavernij heeft het, zoals uit de verhalen van je moeder en oom Ferdinand blijkt, nog een hele tijd geduurd voordat de uitbuiting daadwerkelijk werd stopgezet. Je moeder had gelijk toen ze tegen mij zei dat pas haar generatie de brug heeft kunnen slaan naar een menswaardiger bestaan.

Toen ik daarover nadacht, zag ik de geschiedenis van Nederland en Suriname ineens voor me als een reusachtig tapijt, een gecompliceerd weefsel van gebeurtenissen en relaties, waaraan ook de draad van onze levens is ontsprongen en waarmee hij is verweven. Door de geschiedenis begrijp ik beter wie ik ben, waar ik ben en waarom ik daar ben. Dat geeft mij een gevoel van thuiskomen.'

'Ik hoop niet dat je daarmee wilt zeggen dat je denkt dat jij nog last hebt van wat er tijdens de slavernij is gebeurd.'

'Nee. Helemaal niet. Die gedachte is nooit bij mij opgekomen. Je kunt het verband tussen toen en nu niet op zo'n platvloerse manier leggen, denk ik. Maar ik ben er wel van overtuigd dat er verbanden te leggen zijn.'

Het was even stil. Toen zei Lucia bedachtzaam: 'Weet je waar ik last van heb? Dat de geschiedenis van Nederland en Suriname zo is verdrongen uit het bewustzijn van Nederlanders. Oom Ferdinand zei er al iets over in verband met die dominee Van Dijk. De demonen zijn in de kelder weggeborgen. Vanaf dat ik in Nederland ben, hoor ik hoe ze zich roeren. Het lijkt erop dat hun gegrom aanzwelt. Dat geeft mij de angst dat ze op een dag weer zullen uitbreken.'

Met gefronste wenkbrauwen keek Miquel voor zich uit. In de stilte die viel, werd Lucia zich ervan bewust dat zijn lichaam, waartegen zij aanleunde, gloeide. 'Miquel, wil je niet gaan liggen? Je voelt ontzettend heet aan. Ik kan wel op de grond gaan zitten,' zei ze.

'Ja, graag.' Miquel kroop in bed, terwijl Lucia op de vloer ging zitten, met haar bovenlichaam tegen de rand van het matras leunde, haar armen op de dunne deken vouwde en haar kin op haar polsen legde. Marsalis kreunde vergenoegd en legde zijn kop zo dicht bij haar gezicht dat hun neuzen elkaar raakten. Lucia blies hem in de neusgaten. Het hondje nieste en draaide zijn kop af.

'Je bent hard ziek, hè?' vroeg ze na een lange stilte.

'Ja, het gaat snel achteruit.'

'Ben je bang?'

'Niet meer zo erg.'

Terwijl ze een hand op Miquels magere rechterdij legde, zei

ze: 'Ik durf het je bijna niet te vragen... Maar je hebt niet veel aan mij gehad, hè?'

'Doe niet zo gek,' zei Miquel.

'Nee, serieus. Wees eens eerlijk.'

Na even nagedacht te hebben, zei Miquel voorzichtig: 'We hebben drie maanden met elkaar geleefd. Er is in die tijd van alles gebeurd. We hebben elkaar zien vechten. We hebben elkaar zien veranderen. Dat is niet niks. Dat betekent veel voor mij.'

'Maar ik heb je niet echt kunnen helpen.'

'Volgens oom Ferdinand kon ik dat ook niet van je verwachten.'

'Heeft hij dat gezegd?'

'Ja, op de dag dat ik je de brief stuurde waarin ik je vroeg om te komen.'

'Ik zal deze drie maanden nooit vergeten.'

Miquel rolde op zijn zij en keek Lucia doordringend aan. 'Weet je wáár het om gaat, Lucia,' zei hij. 'Je moet je niet zo op de gemeenschap richten, je er niet zo door laten bepalen. Of je nu in Nederland bent of in Suriname. Weet je nog hoe het was toen je hier net was? Je vertelde dat je werd aangestaard, dat er mensen op je neerkeken en dat ze je niet accepteerden. Iemand zoals jij moet niet in de wereld wonen, maar in zichzelf. In zekere mate geldt dat natuurlijk voor iedereen. Maar voor mensen als jij en ik is het de enige manier om te overleven. Je moet binnen in jezelf een huis inrichten waarin je alles wat essentieel is aan je Surinaamse achtergrond, en dan bedoel ik niet alleen het mooie, maar ook het pijnlijke en het lelijke, een plek geeft. De geschiedenis, bijvoorbeeld, als die zoveel voor je betekent. Hetzelfde doe je met wat je van belang vindt in Nederland. En misschien ontdek je, zoals ik heb gedaan, dat er in je huis ook allerlei zaken uit andere delen van de wereld thuishoren. In dat huis ga je wonen. Je laat uit de buitenwereld alleen datgene binnen wat in je huis past. Voor al het andere breng je een afstandelijke interesse op, want je weet nooit wat er nog bij je zal gaan horen. Maar voor alles wat ongenood wil binnendringen in je huis, met het doel om wat jij daar in ere houdt te kleineren, het zijn bestaansrecht te ontnemen of het te vernietigen, moet je je resoluut afsluiten. Als jij uitsluitend in de wereld leeft, word je op den duur voortgestuwd door niets anders dan woede of angst. Leef je in jezelf, dan kan je ziel je motor worden. Als je geluk hebt tenminste.'

'Maar ik woon niet in een huis. Ik woon op een schip. Onder mijn voeten deint eeuwig de grond,' zei Lucia.

'Richt dan je schip in. En ontwikkel zeebenen.'

Lucia keek Miquel aan. Een beverig lachje ontglipte haar. 'Je kunt goed lullen, lieve vriend,' zei ze zacht.

In de laatste week van haar verblijf nam Lucia afscheid. Ze wandelde met Marsalis naar Maatdorp en ging bij de familie Chin A Loi op bezoek. In hun winkel kocht ze voor Jason een flesje haarolie met een afbeelding van een jonge Harry Belafonte met een tandpastaglimlach erop. Daarna ging ze bij Ordio langs en bewonderde het nieuwe onderkomen van Pa Agoe en zijn dames.

Op de terugweg duwde ze, nadat ze een paar keer 'Hallo, is daar iemand?' had geroepen, de deur van het huisje van Ernest en Shanti open. Ze sloop naar binnen en zat een tijdlang met Marsalis op het matras in de achterkamer.

Op vrijdag reed zij met Pedro mee naar de stad. Na een opgetogen weerzien met Johanna belde ze een vriendin in Nederland en verzocht haar om contact op te nemen met Jason en de afspraak haar te komen ophalen af te zeggen.

'Vergeet niet om hem de groeten te doen. Zeg hem dat het goed met mij gaat, maar dat ik even tijd nodig heb. Zodra ik zover ben, neem ik contact met hem op.'

'Moet ik je anders komen ophalen?' vroeg haar vriendin ongerust.

'Nee, dat hoeft niet. Ik wil de eerste dagen alleen zijn. Ik zal behoorlijk moeten acclimatiseren. Maar bedankt voor het aanbod.'

De volgende dag ging ze de stad in om cadeautjes en souvenirs te kopen. Mathilde en Roosje hadden Pedro en haar uitgenodigd om die avond een borrel te komen drinken. Emma en Eli mochten opblijven. Toen Lucia hoorde dat zij in de kerstvakantie zouden overkomen, omdat Mathilde Roosje aan haar ouders wilde voorstellen, beloofde ze de kinderen dat zij hen mee zou nemen naar het Kerstcircus in Carré. Aan het eind van een avond op eieren lopen brachten Pedro en zij een laatste bezoek aan de Passion Fruit.

Op zondag pakte ze haar koffers. Met Pedro legde zij bloemen op het graf van oom Ferdinand en dat van tante Helen. Zij gingen bij Johanna langs om afscheid te nemen van haar en Ashana. Daarna reden zij terug naar de boerderij.

Aan de oever van de Stille Kreek, die over een oppervlakte van tientallen vierkante meters was uitgevloeid tot een ondiepe plas, wachtte Lucia totdat Pedro haar zou komen halen. In spijkerbroek en T-shirt, en met haar haar in een konijnenstaart, zat ze op haar hurken op het pad, zo roerloos dat na een tijdje overal in het water kikkers tot leven kwamen.

Ze hoorde de auto van Hector en Sophia aankomen. Nadat zij het erf op waren gereden, was aan hun stemmen en het heen-en-weergeloop af te leiden dat zij hun bagage uitlaadden.

'Lucia, het is tijd,' hoorde ze even later Pedro achter zich roepen.

Ze stond op. 'Dag Stille Kreek,' fluisterde ze. 'Denk af en toe aan mij.'

Pedro kwam het pad af lopen. 'Ik heb je koffers en weekendtas ingeladen. Je hoeft alleen nog maar je handtas te pakken, iedereen te groeten en dan gaan we. Doe het snel, lieveling. Dat is het beste.'

'Ja.'

In de keuken zaten Carmen, Hector en Sophia met ernstige gezichten aan de keukentafel te wachten.

'Ik ga.'

Gedrieën schoven ze hun stoelen naar achteren en stonden op.

'Nee, sorry, wacht nog even! Ik ga eerst Miquel groeten.'

Als één man gingen ze weer zitten. Lucia grinnikte nerveus.

Zachtjes deed ze de deur naar Miquels kamer open. Met gesloten ogen lag hij in bed. Toen hij haar hoorde binnenkomen, vlogen zijn ogen open. Zijn blik was zo intens geconcentreerd dat zij ervan schrok.

'Ik ga,' zei ze timide.

Miquel glimlachte, ging moeizaam overeind zitten en spreidde zijn armen. Lucia omhelsde hem langdurig.

'Dag vriend,' fluisterde ze in zijn hete nek.

'Dag vriendin.'

Hij liet haar los, keek haar aan en zei dwingend: 'Ga nu maar.' En na een moment van stilte: 'Tot ziens, hè!'

Even verwarden zijn woorden haar. Toen glimlachte ze en zei licht: 'Tot ziens!', draaide zich om en liep snel de slaapkamer uit.

Pedro stond haar in het halletje op te wachten. Hij pakte haar bij de elleboog en stuurde haar via de voordeur naar buiten. Terwijl hij bij zijn auto ging staan, wikkelde ze haar armen om Carmen heen, zoende en bedankte haar, streelde haar buik en fluisterde het embryo een groet toe. Nadat ze ook Sophia en Hector had omhelsd en bedankt, stapte ze gelijktijdig met Pedro in.

Pas toen ze over de rechte weg naar het vliegveld reden, begon Lucia te spreken.

'Wil je Miquel, als hij troost nodig heeft, zeggen dat ik heel veel van hem hou en dat hij altijd een voorbeeld voor mij zal zijn?' vroeg ze.

'Dat zal ik doen.'

'Ik moet je bedanken. Je hebt mij meer gegeven dan je je waarschijnlijk realiseert.'

Pedro glimlachte.

Daarna was het weer stil.

'Wat ga je doen, nu ik weg ben en je vader een deel van de zorg voor Miquel overneemt?'

'Uitrusten.'

Lucia glimlachte mismoedig. 'Ga je meteen op zoek naar een nieuwe vrouw?'

Pedro keek haar aan. 'Je klinkt alsof je dat erg zou vinden.'

'Natuurlijk zou ik dat erg vinden.'

'Nou, ja... We hebben nooit over "houden van" en dat soort dingen gesproken.'

'En dat is maar goed ook. Geef eens antwoord.'

'Nee, ik ben het niet van plan.' Pedro zuchtte theatraal. 'Alhoewel, met mij weet je het nooit.'

Lucia lachte. 'Arme schat! Je hebt het er maar moeilijk mee.'

'Nee, serieus. Voorlopig niet. Ik ben kapot. En het zit er dik in dat Miquel in de komende maanden overlijdt. Ik ben bang dat ik niet erg in de stemming zal zijn.'

'Dat begrijp ik.'

'En wat ga jij doen?'

'Ik denk dat ik ook mijn volgende rol ga teruggeven. Dit is voor mij niet het moment om God te spelen, uitgebeeld als een zwarte vrouw.'

Pedro lachte, terwijl Lucia verder ging: 'Misschien ga ik wel een tijdje achter de bar staan. Nadenken over hoe ik verder wil met mijn vak. En mijn leven.'

'En jij... Ga jij een man zoeken?'

'Weet ik niet. Ik weet niet hoe ik mezelf zal terugvinden als ik straks weer thuis ben.'

'Toen je kwam zag je eruit als Meryl Streep in *Out of Africa*. En nu... Waar is die hoed eigenlijk gebleven?'

'Die heb ik aan je dochter gegeven.'

EPILOOG

Ik heb niet eerder de moed gehad om je te schrijven. Dat spijt mij. Het verdriet was zo intens. Maar toen ik vandaag wakker werd, bedacht ik dat het hoog tijd werd om mijn belofte aan jou in te lossen.

Nadat je was vertrokken, is het snel bergafwaarts gegaan met Miquel. Alsof hij zich voor jou overeind had gehouden. Hoewel hij zwaar ziek was, was hij rustig. Als hij niet sliep, lag hij voor zich uit te kijken. Soms kreeg ik het idee dat hij ergens naar lag te luisteren.

Het samenleven met mijn ouders is redelijk goed gegaan. Binnen de kortste keren hadden ze de taken verdeeld en een dagindeling gemaakt. Ik zorgde voor Miquel en las de boeken over zwangerschap en babyverzorging die Mathilde mij heeft gegeven. Mijn moeder verzorgde het eten, de huishouding en de was, en deed kleine opknapklusjes in huis. Mijn vader haalde de boodschappen in Maatdorp, waar hij uren bleef omdat hij met iedereen een praatje maakte, las de krant en hield ons op de hoogte van wat er in de wereld gebeurde. Pedro kwam vaak langs. Mathilde, Roosje en de kinderen ook.

Mijn vader en ik zijn doorgegaan met het opkalefateren van het erf. Dat waren leuke momenten. We konden het altijd al goed met elkaar vinden, maar op de boerderij is ons contact nog beter geworden.

Er was af en toe spanning, maar er zijn weinig onvertogen woorden gevallen. Als er ruzie was, dan ging het tussen mijn vader en moeder. Ik heb nooit geweten dat hun relatie zo slecht was.

Mijn moeder was rustiger dan ooit, alsof het haar kalmeerde dat ze zo dicht bij Miquel kon zijn. Of misschien kwam het doordat ze weer in het huis van haar kinderjaren woonde. In ieder geval behandelde ze mij met meer respect.

Ieder apart zaten mijn ouders dagelijks een tijdje bij Miquel. Ik geloof niet dat er veel werd gepraat. Maar ik kreeg de indruk dat Miquel het prettig vond. Gaandeweg werd hij steeds meer een kind dat warmte nodig had.

Ook ik bracht veel tijd met hem door. Soms las ik voor. Op een middag vroeg hij mij om de liedjes uit onze kindertijd te zingen. In de laatste week van zijn leven, toen hij zo ziek was, heb ik dat uit mezelf gedaan, heel zachtjes, denkend dat het hem zou troosten. En soms vroeg hij mij om naast hem te komen liggen. Dan voelde hij of mijn buik al was gegroeid.

De woensdag voordat hij stierf, kreeg hij longontsteking. Hij had hoge koorts, hoestte veel en had een snijdende pijn in zijn borst. Pedro kwam vanaf dat moment iedere dag langs. In het weekend zag het ernaar uit dat hij en mijn vader Miquel erdoorheen zouden slepen. Op maandag ging het zoveel beter dat Pedro aankondigde pas een paar dagen later weer te zullen terugkomen.

Dinsdagavond laat vlamde de koorts plotseling weer op. Binnen een uur raakte Miquel buiten bewustzijn. Mijn vader scheurde naar Maatdorp en terug om Pedro te bellen, maar die zou te laat komen. Miquel stierf omstreeks twee uur, met mijn moeder, mijn vader en ik aan zijn bed.

Lucia, als ik denk aan hoe Nelson is gestorven, tante Helen en zelfs oom Ferdinand, was Miquels dood zo eenvoudig. Wij luisterden naar zijn ademhaling, die licht en onregelmatig was. Toen stopte ze. Mijn vader stond op, onderzocht hem en zei dat het voorbij was. Het klinkt raar, maar vlak daarna heerste er zo'n grote vrede in huis. Ik had het gevoel schoongewassen te worden.

Nou, zoals ik je al heb verteld toen je belde, was de begrafenis klein. Miquel wilde het zo. Ik heb namens jou een bos rozen op de kist gelegd.

Nu wonen we weer allemaal in ons eigen huis. We hebben besloten dat het huis van oom Ferdinand in de familie blijft als vakantiehuis. Mijn moeder zit er momenteel veel in haar eentje.

Wat kan ik nog meer vertellen... Mijn zwangerschap verloopt voorspoedig. Nu ik zes maanden ben, kun je mijn buik goed zien. Hij is rond, zo glad als een steen in een stroomversnelling, en zit boordevol leven.

Carmen

Ik dank de mensen die een rol hebben gespeeld in de totstandkoming van *Scheurbuik*. Kenneth Mac Rooy, Pablo Nahar, Celil Toksöz en William de Vries – mijn vader – vertelden mij ieder een prachtig verhaal, dat ik in het boek heb verwerkt. Ellen Ombre, Norman de Palm en Pim Wiersinga, docenten van de cursus Grenzeloos Schrijven, gaven mij zelfvertrouwen en goede adviezen. De steun en de inbreng van Emile Brugman, mijn uitgever en redacteur, zijn van grote waarde geweest. Stephin Telgt, die ik vroeg het manuscript te lezen op een goede weergave van de Surinaams-creoolse cultuur, voldeed met toewijding aan mijn verzoek. Hélène Meyer kwam op het juiste moment met de juiste woorden. Mijn ouders, familie en vrienden gaven mij steun.

Het Banja-lied *'Langa lo'*, en veel van de in *Scheurbuik* verwerkte informatie over winti, zijn afkomstig uit het proefschrift *Winti: Een Afro-amerikaanse godsdienst in Suriname,* van dr. C. J. Wooding.